校勘標點

退溪全書

2

특수고전협동번역사업 1차 연도 사업 연구진

연 구 책 임 : 송재소(宋載邵)

책 임 교 열 : 이상하(李相夏)

연 구 원 : 이관성(李灌成), 강지희(姜志喜), 김성훈(金成勳), 김영죽(金玲竹)
　　　　　　　남성우(南誠佑), 서사봉(徐士奉), 조창록(曺蒼錄), 오보라(吳寶羅)

연구보조원 : 장연수(張硯洙)

이 책은 2021년도 정부(교육부)의 재원으로 한국고전번역원의 지원을 받아
수행된 특수고전협동번역사업(난해서) 1차 연도 사업의 결과물임.

This work was supported by Institute for the Translation of Korean Classics - Grant funded
by the Korean Government.

校勘標點

退溪全書

2

李滉 著

詩

別集 卷1 ~ 遺集 外篇 卷1

보고사
BOGOSA

凡例

1. 本書는 社團法人 退溪學硏究院에서 간행한《定本 退溪全書》의 校勘·標點을 따르
   되, 필요에 따라 수정하였다.

2. 일반적인 이체자 및 관행적인 혼용자는 바로 代表字로 수정하고, 代表字 여부
   판정은 韓國古典飜譯院 異體字 檢索 시스템을 準據로 하였다.《定本 退溪全書》의
   분명한 오류를 수정한 경우, 중요한 자구에 차이가 있는 경우, 오류가 의심되는
   경우에는 교감기에 그 내용을 밝혔다.

3. 本書에 사용된 標點 符號는《定本 退溪全書》를 따랐다.

   。   疑問文과 感歎文을 제외한 文章의 끝에 쓴다.

   ?   疑問文의 끝에 쓴다.

   !   感歎文이나 感歎詞의 끝, 강한 어조의 命令文·請誘文·反語文의 끝에 쓴다.

   ,   한 文章 안에서 일반적으로 句의 구분이 필요한 곳에 쓴다.

   、   한 句 안에서 並列된 단어 사이에 쓴다.

   ;   複文 안에서 구조상 분명하게 並列된 語句 사이에 쓴다.

   :   완전한 引用文의 경우 引用符號와 함께 쓰거나 話題 혹은 小標題語로서
          文章을 이끄는 語句 뒤에 쓴다.

   " "' ' 직접 引用된 말이나 强調해야 하는 말을 나타내는 데 쓰되, 1차 引用에는
          " "를, 2차 引用에는 ' '를, 3차 引用에는「 」를 쓴다.

   【 】   원문의 注를 나타내는 데 쓴다.

   ·   書名號(《 》) 안에서 書名과 篇名 등을 구분하는 데 쓴다.

   《 》   書名을 나타내는 데 쓴다.

   〈 〉   篇名, 樂曲名, 書畫名 등을 나타내는 데 쓴다.

   《《 》》 癸卯校正本과 續集에서 산절된 것을 樊南本에 의거해 복원한 경우에 쓴다.

   ──   人名, 地名, 國名, 民族名, 建物名, 年號 등의 固有名詞를 나타내는 데
          쓴다.

   □   缺落字 자리에 쓴다.

   ▨   毁損字 자리에 쓴다.

   { }   보충할 글자를 나타내는 데 쓴다.

目次

退溪先生文集 外集 卷一

退溪先生文集 續集 卷一

退溪先生文集 續集 卷二

退溪先生文集 遺集 內篇 卷一

退溪先生文集 遺集 外篇 卷一

退溪先生文集

別集　卷一

竹嶺途中遇雨[1]

嶺路巉巖不可行，愁攀鳥道望崢嶸。
高天萬里騰雲氣，苦竹千林送雨聲。
世事難堪多梗阻，客行空費幾陰晴？
何因割抉□□破，白日飄然上玉京？

春日閒居偶興[2]

朝來庭院尙輕寒，日出空林鳥韻閒。
細草無名多事在，春風吹綠滿階間。

驪州午憩[3]

延賓館裏客停行，自喜無人知姓名。

---

1 年月未詳(33세 이전 추정), 竹嶺에서 쓴 시이다.
2 年月未詳(33세 이전 추정), 장소 未詳.
3 年月未詳(33세 이전 추정), 驪州에서 쓴 시이다. "驪州"는 저본에 "忠州"로 되어
있다. 柳校와 李校에 根據하여 修正하였다. 柳校에 《地志》在驪州客館東, 題云忠
州, 恐誤."라고 하였다. 李校에 "以詩中延賓館觀之, 恐'忠'是'驪'之誤."라고 하였다.

一陣東風醒午夢，梨花如雪滿空庭。

KBP0541(詩-別卷1-4)

月溪峽暮景[4]

倚船[5]吟望遠山低，隱隱征驪總自西。
日暮烟波千萬里，芳洲無限草萋萋。

KBP0542(詩-別卷1-5)

暮投忠州萬景樓[6]

暮炊傍水西郊外，强策蹇驢指府城。
四際黃雲秋未卷，一邊素練遠猶明。
琴聲寂寞琴臺古，月色蒼茫月岳橫。
萬景樓前孤館裏，露蛩烟草若爲情？

---

4 年月未詳(33세 이전 추정), 장소 未詳.

5 船 : 初本(3책, 別集)에는 "舡"으로 되어 있다.

6 年月未詳(33세 이전 추정), 忠州에서 쓴 시이다.

望伽倻山【癸巳】[7]

伽倻山在古伽倻，連峯疊嶂高嵯峨。
縹氣漫漫接紫霄，疑是聖母凌蒼霞。
靈神異跡訪遺俗，古記相傳莽眞訛。
山中聞有海印寺，金堂玉室眞仙家。
崔仙去後一千載，白雲寂寂留山阿。
古閣唯餘藏灝噩，玄壇不復養芝砂。
至今猿鳥嘯青熒，石徑埋沒蒼苔多。
我欲南尋智異問至道，歸來及見山桃花。
紅流洞裏青竹杖，喚起崔仙從以萬素娥。
彈倻琴弄雲月，一醉千日遊無何。

宜寧寓宅東軒韻[8]

雨中梅蘂落瓊英，誰借長空繫日纓？
鳥爲喚人啼更款，花因欺暮暗還明。

---

7 癸巳年(中宗28, 1533년, 33세) 2월 3~4일 陝川에서 쓴 시로 추정된다.
8 癸巳年(中宗28, 1533년, 33세) 2월 5~10일 宜寧에서 쓴 시로 추정된다. 初本(3책, 別集)의 부전지에 "題下當書'癸巳'。"라고 하였다. 李校에 "滄溪文公與金公瑛之同過題留韻"으로 되어 있다.

蒼苔院落春岑寂，碧草池塘水滿盈。

客裏情悰誰會得？ 頹然一醉臥前榮。⁹

KBP0545(詩-別卷1-8)

前宜寧吳公竹齋【咸安 後谷**】**¹⁰

碧玉千竿匝翠微，清風六月灑窓扉。

退閒高臥無餘事，滿壁圖書自繞圍。

KBP0546(詩-別卷1-9)

吳宜寧公三友臺【取"擧杯邀明月，對影成三人"之義，而名之也。**】**¹¹

長年臥不出，綠苔上門隅。

旣無車馬喧，聊爲靜者徒。

---

9 頹然一醉臥前榮 : 李校에 "杳然時復憶南榮"으로 되어 있다.

10 癸巳年(中宗28, 1533년, 33세) 2월 11~14일 咸安에서 쓴 시로 추정된다. 이 시는 遺集 外篇 卷2의 〈茅谷 吳宜寧公竹齋【宜寧命賦。】〉와 합편해야 한다. 初本(3책, 別集)의 부전지에 "題下書名何如?"라고 하고, 그 추기에 "不知, 姑俟問人。"이라고 하였다.

11 癸巳年(中宗28, 1533년, 33세) 2월 16일경 咸安에서 쓴 시로 추정된다. "取擧……之也"가 上本에는 "一夕乘月散步於其上, 愛其淸高蕭灑, 可寓以靜中之樂。乃取李白詩所謂'擧盃邀明月, 對影成三人'句語, 命名曰三友臺。嘉靖癸巳之春, 滉南來獲從公遊, 辱知最深且厚, 旣蒙面敎, 令賦此詩, 滉不敢以鄙拙爲辭, 聊述古風一篇, 仰塞眷厚之意云。"으로 되어 있다. 養校에 "'臺'下十七字,《目錄》見脫, 此恐作註爲當。"이라고 하였다.

中庭作小臺，我友自虛無。

遙遙三五夜，皎皎慰情孤。

粲然出海來，臨風催玉壺。

驀然在吾傍，俛仰與之俱。

倂我作三人，佳期良不渝。

舉酒宛相對，及時行樂娛。

我飲月爲[12]勸，我醉影爲扶。

人間與碧落，有情各盡輸。

酣歌且揮手，孰爲彼與吾？

永結莫逆友，無言道已符。

春花映淸竹，秋露滴高梧。

玆焉輒相邀，眞樂豈異趣？

世人恣徵逐，疑我取友迂。

不有謫仙人[13]，我言幾成誣。

KBP0547(詩-別卷1-10)

過靑谷寺[14]

　　寺在月牙山，往在丁卯年間，叔父牧晉陽，家兄彦章、景

---

12 爲：樊本·上本에는 "又"로 되어 있다.

13 人：저본의 두주에 "一本, ‘人’作‘翁’."이라고 하였다. 初本(3책, 別集)·樊本·上本
에는 "翁"으로 되어 있다. 養校에 "‘人’, 草本‘翁’."이라고 하였다.

14 癸巳年(中宗28, 1533년, 33세) 3월 26일 晉州에서 쓴 시로 추정된다.

明以孤幼從之, 讀書于此寺。至今二十七年, 而余來過之,
聚散存歿[15], 令人殆不能爲懷, 爲吟一絶云。

【時彦章兄下世且一年, 景明兄從宦于朝, 聞來觀家鄉, 而滉留滯南州,
恐未及歸見故云。】

金山道上晚逢雨, 青谷寺前寒瀉泉。
爲是雪泥鴻跡處, 存亡離合一潸然。

KBP0548(詩-別卷1-11~26)

昆陽次魚灌圃【得江】〈東州道院十六絶〉[16]

魚先生嘗守興海, 作〈東州道院十六絶〉, 和者皆名勝。滉
見先生於昆陽, 先生示以此, 令和之, 滉不敢辭。然所謂
"東州道院", 公與諸公之作已悉矣。今先生來莅于昆, 昆
之閒僻不減於興, 則道院之稱, 移之於昆, 豈不可也? 未
審先生以爲何如?

(詩-別卷1-11)

已從東海臨南海, 不願天仙作地仙。
最是公心機事少, 海鷗隨處近人前。

---

15 歿 : 初本(3책, 別集)에는 "沒"로 되어 있다.
16 癸巳年(中宗28, 1533년, 33세) 3월 28일~4월 초순 昆陽에서 쓴 시로 추정된다.

(詩-別卷1-12)

一縋銅章彌秩郡，偶將遊¹⁷戲管城毛。

如今屬和慙才盡，始覺《陽春》、《白雪》高。

【彌秩卽興海。¹⁸】

(詩-別卷1-13)

野人結習在清閒，不信居官能愛山。

誰識昆陽吏非吏，年年拄笏對屛顏？

(詩-別卷1-14)

心煩野事爲塵事，機靜官家卽道家。

目擊可能無妙處？爲令官閣種梅花。

【公在興海，亦種梅于官舍。¹⁹】

(詩-別卷1-15)

昆山一郡頗閒僻，作吏還如林下休。

官閣市橋梅樹遍，使君那復憶東州？

(詩-別卷1-16)

方丈仙山高壓境，中間玉室與瓊樓。

不緣句漏丹砂地，能得詩仙瘴海頭。

---

17 遊 ：初本(3책, 別集)에는 "游"로 되어 있다.

18 海 ：初本(3책, 別集)에는 뒤에 "自註"가 있다.

19 舍 ：初本(3책, 別集)에는 뒤에 "自註"가 있다.

【方丈卽頭流山。²⁰】

(詩-別卷1-17)

至言眞不加雕琢，大藥元非事劑丸。

肯授風騷三昧法，難窺天地一壺寬。

【言詩仙。²¹】

(詩-別卷1-18)

郡城西望倚山巓，屋舍熙熙官道邊。

方丈羣仙知得未？ 此邦風采倍華鮮。

(詩-別卷1-19)

月影臺前螺測淺，法輪寺外管窺難。

從公始識滄溟闊，作意高攀海上山。

【嘗於月影、法輪等處觀海，皆井觀也。公期明日登郡南山望海故云。²²】

(詩-別卷1-20)

浣紗溪似西溪水，吟望青天坐小輿。

更躡飛雲昇翠巘，天池要看北溟魚。

【浣紗溪在城東，西溪在興海。】

---

20 山 ： 初本(3책，別集)에는 뒤에 "自註"가 있다.

21 仙 ： 初本(3책，別集)에는 뒤에 "二字自註"가 있다.

22 云 ： 初本(3책，別集)에는 뒤에 "自註"가 있다.

(詩-別卷1-21)

風雲不是孤明主，雨露偏承佚老臣。

萬事無心南郭子，一生用力漢陰人。

(詩-別卷1-22)

智異烟霞吟幾日？曲江風月夢多時。

荒年撫字心應悴，莫問催科宜未宜。

【曲江在興海。】

(詩-別卷1-23)

里胥不到村厖靜，童子能仁野雉飛。

京輦故人多少在，任他書信到來稀。

(詩-別卷1-24)

雙溪形勝仙遊[23]地，尺素招尋不我欺。

還愧塵緣驅使在，能令心事有遷移。

【去年冬，公以書招滉，勸遊雙溪寺，今來本爲是，而因事竟不果。】

(詩-別卷1-25)

露梁、三浦賤鱸魴，北客南烹逐日嘗。

太守遨牀多樂事，不知身在古蠻鄉。

【露梁、二浦，皆郡地，濱海。】

---

23 遊：初本(3책，別集)에는 "游"로 되어 있다.

(詩-別卷1-26)

瘴海窮邊雖足澤, 玉堂金闕要名臣。
舊山猿鶴休相怪, 廊廟江湖只一身。

KBP0549(詩-別卷1-27)

昆陽陪魚灌圃遊²⁴鵲島, 是日論潮汐²⁵

鵲島平如掌, 鰲山遠對尊。
終朝深莫測, 自古理難原。
呼吸地爲口, 往來山作門。
古今多少說, 破的竟誰言?

KBP0550(詩-別卷1-28)

星州馬上偶吟²⁶

曉天霞散初昇日, 水色山光畫裏誇。

---

24 遊 : 初本(3책, 別集)·庚本·擬本·甲本에는 "游"로 되어 있다.

25 癸巳年(中宗28, 1533년, 33세) 3월 28일~4월 초순 昆陽에서 쓴 시로 추정된다. 樊本·上本에는 "汐" 뒤에 "鵲島在郡南十許里, 島南兩山, 對峙如門, 潮入自此, 則環島八九里, 匯爲海潮, 退則爲陸。是日漁人防網而待之, 先生與鄭舍人世虎, 李生員㧿, 姜生員公著及湜同乘舟, 自上流中流至防網之所, 下碇而觀之, 漁人出沒, 大魚跳躑, 可樂也。至潮退時, 舍舟登島, 過午後, 向來泛舟之處, 盡爲平地, 斥鹵微茫, 簾網隱翳而已。於是論潮汐之理, 斫膾觴酒, 至暮乃罷。"가 있다.

26 癸巳年(中宗28, 1533년, 33세) 4월 초순 星州에서 쓴 시로 추정된다. 初本(3책,

52 校勘標點 退溪全書 2

馬首吹香渾似雪，泣殘珠露野棠花。

過楊化驛前[27]

遠山隱映近山濃，上灘奔流下灘通。

夜宿驪江氣全淸，朝經[28]楊化日微紅。

羣鴉繞樹豈無意？大魚飜波如有試。

數朝風浪今更息，兀坐舟中撩詩思。

KBP0552(詩-別卷1-30)

丹月驛樓佔畢齋韻[29]

觸熱行過笂籬村，斜日淸江映郵門。

臨江別起一高樓，坐對靑山滌煩昏。

波生洲渚風色白，翠滴闌干衣帶碧。

形勝中原嶺海衝，幾度遊[30]人愁晚笛？

別集)의 부전지에 "自此至〈龍湫〉, 疑是甲午年, 而無考處, 更聞見次。"라고 하였다.
27 癸巳年(中宗28, 1533년, 33세) 4월 29일경 驪州에서 쓴 시로 추정된다. 이 시는
遺集 外篇 卷2의 〈過楊花驛前〉과 합편해야 한다.
28 經 : 初本(3책, 別集), 庚本에는 "徑"으로 되어 있다.
29 癸巳年(中宗28, 1533년, 33세) 7월 2일 忠州에서 쓴 시이다. 初本(3책, 別集)에
는 〈丹月驛樓佔畢齋韻【佔畢齋, 金宗直號。】〉로 되어 있다.

退溪先生文集 別集 卷一 53

先生妙語留楣間，偶然戲劇破天慳。

英雄過去鳥沒空，出門一笑天地間[31]。

KBP0553(詩-別卷1-31)

龍湫[32]

巨石嵓嶨雲溶溶，山中之水走白虹。

怒從崖口落成湫，其下萬古藏蛟龍。

蒼蒼老木蔽天日，行人六月踏冰雪。

湫邊官道走玉京，日日輪蹄來不絕。

幾成歡樂幾悽苦？笑撫乾坤眠今古。

大字淋漓寫巖石，後夜應作風和雨。

KBP0554(詩-別卷1-32)

洛東 觀水樓【乙未夏，護送官時。】[33]

洛水吾南國，尊爲衆水君。

---

30 遊：初本(3책，別集)·庚本·擬本·甲本에는 "游"로 되어 있다.

31 間：初本(3책，別集)에는 "閑"으로 되어 있다。庚本·擬本·樊本에는 "聞"으로 되어 있다.

32 癸巳年(中宗28，1533년，33세) 7월 3일 聞慶에서 쓴 시로 추정된다.

33 乙未年(中宗30，1535년，35세) 6월 하순 尙州에서 쓴 시로 추정된다。初本(3책，別集)에는 "洛東 觀水樓【乙未夏，先生護送官時。】"로 되어 있다.

54 校勘標點 退溪全書 2

樓名知妙悟，地勢見雄分。

野闊烟凝樹，江清雨捲雲。

匆匆催馹騎，要爲趁公文。

KBP0555（詩-別卷1-33~34）

丙申七月晦日，與兄同宿西齋，時余將往宜寧，感念離合之故，用蘇子由〈逍遙堂〉詩韻[34]

（詩-別卷1-33）

對牀風雨西齋夜，何事還爲腸斷聲？

灑[35]淚鴒原悲不盡，分飛又向楚南城。

【今年春伯兄下世。】

（詩-別卷1-34）

共約青山映黃髮，何時官爵棄如泥？

怪來今夜同眠處，風轉蕭蕭雨轉[36]淒。[37]

34 丙申年(中宗31, 1536년, 36세) 7월 30일 禮安에서 쓴 시이다.

35 灑 : 初本(3책, 別集)·庚本·擬本·甲本에는 "洒"로 되어 있다.

36 轉 : 上本에는 "淒"로 되어 있다.

37 淒 : 初本(3책, 別集)·樊本·上本에는 뒤에 퇴계의 형 李瀣의 차운시가 있다.

KBP0556(詩-別卷1-35)

映湖樓[38]

客中愁思雨中多，況值秋風意轉加？
獨自上樓還盡日，但能有酒便忘家。
慇懃喚友將歸燕，寂寞含情向晚花。
一曲清歌響林木，此心焉得似枯槎？

KBP0557(詩-別卷1-36)

八月十八日，還自宜寧，雨留新蕃縣【一首見內集。】[39]

風號木葉撼前山，雨打西窓作暮寒。
旅客解驂求菜束，村童呼犢入柴關。
庭生細草新還密，壁畫奇毛舊欲漫。
可是龍公歸蟄臥，征衫明日快歸鞍。

38 丙申年(中宗31, 1536년, 36세) 8월 초순 安東에서 쓴 시로 추정된다. 初本(3책, 別集)의 추기에 "禹祭酒韻。"이라고 하였다.

39 丙申年(中宗31, 1536년, 36세) 8월 18일 宜寧에서 쓴 시이다. 이 시는 內集 卷1 의 〈雨留新蕃縣〉과 합편해야 한다. "一首見內集"이 樊本에는 없다.

KBP0558(詩-別卷1-37)

愛日堂後臺上，陪李府尹【賢輔】**遊賞。時公辭慶尹家居**[40]

結屋崖邊石磴斜，憑闌如在羽人家。
公能解紱歸田早，我亦攜壺賞景多。
瘦盡秋容江出石，粧成晚意菊添花。
令人坐羨冥飛鵠，不信人間有網羅。

KBP0559(詩-別卷1-38)

到書堂，待閔著作景說【箕○辛丑】[41]

東湖水漲秋雨餘，騎馬沙汀皺眉舒。
行穿翠密度潺湲，仰見雲屋如仙居。
入門寂寂人蹤稀，碧窓烏几橫琴書。
超然坐待君欲來，庭樹風生巖暝初。

KBP0560(詩-別卷1-39)

次韻景說《書堂》[42]

絕境湖山千古秘，何年金地化茲堂？

---

40 丙申年(中宗31, 1536년, 36세) 9월 1~5일 禮安에서 쓴 시로 추정된다.
41 辛丑年(中宗36, 1541년, 41세) 7~8월 서울에서 쓴 시로 추정된다.

天臨揭額楣纏彩，神護藏書壁透光。

咳唾有時霏月露，研劘專事賁王皇。

溫尋舊學加新趣，一味眞如飫玉漿。

【堂，舊月松菴基也。】

KBP0561(詩-別卷1-40)

趙季任【士秀】出牧濟州，寄鸚鵡螺書堂。時季任已還京[43]

絶島茫茫似點螺，天然精怪化蟲沙。

雖非巧舌嬰身禍，應坐虛文合器華。

併荷蠻賤投玉韻，擬留瓊館鎮仙家。

東湖月色新如洗，重到能忘酌九霞？

KBP0562(詩-別卷1-41)

到朔寧【京畿災傷御史時。】[44]

惻惻荒年意未寧，江邊立馬影竛竮。

葉從霜夜濃全赤，山入秋空割半青。

官舍隱雲如到寺，吏人踏地似行屛。

---

42 辛丑年(中宗36, 1541년, 41세) 7~8월 서울에서 쓴 시로 추정된다. 初本(3책, 別集)에는 〈次韻景說《書堂》。二首〉로 되어 있다.

43 辛丑年(中宗36, 1541년, 41세) 7~8월 서울에서 쓴 시로 추정된다.

44 辛丑年(中宗36, 1541년, 41세) 9월 9일 朔寧에서 쓴 시이다.

索牋題句知何用？ 新月閒吟愛滿庭。

KBP0563(詩-別卷1-42)

送李重吉【潤慶】**牧義州**【重吉去年爲巡邊從事。】[45]

去年入幕風生劍， 今歲爲州玉映冠。
百戰山河餘古壘， 一方鎖鑰是雄關。
華人尙詫知詩禮， 毳俗猶誇睹鳳鸞。
月靜轅門相憶未，？ 傳烽日日喜平安。

KBP0564(詩-別卷1-43)

足夢中作[46]

壬寅二月二十夜， 夢遊宣城山水間， 最後， 自今卜居處踰
一嶺， 得一村莊， 名曰山後村。 人家籬落蕭灑[47]， 雞犬閒
閒， 陂塘水滿， 稻秧新挿， 剡剡然盈疇。 過村而入， 山回水
轉， 溪谷窈窕， 洞府深邃， 天日朗然， 草木蔥瓏， 桃杏杜鵑

---

45 辛丑年(中宗36, 1541년, 41세) 10월 5일 서울에서 쓴 시로 추정된다. 初本(3책,
別集)에는 "從事" 뒤에 "自註"가 있다.

46 壬寅年(中宗37, 1542년, 42세) 2월 21일 서울에서 쓴 시이다. 이 시는 李瀣의
《溫溪逸稿》卷1에도 〈次景浩夢遊絶句〉의 原韻으로 실려 있다. 庚本에는 〈足夢中作
【壬寅】〉으로 되어 있다.

47 灑 : 初本(3책, 別集)·庚本·擬本·甲本에는 "洒"로 되어 있다.

花之屬處處爛發。遂出入溪澗，恣意探討，因吟一句，曰
"春晚山中別有花"，夢中自覺了了然。方欲綴其下，忽欠
伸而寤，蓼蓼然五更鼓矣。余不知是何境而是何祥耶。足
成一絶，以寄兩兄云。

霞明洞裏初無路，春晚山中別有花。
偶去眞成搜異境，餘齡還欲寄仙家。

KBP0565(詩-別卷1-44)

家兄以賑恤敬差往本道，聞寒食來家山澆奠，滉拘官在京，無計
助參。因思去年秋，滉以京畿災傷御史行到朔寧等處，值九日作
詩三首，錄寄仁遠。仁遠和詩來京，適値寒食，吟詩念事，情感倍
劇。旣以詩答仁遠，復次元韻，奉呈家兄[48]

天戒吾君德日昇，分憂溝壑每心兢。
念兄春月行千里，憶我秋山度百層。
設粥嗟來難救士，飡松耐苦不如僧。
冷烟時節風和雨，回首天涯忘寢興。

48 壬寅年(中宗37, 1542년, 42세) 3월 10일 서울에서 쓴 시이다. 이 시는 遺集 外篇
卷1의 〈家兄以賑恤敬差往本道, 聞寒食來家山澆奠, 某拘官在京, 無計助參, 次韻奉
呈家兄. 二首〉와 합편해야 한다. 이 시는 李瀣의 《溫溪逸稿》 卷1에도 실려 있다.

KBP0566(詩-別卷1-45)

全義縣南行，山谷人居遇飢民【忠淸道救荒擲奸御史時】[49]

屋穿衣垢面深梨，官粟隨空野菜稀。
獨有四山花似錦，東君那得識人飢？

KBP0567(詩-別卷1-46)

夜行入公州【廿四日】[50]

日淪漸失道傍花，時有淸香撲鼻過。
長路悠悠欹倦馬，暗溪閣閣吠羣蛙。
王城暫別春還暮，錦水將經夜更賒。
未必能紓九重念，驅馳空覵爾民何？

KBP0568(詩-別卷1-47)

早渡錦江，次船亭韻，擬寄任武伯【虎臣】[51]

驛吏呼船夜渡江，夢回殘燭尙依窓。

---

49 壬寅年(中宗37, 1542년, 42세) 3월 24일 全義에서 쓴 시이다.

50 壬寅年(中宗37, 1542년, 42세) 3월 24일 公州에서 쓴 시이다. 初本(3책, 別集)에는 "廿四日" 뒤에 "自註"가 있다.

51 壬寅年(中宗37, 1542년, 42세) 3월 25일 公州에서 쓴 시로 추정된다. "船"이 初本(3책, 別集)에는 "舡"으로 되어 있다.

征鞍又作風蓬轉，好景飜成玉斗撞。
垂柳有情遮客路，落花多事遶帆杠。
何緣共載臨明鏡，笑撥春愁盡一缸？

KBP0569(詩-別卷1-48)
四月初一日，天安東軒[52]

民多流離我得安，道逢餓者久盤桓。
疲極來投古歡城，歷盡山顚與水干。
山茶紫艷攢火燃[53]，玉梅素香飄露溥。
日暮空庭妬花風，春後憑闌[54]猶怕寒。

KBP0570(詩-別卷1-49)
送吳祥之【祥】赴關東幕[55]

關東自古仙遊[56]地，季子當今第一流。
闕下覲辭緣得養，幕中無事□煩籌。

---

52 壬寅年(中宗37, 1542년, 42세) 4월 1일 天安에서 쓴 시이다.

53 燃 : 저본에는 "撚"으로 되어 있다. 柳校에 근거하여 수정하였다. 柳校에 "撚,
恐當從火。"라고 하였다.

54 闌 : 初本(3책, 別集)·樊本·上本에는 "欄"으로 되어 있다.

55 壬寅年(中宗37, 1542년, 42세) 4~5월 서울에서 쓴 시로 추정된다.

56 遊 : 初本(3책, 別集)에는 "游"로 되어 있다.

楓山鶴馭千峯雪, 鏡浦蘭舟百頃秋。
海上如逢神授棗, 題封時寄鳳池頭。

臥病困暑, 有懷錦湖子【林亨秀】, 案上取鰲山錄讀之, 書其後[57]

抱病支離困鬱蒸, 瓊漿三椀只愁增。
牀頭伴我有佳什, 座上憶君眞好朋。
韻爽似聞吟壑籟, 氣雄如跨簸溟鵬。
他時此語休編入, 卻怕同傳萬口騰。

送洪和仲【春年】赴京書狀官【明仲之弟】[58]

去歲元方專使節, 今年季札又觀周。
重添別恨燕山路, 每憶離懷鴨水洲。
玉署異時眞吐鳳, 芹宮當日政窺牛。
中朝詎乏隨和[59]眼? 雙美應聯詫瑞璆。

【去年洪明仲以聖節使赴京, 僕爲點馬, 別於鴨綠江上。[60]】

---

57 壬寅年(中宗37, 1542년, 42세) 5월 6~26일 서울에서 쓴 시로 추정된다. "錦"은
養校에 "'錦', 《目錄》脫。"이라고 하였다.

58 壬寅年(中宗37, 1542년, 42세) 5월 27일 서울에서 쓴 시로 추정된다.

59 隨和 : 柳校에 "案'隨', 恐'隋', 隋侯、和氏。"라고 하였다.

KBP0573(詩-別卷1-52)

朴重甫【承任】攜詩見過[61]

吾詩欲說面猶楨，尙憶當年筆勢橫。
幾向園陵吟瘦馬，曾因風雪記寒檠。
鴻飛泥爪已陳跡，蠶老絲身非舊情。
感慨爲君書短句，臥聞桐雨打窓聲。
【重甫詩，多是陵祭執事作。[62]】

KBP0574(詩-別卷1-53)

十二日，送權景遇【應昌】千秋使赴京[63]

夫子東方秀，妙齡氣俊銳。
嶷嶷廊廟具，感激風雲勢。
驊騮騁長路，鸑鷟儀盛世。
主眷佇方深，時議重所繫。
天朝賀重明，專對奉國幣。
餞郊排雲幕，秋旻氣澄霽。
金尊[64]漲濃綠，綺席羅纖麗。

---

60 上：初本(3책，別集)에는 뒤에 "自註"가 있다.

61 壬寅年(中宗37，1542년，42세) 5월 27일~7월 11일 서울에서 쓴 시로 추정된다.
이 시는 朴承任의 《嘯皐集附錄(下)》에도 실려 있다.

62 作：初本(3책，別集)에는 뒤에 "自註"가 있다.

63 壬寅年(中宗37，1542년，42세) 7월 12일 서울에서 쓴 시이다.

百僚意氣傾，千觴送行袂。
去去如登仙，關河遠迢遞。
帝城五雲裏，星槎九霄際。
天樂認前聞，周儀睹新制。
顧惟幽燕地，控帶連腥羶。
厥初定鼎意，當關扼狂猘。
形勝實天府，撫臨環四裔。
朝宗幾萬國，吾東最近衛。
聲教所先漸，寵渥永勿替。
況我事大禮，至誠寧少戾？
銜命愼其儀，國體使乎係。
漢庭應有人，眼高鑑無翳。
因知吳札賢，更歎魯邦藝。
嗟我志四方，半世一隅滯。
么螇不自小，病鶴但孤唳。
離筵意不盡，別語爲公綴。
祝公早旋駕，餘光發宿蔽。

KBP0575(詩-別卷1-54)

竹堂 柳叔春【辰仝】學士，畫墨竹[65]

竹堂學士老風塵，肝膽通靈嶰谷身。

---

64 尊：上本에는 "樽"으로 되어 있다.

眼底紛綸空俗物，筆端遊戲盡精神。

烟梢露葉新還勁，粉節霜根瘦更眞。

千載湖州朝暮遇，襪材應許萃芳鄰。

KBP0576(詩-別卷1-55)

平昌郡東軒，有角字韻詩，無暇續貂。二十五日，途中，用其韻紀所見【壬寅秋○江原道災傷御史。】[66]

亂峯巉天勢騰踔，秋容瘦盡露崖角。

雲歸洞壑窈而深，無數松柟老千尺。

碧溪彎彎渡幾曲，舟中回頭望青[67]壁。

不能休官便歸去，於茲吏隱猶堪樂。

KBP0577(詩-別卷1-56)

過昭陽江，次韻〈春日昭陽江行〉【八月三十日】[68]

我行十日穿雲烟，馬頭惟[69]看嶺拆天。

今朝豁眼入春州，素練一道橫拖前。

是時霜清八月秋，行行江浦吟搖鞭。

---

65 壬寅年(中宗37，1542년，42세) 7~8월 서울에서 쓴 시로 추정된다.

66 壬寅年(中宗37，1542년，42세) 8월 25일 平昌에서 쓴 시이다.

67 青：上本에는 "蒼"으로 되어 있다.

68 壬寅年(中宗37，1542년，42세) 8월 30일 春川에서 쓴 시이다.

69 惟：上本에는 "猶"으로 되어 있다.

千篇一掃幾英雄？ 萬古共盡餘山川。

莫嫌物色少分留，故應風月還依然。

扁舟不辭泛空明，笑舞⁷⁰馮夷奏湘絃。

胡爲不暇景物役？ 今年又復期他年。

故園當日手種梅，丘壑從前有好懷。

一行作吏誤半⁷¹生，青鞋不踏耶溪苔。

何況嚴程念麋鹽？ 佳處何緣青眼回？

多生結習在山水，病裏樂聖猶銜杯。

會從物外爛占春，杳視塵甕如浮埃。

豈惟稽山棹酒船？ 便可鹿門開徑⁷²萊。

風流一境煥增色，莫使名區終寂寞。

詩成愼勿俗人傳，報與沙頭雙雪客。【昭陽江過淸平山而來，故用稽山、鹿門故事。⁷³】

KBP0578(詩-別卷1-57)

春川向楊口，幾五六十里，皆崖路傍江，兩峽束立，蒼波白石，雜以楓林，眞奇景也⁷⁴

下有淸江上有天，擘開神峽兩圍邊。

---

70 舞 ： 樊本·上本에는 "撫"으로 되어 있다.

71 半 ： 庚本·擬本·甲本·上本에는 "平"으로 되어 있다.

72 徑 ： 樊本·上本에는 "經"으로 되어 있다.

73 事 ： 初本(3책, 別集)에는 뒤에 "自註"가 있다.

74 壬寅年(中宗37, 1542년, 42세) 8월 30일 楊口에서 쓴 시로 추정된다.

居民牟似猿嚬面，怪石或如人奮拳。

盡日傍行寒瀉鏡，一林延望爛生烟。

邇來自覺溪山助，詩骨巉巉筆洒泉。

KBP0579(詩-別卷1-58)

午憩水仁驛【驛臨溪對壁，幽爽甚於芳林。[75]】[76]

無聲無物自何生？ 谷邃巖空雷轉驚。

小坐驛亭看水石，向來塵慮一時清。

KBP0580(詩-別卷1-59)

詠白茅【狼川山中。[77]】[78]

山門寂寂鹿呦呦，林下無人食廢疇。

撲地似雲齊苗夏，舞風如雪亂枯秋。

賢人但願拔能進，貞女何容束以求？

試問牽蘿[79]相補處，一區開占碧溪頭。

---

75 林：初本(3책，別集)에는 뒤에 "自註"가 있다.

76 壬寅年(中宗37，1542년，42세) 8월 30일 楊口에서 쓴 시로 추정된다.

77 中：初本(3책，別集)에는 뒤에 "自註"가 있다.

78 壬寅年(中宗37，1542년，42세) 9월 1일 狼川에서 쓴 시로 추정된다.

79 蘿：上本에는 "羅"로 되어 있다.

金剛山[80]

巨嶽臨東溟, 雄雄半天出。
日月互蔽虧, 靈仙紛宅窟。
我欲往問之, 塵纓甚拘鬱。
恨無丹竈方, 飛去宿願畢。

鏡浦臺[81]

群仙游十洲, 蕩蕩非所愛。
辦此一鑑流, 虛明玉壺內。
我思老安詳, 時來搖玉珮。
風流我輩人, 儻許蘭舟載?

晚晴, 踰石門嶺, 入楊州路上[82]

石門西下路漫漫, 落日蒼茫烟甾間。

---

80 壬寅年(中宗37, 1542년, 42세) 9월 3~4일 金化에서 쓴 시로 추정된다.
81 壬寅年(中宗37, 1542년, 42세) 9월 3~4일 金化에서 쓴 시로 추정된다.
82 壬寅年(中宗37, 1542년, 42세) 9월 5일 楊州에서 쓴 시로 추정된다.

雨掃碧空霜氣緊, 風颭黄野暮光寒。
稻粱多處鴈先集, 陂澤空來魚不還。
爲問今宵新月色, 可能二十四橋看?

KBP0584(詩-別卷1-63)
次應霖【金澍】[83]

颯颯涼颸換鬱蒸, 天機推變竟誰能?
試抛扰頰朝朝笏, 還對臨書夜夜燈。
閱歲與君期共秀, 刺天非我志群騰。
三秋秖可抍心力, 百尺竿頭寸寸登。

KBP0585(詩-別卷1-64~65)
湖上園亭偶出, 次山谷〈病起東園〉韻[84]

(詩-別卷1-64)
鳳池豈藏拙? 蓬山非養病。
優閒愧聖朝, 蕭散適野徑。
湖上多林園, 清曠愜素性。
嗒然坐終日, 愛此澄江靜。

---

83 壬寅年(中宗37, 1542년, 42세) 7월 쓴 시로 추정된다. 장소는 미상이다.
84 壬寅年(中宗37, 1542년, 42세) 9~12월 서울에서 쓴 시로 추정된다.

沙禽千百群，翔集喜同氣。

淡然一堂中，誰與共臭味？

白日照西窓，纖塵不掩地。

無端發深省，松風靜裏至。

KBP0586(詩-別卷1-66)

竹山途中[85]

苦寒贔屭曉無風，稍喜金鴉上海東。

一水帶冰銀宛宛，衆山排雪玉叢叢。

征夫野食青烟外，獵騎郊搜白草中。

到處一杯官酒美，天涯難與故人同。

KBP0587(詩-別卷1-67)

聞慶途中，遇雪[86]

亂雲吞吐欲埋山，急雪驚風撲馬鞍。

千樹望來銀錯落，一溪行盡玉彎環。

---

85 壬寅年(中宗37, 1542년, 42세) 12월 21일경 竹山에서 쓴 시로 추정된다. 初本(3
책, 別集)에는 "中" 뒤에 【壬寅十二月】"이 있다.
86 壬寅年(中宗37, 1542년, 42세) 12월 23일경 聞慶에서 쓴 시로 추정된다.

KBP0588(詩-別卷1-68)

安谷驛苦寒, 憫行旅[87]

風聲叱吸窓扉語, 烟氣飄蕭客舍寒。
受凍肌膚寧異性? 狐裘憐汝訴衣單。

KBP0589(詩-別卷1-69)

二十五日, 陝川向三嘉途中[88]

朝看旭日傍伽川, 午過南亭入紫烟。
欲把塵機渾脫累, 奈何世事動遭牽?
新陽雪盡纔三日, 舊館人非已六年。
杳杳家山今更遠, 羈心休道洛中偏。【二十三日立春, 至今適三日也。
歲丁酉, 余到宜寧, 至今壬寅, 恰是六年, 而人事多變。樂天詩: "萬里路長
在, 六年今始歸。所經多舊館, 太半主人非。"[89]】

---

87 壬寅年(中宗37, 1542년, 42세) 12월 24일경 善山에서 쓴 시로 추정된다.

88 壬寅年(中宗37, 1542년, 42세) 12월 25일 陝川에서 쓴 시이다.

89 非 : 初本(3책, 別集)에는 뒤에 "自註"가 있다.

三嘉 雙明軒[90]

(詩-別卷1-70)

暗覺輕黃著柳時，夕陽明麗下樓遲。

當年雪後行吟處，依舊人家有竹籬。【晉山詩："古縣鴉鳴日落時，雪
晴江路細逶遲。[91] 人家處處依林樾，白板雙扉映竹籬。"[92]】

(詩-別卷1-71)

滴殘簷雪暮凄凄，古屋烟生一半低。

自是南中有佳致，竹林多處翠禽啼。

迎勝村，留題四樂亭【癸卯正月初四日】[93]

迎勝村舊名迎迓，爲其不雅，改迓爲勝，取其聲相近也。村
有泉石之勝，且時方早春，景物向新，故謂之迎勝，所以記
一時之勝也。四樂亭，臨溪新構，往年余所名而寄題者也。

---

90 壬寅年(中宗37, 1542년, 42세) 12월 25일 三嘉에서 쓴 시로 추정된다.

91 遲 : 上本에는 "迤"로 되어 있다.

92 籬 : 初本(3책, 別集)에는 뒤에 "自註"가 있다.

93 癸卯年(中宗38, 1543년, 43세) 1월 4일 居昌에서 쓴 시로 추정된다.

迎勝村中迎早春，眼中梅柳已爭新。

東風欲動先林杪⁹⁴，北鴈將歸且水濱。

誰作月潭揮弄客？我曾雲構寄題人。

尊⁹⁵前莫說霜臺事⁹⁶，野趣方欣愜素眞。【弄月潭在前溪。⁹⁷】

迎勝村中迎早春，眼中梅柳已爭新。

東風欲動先林杪[94]，北鴈將歸且水濱。

誰作月潭揮弄客？我曾雲構寄題人。

尊[95]前莫說霜臺事[96]，野趣方欣愜素眞。【弄月潭在前溪。[97]】

KBP0592(詩-別卷1-73)

寄題搜勝臺[98]

安陰古縣，有石臨溪，俗名愁送臺，泉石最勝。余於是行，以不暇往見爲恨，亦嫌其名之不雅，欲改爲搜勝，諸公皆肯之。

搜勝名新換，逢春景益佳。

遠林花欲動，陰壑雪猶埋。

未寓搜尋眼，唯增想像懷。

他年一尊[99]酒，巨筆寫雲崖。

---

94 杪：上本에는 "梢"로 되어 있다.

95 尊：初本(3책, 別集)에는 "樽"으로 되어 있다.

96 霜臺事：初本(3책, 別集)의 부전지에 "'霜臺事', 考《日記》, 入註似可."라고 하였고, 樊本·上本에도 동일한 내용의 두주가 있다. "今按《日記》,《退陶先生日記》."를 말한다.

97 溪：初本(3책, 別集)에는 뒤에 "自註"가 있다.

98 癸卯年(中宗38, 1543년, 43세) 1월 5~6일 居昌에서 쓴 시로 추정된다.

99 尊：上本에는 "樽"으로 되어 있다.

KBP0593(詩-別卷1-74)

人日，自迎勝村東行六七里，泉石甚奇絶，可愛[100]

兩山束一水，回複似無門。

鑿鑿堆山骨，泠泠瀉雪源。

興來思握管，幽處欲開園。

逝者無停理，臨流誰與論？

KBP0594(詩-別卷1-75)

所旨峴[101]

泥深滑滑路盤盤，洞壑杈枒雲木寒。

陽坡日上紫翠重，幽谷春生陰雪殘。

猛獸存身獨深居，倏閃流離多犴貄。

嗟我曷不歸故鄉？遠度關山愁僕夫。

KBP0595(詩-別卷1-76)

黃澗 駕鶴樓[102]

地勢高仍豁，山形鶩亦留。

---

100 癸卯年(中宗38, 1543년, 43세) 1월 7일 居昌에서 쓴 시이다.

101 癸卯年(中宗38, 1543년, 43세) 1월 7일 居昌에서 쓴 시로 추정된다.

102 癸卯年(中宗38, 1543년, 43세) 1월 10일 永東에서 쓴 시로 추정된다.

雪殘明夕照，鷗泛炯春流。
望遠時揩眼，看題屢側頭。
仙翎快於馬，安得恣雲遊？

KBP0596(詩-別卷1-77)

十四日，竹山東軒【時將有西征。[103]】[104]

雪意蒼茫暮色新，松顚鶴立似高人。
三春此是上元節，四歲今爲再到賓。
緣病早衰身可退，以愚過計策難陳。
興師敵愾須良將，智[105]略誰堪動鬼神？

KBP0597(詩-別卷1-78~79)

題山水圖[106]

(詩-別卷1-78)

雲山頃刻滿毫端，醉裏無窮入眼看。
昨夜雨聲添碧澗，小橋荒店酒旗寒。

---

103 征：初本(3책, 別集)에는 뒤에 "自註"가 있다.

104 癸卯年(中宗38, 1543년, 43세) 1월 14일 安城에서 쓴 시로 추정된다.

105 智：樊本에는 "知"로 되어 있다.

106 癸卯年(中宗38, 1543년, 43세)에 쓴 시로 추정된다. 初本(3책, 別集)에는 "圖" 뒤에 "【癸卯】"가 있다.

〔詩-別卷1-79〕

人家寥落景依依，山色凌空野色微。

罷釣歸來成露酌，碧天明月照柴扉。

KBP0598(詩-別卷1-80~87)

九日，獨登北山，次《瀛奎律髓》〈九日〉詩，寄士遂[107]

〔詩-別卷1-80〕

去歲重陽日，寥寥不把杯。

人從于役返，菊向小軒開。

落落心懷在，悠悠節物回。

今年難再負，佳處獨登來。

〔詩-別卷1-81〕

不作窮途客，難從避世翁。

逢辰塵事擺，呼酒菊花同。

野色湖光外，鄉愁鴈影中。

無人共吹帽，感慨若爲窮？[108]

---

107 癸卯年(中宗38, 1543년, 43세) 9월 9일 서울에서 쓴 시이다. 〔編輯考〕初本(3
책, 別集)에 추기 "四首見《內集》。"이 있다. 이 시는 內集 卷1의 〈九日, 獨登書堂後翠
微, 寄林士遂。四首〉와 합편해야 한다.

108 窮 : 初本(3책, 別集)에는 뒤에 內集 卷1의 〈九日, 獨登書堂後翠微, 寄林士遂。
四首〉가 있다.

(詩-別卷1-82)

江練明今夕，花鈿媚去年。

句成昇月外，杯倒落霞前。

秖覺愁邊老，渾忘醉後旋。

强寬終自攪，東望涕泗¹⁰⁹連。

(詩-別卷1-83)

騷人常怪謔多哀，此日登臨首獨回。

杳杳霜空雲掃盡，蕭蕭楓葉鴈飛來。

千年感慨齊公淚，一餉繁華宋祖臺。

爭似東籬見山客，風流遺世樂銜杯？

(詩-別卷1-84)

登高能賦豈吾才？自覺瓶空屢恥罍。

唯對晚香娛節物，肯從年少醉樓臺？

冥冥海嶠紅霞斂，漠漠沙汀白鳥來。

雲幕排空歌吹沸，別峯佳會又誰開？

(詩-別卷1-85)

故園松菊日應荒，幾度秋風老漢陽？

城裏已同棲曲巷，湖邊要共賞幽香。

高山不解招佳士，遠水偏能繞別腸。

獨坐難成開口笑，且須多酌洗塵忙。

---

109 泗：上本에는 "泗"로 되어 있다.

(詩-別卷1-86)

新詩滿眼氣成霞，醉筆縱橫字似鴉。

綠酒可能蘇病肺，紅粧安用照秋花？

英雄過去鳥飛盡，時序回還人老加。

幸我身逢太平日，宦情何苦薄於紗？

(詩-別卷1-87)

君比鯨兒[110]縱大溟，我隨波浪似漂萍。

夷塗自識歸愚晚，苦節猶思貫歲零。

已拜黃封煩內使，常供白墮滿官瓶。

《伐檀》恐被詩人刺，小技文章僅類伶。[111]

KBP0599(詩-別卷1-88)

七月望日，狎鷗亭卽事【時書堂移寓於此。○甲辰[112]】[113]

忠州賈客滯京城，昨夜西江醉月汀。

六幅蒲帆風與便，臥吹長笛過津亭。

----

110 兒 : 初本(3책, 別集)・庚本・擬本・甲本・樊本・上本에는 "魚"로 되어 있다. 上本
의 두주에는 "'魚', 一作'兒'."라고 하였다.

111 伶 : 初本(3책, 別集)에는 뒤에 "凡十二首, 而四首見《內集》."이 있다.

112 時書堂……甲辰 : 初本(3책, 別集)에는 "時書堂移寓於此。○凡五首, 此第二絶,
餘見《內集》。"으로 되어 있다.

113 甲辰年(中宗39, 1544년, 44세) 7월 15일 서울에서 쓴 시이다. 〔編輯考〕 이 시는
內集 卷1의 〈七月望日, 狎鷗亭卽事, 四首【時書堂有故, 稟啓移寓於此。】〉와 합편해야
한다.

KBP0600(詩-別卷1-89)

宓姪來從問業[114]

清漢滔滔日夜流，古今人事豈曾休？
遺芳遺臭爭蠻、觸，爲夢爲眞失壑舟。
幾度運斤思郢質？可堪乘鶴上楊州？
阿咸要作奇男子，莫爲他人讓一頭。

KBP0601(詩-別卷1-90)

醉題狎鷗亭[115]

虹構重新帶舊名，風烟動色境增淸。
雲收暮岫蒼屛逈，天入秋江白練明。
萬古知魚濠上樂，一生炊黍枕中情。
何人可對尊如海，日日臨流歌濯纓？

KBP0602(詩-別卷1-91)

中秋月。寄士遂【用東坡韻。】[116]

素娥命高駕，出自東海東。

---

114 甲辰年(中宗39, 1544년, 44세) 7월 16일 서울에서 쓴 시로 추정된다.
115 甲辰年(中宗39, 1544년, 44세) 7월 27일 서울에서 쓴 시로 추정된다.
116 甲辰年(中宗39, 1544년, 44세) 8월 서울에서 쓴 시이다.

臨風笑向人，瀉影蓬山中。
蓬山杳何許？香霧淒房櫳。
仙舟泛瑤浦，澄江靜如空。
粲然二三子，叩枻來相從。
傳呼洛妃襪，俯窺馮夷宮。
醉筆健於槊，可礰妖蟆蟲。
我還景陽錦，自歎詩力窮。
休嫌佳會怨，幸免勍敵逢。
吟諷尙餘習，竟夕如魚喁。

KBP0603(詩-別卷1-92)

病暇, 許免遠接從事, 因此亦不往東湖, 杜門書懷【乙巳】[117]

藹藹園中烟，灼灼枝上花。
碧草滿地生，垂楊蔭路斜。
韶光蕩人目，好鳥相和歌。
豈不感時節？奈此幽憂何？
聖恩及衰朽，清秩許養痾。
關西旣辭行，東湖亦蹉跎。
蓄力匪烏獲，獻寶異卞和。
罷馬不任犧，但費天山禾。

---

117 乙巳年(仁宗1, 1545년, 45세) 3월 초순 서울에서 쓴 시로 추정된다.

永言愧時賢，黽勉隨塵波。

志業廢中塗，無以施磋磨。

靑春不再榮，白日如奔梭。

胡爲遇賞地，絃絶廢洋峨？

雖無避事誅，寧免素餐嗟？

旣不得爾職，曷不歸山阿？

浩歎發奇憤，泓穎遭驅訶。

詩成手自寫，滿紙如驚蛇。

KBP0604(詩-別卷1-93)

林士遂赴義州迎使從事，索詩[118]

湖陰高壘駱峯劘，八斗文章彩筆花。

四傑同參卿使事，歸來應有續《東槎》。【李左相擇之迎唐天使，鄭雲卿、蘇彦謙、李伯益從事，在途相唱和，有《東槎集》。○湖陰，鄭士龍；駱峯，申光漢。】

---

118 乙巳年(仁宗1, 1545년, 45세) 3월 초순 서울에서 쓴 시로 추정된다. 初本(3책, 別集)에는 "詩" 뒤에 "【三首見《內集》。】"이 있다. 〔編輯考〕 이 시는 內集 卷1의 〈送林士遂以迎詔使從事赴義州。三首【乙巳】〉와 합편해야 한다.

贈南景霖遠接從事西行[119]

(詩-別卷1-94)

風雨橋山感病臣, 乞身當此始元春。
免教天上乘槎客, 嗤點東方拙斷人。

(詩-別卷1-95)

珠胎剖蚌月光滿, 玉磬諧音威鳳蹌。
我識君詩清且古, 莫隨時世[120]變梳粧。

(詩-別卷1-96)

文章於道本非尊, 鬪捷爭奇更[121]不論。
爲報皇華停伎倆, 《角弓》嘉樹豈多言?

李仲久【湛】正郎代余從事之行, 索詩[122]

知君久養靑雲翮, 愧我初非赤汗毛。

---

119 乙巳年(仁宗1, 1545년, 45세) 3월 조순 서울에서 쓴 시로 추정된나.
120 世 : 上本에는 "勢"로 되어 있다.
121 更 : 上本에는 "竟"으로 되어 있다.
122 乙巳年(仁宗1, 1545년, 45세) 3월 초순 서울에서 쓴 시로 추정된다. 初本(3책, 別集)에는 "詩" 뒤에 【仲久, 名湛, 號靜存齋。】가 있다.

槎客昔年銜使貴，酒星今日謫仙豪。

周行豈必酬金橐？妙句眞堪博錦袍。

一病如吾天所幸，長松百尺換蓬蒿。

KBP0607(詩-別卷1-98)

明日將行，贈景說【丙午三月○受由，還嶺南。】[123]

一尊[124]相對意茫然，仙舘同床六載前。

莫話陳蹤如夢寐，他年如夢又今年。

KBP0608(詩-別卷1-99)

鳥嶺途中[125]

雉鳴角角水潺潺，細雨春風匹馬還。

路上逢人猶喜色，語音知是自鄕關。

---

123 丙午年(明宗1, 1546년, 46세) 2월 30일경 서울에서 쓴 시로 추정된다.

124 尊 : 初本(3책, 別集)에는 "樽"으로 되어 있다.

125 丙午年(明宗1, 1546년, 46세) 3월 4~10일 聞慶에서 쓴 시로 추정된다.

龍宮 浮翠樓¹²⁶

高樓花事撩人閒, 最愛山茶映竹間。
好鳥豈無春晚恨? 如何終日不歸山?

以事將西行, 病還草谷村庄【四月十日¹²⁷】

病縶還京轡, 天開節後花。
海棠新剪錦, 躑躅爛蒸霞。
幾歲埋荒逕? 今朝眄舊柯。
關門聊自守, 贏¹²⁸得好生涯。

贈吳生【守盈】。龍壽寺作【自榮川 草谷來寓。】¹²⁹

我愛山寺靜, 高枕臥一室。

---

126 丙午年(明宗1, 1546년, 46세) 3월 4~10일 龍宮에서 쓴 시로 추정된다.

127 丙午年(明宗1, 1546년, 46세) 4월 10일 榮州에서 쓴 시로 추정된다. 初本(3책, 別集)에는 "日" 뒤에 "自註"가 있다.

128 贏 : 上本에는 "嬴"으로 되어 있다.

蒼苔滿洞門，終日無來客。

庭前芍藥紅，牆後薛荔碧。

睍睆相和音，悄蒨分翠色。

幽居稍味道，高步恐駭俗。

神仙豈本無？歲晚乏大藥。

苦被詩酒汙，從前嬰痼疾。

君恩若山岳，臣性如樗櫟。

<u>龍山</u>讀書處，來逐木魚粥。

<u>吳生</u>亦太乖，嗜好與世別。

蠹簡時問字，華牋且徵筆。

盲者敢諭塗，拙者猶強斲。

請子勿浪傳，人將笑頤脫。

KBP0612(詩-別卷1-103~104)

溪村卽事。二首¹³⁰

(詩-別卷1-103)

禾麻鷄犬共兒孫，碧樹陰中半掩門。

昨夜龍公行雨過，曉盆清戴白雲痕。

---

129 丙午年(明宗1, 1546년, 46세) 4월 25일~5월 禮安에서 쓴 시로 추정된다. 〔資料考〕 이 시는 吳守盈의 《春塘集》 卷4에도 실려 있다.

130 丙午年(明宗1, 1546년, 46세) 5월 禮安에서 쓴 시로 추정된다.

(詩-別卷1-104)

桑葉稀時蠶上簇，燕巢成後麥登場。

近來屢作蜂王室，嬴[131]得天寒割蜜房。

KBP0613(詩-別卷1-105～107)

偶成六言[132]

(詩-別卷1-105)

閒臥安心是藥，晚食悅口當肉。

風來石澗淙淙，雨罷山雲矗矗。

(詩-別卷1-106)

薏苡粥一椀味，清潤香兩穗烟。

舍後開雲作圃，門前鳴玉灌田。

(詩-別卷1-107)

野人茅屋簡易，溪翁病枕輕安。

客至臨流展席，興來著屐登山。

---

131 嬴：上本에는 "贏"으로 되어 있다.

132 丙午年(明宗1, 1546년, 46세) 5~6월 禮安에서 쓴 시로 추정된다.

KBP0614(詩-別卷1-108)

林士遂見寄詩二首，次韻却寄。士遂時爲濟州牧[133]

空聞渡海梅花信，不見蠻烟紅玉顏。
莫道東湖觴詠事，故人今已罷天閑。

KBP0615(詩-別卷1-109)

至日有感，用晦庵〈十月朔旦懷先塋[134]**〉韻。時除禮賓正，病不赴，是日又廢祠參**[135]

寒燈耿素壁，兀坐心愴悽。
不作玉宸朝，重負祠參時。
空知一陽復，依舊病關扉。
諒難抵吏役，敢言衣化緇？
離群成孤陋，抱卷永歎欷。
賴有三字符，拳拳期事斯。

---

133 丙午年(明宗1, 1546년, 46세) 5~6월 禮安에서 쓴 시로 추정된다. 初本(3책, 別集)에는 "牧" 뒤에 "【一首見《內集》。】"이 있다. 〔編輯考〕이 시는 內集 卷1의 〈士遂寄詩，次韻〉과 합편해야 한다.

134 塋 : 上本에는 "隍"으로 되어 있다.

135 丙午年(明宗1, 1546년, 46세) 11월 9일 禮安에서 쓴 시로 추정된다.

月瀾庵下有臺，曰考槃[136]**，臺下得泉，曰蒙泉。其上有居士土室**
舊基【丁未】[137]

我寓月瀾庵，幽意頗不適。
老屋匪蕭洒，殘僧昧禪寂。
柳下汲坳井，蝦蟆所跳擲。[138]
我怪造物翁，爰初佳境闢。
清溪與碧嶂，設奇餉山客。
獨無煮茶泉，何以淨甌勺？
偶躡飛雲履，高下恣尋陟。
遠望亦已倦，幽探猶未極。
歸來憩小臺，去庵無咫尺。
傍有呀然谷，悄蒨翳木石。
俯窺得涓流，巖崖苔蘚碧。
庵中老居士，爲我勤疏決。
一泓湛如鏡，雪乳甘且潔。
乃知眞源處，不待窮遠覓。
其上有古基，草沒麋鹿迹。
云昔閒道人，於焉開土室。
但聞飮此水，不知幾歲月。

---

136 槃：初本(3책, 別集)·樊本·上本에는 "盤"으로 되어 있다.

137 丁未年(明宗2, 1547년, 47세) 4월 禮安에서 쓴 시로 추정된다.

138 擲：李校에 "疑'躑', 韻書'躑', 跳貌。"라고 하였다.

居之何所爲？去亦何所托？

無乃鍊精魄，變化騎鸞鶴。

三島與十洲，無邊戲寥廓？

胡不待我來，與我金匕藥。

挾我共飛騰，遺世出六合？

我今獨彷徨，無從問眞訣。

與世苦參差，中年抱沈疾。

參苓不自效，道意久衰薄。

林下臥寥寥，山中來漠漠。

誰肯同臭味，遺芳玩經籍？

蒙泉發天祕，感歎中自恧。

洗耳非吾事，飲瓢何所樂？

結茅幸不違，知非慕伯玉。

KBP0617(詩-別卷1-111)

書周景遊贈陸淸山人詩卷後【景遊自題，曰武陵。】[139]

武陵訶佛意拳拳，我實於玆不暇然。

勢甚懷襄盡魚腹，功難摧陷靜狼烟。

哇[140]音自絶《咸池》側，氛翳終消白日邊。

爲報吾儕勤自做，莫容稊稗羨他年。

_____

139 丁未年(明宗2, 1547년, 47세) 4월 禮安에서 쓴 시로 추정된다.

140 哇：初本(3책, 別集)에는 "蛙"로 되어 있다.

得家兄書, 出按黃海, 將以五月陞辭, 作詩奉寄[141]

去歲何時弟出京? 東郊細雨傷春情。
今年何時兄去國? 榴花照眼黃梅節。
等是作別今更遠, 西海漫漫望不極。
辰韓杖節且不論, 乞假[142]南來那易得?
雀鼠訟息棠陰清, 首陽翠色芙蓉月。
懷鄉憶弟意若何? 戀闕憂民見華髮。
抱病窮山學農圃, 少游志業誠齷齪。
回頭半世失故步, 庶以天窮補其闕。
鶺鴒詩成寄鴈足, 出處悲歡俱努力。

聾巖相公邀城主【任鼐臣】及滉, 遊賞泉石, 其日雨, 城主來而滉不往。後數日再招, 滉與黃仲擧諸人, 泛舟爲簟石之遊, 仍留宿江閣。相公令詩以紀其事[143]

投老歸田豈爲名? 陪遊泉石似登瀛。

---

141 丁未年(明宗2, 1547년, 47세) 4月 禮安에서 쓴 시로 추정된다. 〔資料考〕 이 시는 李瀷의 《溫溪逸稿》 卷1에 〈次舍弟韻却寄, 末寓規勉之意云〉의 原韻으로 실려 있다.

142 假 : 上本에는 "暇"로 되어 있다.

賜書屢賁楊三徑[144]，敕水寧論賀四明？

雨送雙鳧雖絶勝，風吹一葉更多情。

林間小閣通宵夢，陡覺神魂分外淸。【公致仕後，屢被頒書之寵。[145]】

KBP0620(詩-別卷1-114~115)

六月大雨，水壞民田，病中書事，示黃仲擧[146]

(詩-別卷1-114)

大江號怒小渠狂，田盡爲汙麥盡傷。

怪底淫淋猶未已，溝中無路叫蒼蒼。

(詩-別卷1-115)

邇來三度病侵凌，眞氣虛時客沴乘。

揷架圖書渾不看，臥聞懸釜困炊蒸。

---

143 丁未年(明宗2, 1547년, 47세) 5월 禮安에서 쓴 시로 추정된다. 〔資料考〕 이 시는 李賢輔의《聾巖集》卷1에〈雨餘泛舟遊簟石，次景浩〉의 原韻으로 실려 있다. 初本(3책, 別集)에는 "事" 뒤에【仲擧, 名俊良, 號錦溪。】가 있다.

144 徑 : 上本에는 "逕"으로 되어 있다.

145 寵 : 初本(3책, 別集)에는 뒤에 "自註"가 있다.

146 丁未年(明宗2, 1547년, 47세) 6월 禮安에서 쓴 시이다.

KBP0621(詩-別卷1-116)

聾巖 李相公招滉，同遊屛風庵【庵在汾川上絶壁。[147]】[148]

雨霽天空積水平，閒騎果下傍沙汀。
胡僧絶壁庵開畫，仙老淸秋屐上屛。
窈窕巖泉供佛祖，風流杯酒答山靈。
何能小作壺中隱，靜裏工夫討汗靑？

KBP0622(詩-別卷1-117)

宿淸心樓【秋赴召。[149]】[150]

沙彌撞鐘一山暮，江城鼓角迎歸櫓。
望中燭影撒如星，淸心樓高啓窓戶。
使君置酒慰客愁，笛聲憤怨霜飛秋。
酒闌人散江月出，夢騎白鶴遊蓬丘。

147 壁 ： 初本(3책, 別集)에는 뒤에 "自註"가 있다.
148 丁未年(明宗2, 1547년, 47세) 7월 禮安에서 쓴 시로 추정된다.
149 秋赴召 ： 初本(3책, 別集)에는 "丁未秋赴召, 自註."로 되어 있다.
150 丁未年(明宗2, 1547년, 47세) 9월 18일경 驪州에서 쓴 시로 추정된다.

記夢[151]

虛窓寂寂夜如水, 一枕夢中千萬里。

流觀楚、越窮岷、峨, 掣帆江海連天河。

清都館闕空中起, 玉皇高居五雲裏。

飛仙縹緲顏婥[152]約, 邀我共勸流霞酌。

下界塵緣一念餘, 忽然下墮形蘧蘧。

朝來市聲鏖耳側, 更憶清都那易得?

姪寯讀書檜巖寺[153]

城裏紛紛事若毛, 欲尋名利意非遨。

燕朋從古能爲臭, 《大學》于今不是糟。

百聖傳心如揭日, 十分功力似撑篙。

休同汝叔虛名籫, 老病無成只自勞。【時寯受讀《大學或問》, 甫畢。[154]】

---

151 丁未年(明宗2, 1547년, 47세) 10～11월 서울에서 쓴 시로 추정된다.

152 婥 : 初本(3책, 別集)·庚本·擬本·甲本에는 "綽"으로 되어 있다.

153 丁未年(明宗2, 1547년, 47세) 10～11월 서울에서 쓴 시로 추정된다.

154 畢 : 初本(3책, 別集)에는 뒤에 "自註"가 있다.

KBP0625(詩-別卷1-120)

次韻景霖【南應龍】見贈[155]

靜夜燒香丈室空，鼻中惟覺寂然通。

他時尙昧先王典，此日猶聞長者風。

蛇嚙樹根從井底，地逢雷響在泉中。

離群可怕成孤陋，齒髮年來漸不同。

KBP0626(詩-別卷1-121)

十二月一日，吉元【鄭惟吉】、善鳴【李鐸】、廷瑞【李元祿】相繼來訪。
是日雪[156]

我今一何憊？三冬不出戶。

避風如避箭，畏寒如畏虎。

耿耿度朝昏，悄悄耐辛苦。

交遊阻面目，鄙吝萌十五。

剝剝如啄木，驚報走童豎。

一日三啓鑰，戴雪來接武。

欣然一室內，坐談雜今古。

風華盡可慕，激烈起昏莽。

勝讀十年書，何啻頭風愈？

---

155 丁未年(明宗2, 1547년, 47세) 11월 서울에서 쓴 시로 추정된다.

156 丁未年(明宗2, 1547년, 47세) 12월 1일 서울에서 쓴 시로 추정된다.

顧我抱散材，叨幸乏微補。

有似鷄鷗鳥，魯門饗鐘鼓。

內愧《伐檀》詩，身上謾簪組。

向來笑樊遲，聖門學稼圃。

蹉跎失故步，無力挽強弩。

珍重二三君，安得恒相聚？

KBP0627(詩-別卷1-122～126)

養生絶句。次古人韻示景霖【并叙】[157]

　　僕此來無韻書，從人借看，其冊子衣裏面，得一絶句云：
“嘗聞思慮損精神，唯有清虛可養身。安得是心如古井，湛
然無浪亦無塵？”題其旁曰“讀養生論有感”，又記其印書年
月日“弘治十四年七月日云。”字體遒媚，學趙松雪，語意
翛然出塵，不知何許人而能先道僕胸中事耶？　病不讀書，
無以遣懷，　日有味於其言，　遂述其衰暮之嘆、攝養之意，
得七首奉呈。[158]

(詩-別卷1-122)

紛紛世事只勞神，學道無成奈此身？

157　丁未年(明宗2, 1547년, 47세) 12월 서울에서 쓴 시로 추정된다.〔編輯考〕養校
에 “七首中二首見脫。”라고 하였다.

158　呈：初本(3책, 別集)에는 뒤에【二首見。】이 있다.

匹似病中忘素業，任他書籍滿床塵。

樂天歌罷一傷神，四十七年嬰病身。

大藥長繩如可試，何人不見海生塵？【余今年四十七，正樂天《浩歌行》所云"不覺身年四十七"者。】

極知林下可頤神，朝市隨緣寄此身。

臥病怯寒深閉戶，湛然虛白室無塵。

陰風寒雨覺悽神，舊絮重披未熨身。

待得朝陽新艶屋，紙窓明處看遊塵。

膠膠寧得抱吾神？自昔塵波不補身。

試上崑崙看禹迹，毫端何異集微塵？

夢中樂[159]

我夢攜我友，扁舟泛湖江。

青山揷兩岸，綠水無濤瀧。

飄飆凌萬頃，浩蕩白鷗雙。

籧籧弄釣竿，盈盈對酒缸。

寒襟頓蕭爽，眞境超鴻厖。

了知夢中樂，不用金石撞。

葦間有老父，令我意甚降。

泝洄欲問道，欻去入空舡。

霜風振古木，驚回仍故邦。

姮娥如相慰，粲然窺我窓。

KBP0629(詩-別卷1-128)

樂山南景霖，自書堂寄松酒，幷詩二律。且酌且吟，興趣超然，和成錄呈[160]

心知千歲老蒼龍，不是秦皇避雨松？

自試風霜耐嚴苦，何妨雨露作薰濃？

春聲沸處寒吹髮，珀色傾時病洗胸。

妙法曾傳坡老賦，喜聞佳興屬南容。

---

159 丁未年(明宗2, 1547년, 47세) 12월 서울에서 쓴 시로 추정된다.

160 丁未年(明宗2, 1547년, 47세) 12월 서울에서 쓴 시로 추정된다. 初本(3책, 別集)에는 "呈" 뒤에 "【一律見《內集》。】"이 있다. 〔編輯考〕初本(3책, 別集)의 부전지에 "本二律, 而一律在《內集》中。"라고 하였다. 이 시는 內集 卷1의 〈樂山 南景霖在書堂, 雪中寄松酒兼律詩, 次韻却寄〉와 합편해야 한다.

KBP0630(詩-別卷1-129)

島潭【戊申[161]】[162]

回舟登岸坐臨流, 滿目雲山景色幽。
莫道使君無與賞, 三杯聊勸水中鷗。

KBP0631(詩-別卷1-130)

望寒碧樓[163]

寒碧樓高入紫冥, 隔溪相對展雲屛。
新晴晩倚孤舟望, 非鏡非烟一抹靑。【朱悅《寒碧樓》詩: "水光澄澄鏡
非鏡, 山氣藹藹烟非烟。"[164]】

---

161 戊申 : 初本(3책, 別集)에는 "【戊申○二首見內集。】"으로 되어 있다.

162 戊申年(明宗3, 1548년, 48세) 4월 하순 丹陽에서 쓴 시로 추정된다. 〔編輯考〕
初本(3책, 別集)의 부전지에 "本三首, 而二首在《內集》中。"이라고 하였다. 이 시는
內集 卷1의 〈島潭二絶〉과 합편해야 한다.

163 戊申年(明宗3, 1548년, 48세) 5월 丹陽에서 쓴 시로 추정된다.

164 烟 : 初本(3책, 別集)에는 뒤에 "自註"가 있다.

自淸風泝流而上, 所過輒問名紀勝, 仍用柳公 從龍【雲】流字絶句韻, 凡得若干首[165]

(詩-別卷1-131)

三智灘

雷霆誰作怒? 狠石礙狂流。

急處應難犯, 緣涯徐挽舟。

(詩-別卷1-132)

都土潭

白雲滿翠嶺, 紅日倒淸流。

上下虛明裏, 迢遙一葉舟。

(詩-別卷1-133)

乃邁潭

蟬聲含玉咽, 日影漾金流。

小酌無人共, 輕風穩送舟。

(詩-別卷1-134)

花灘

勢利爭先得, 巉巖鬪衆流。

惡人能覆國, 惡灘能覆舟。

---

165 戊申年(明宗3, 1548년, 48세) 5월 丹陽에서 쓴 시로 추정된다.

(詩-別卷1-135)

龜潭

仰望鶴峯秀, 俯鑑¹⁶⁶龜潭流。

何當喚仙客, 明月弄扁舟?

(詩-別卷1-136)

長會灘

力殫方少進, 放手已頹流。

請君如有意, 看取上灘舟。

KBP0633(詩-別卷1-137~138)

蒼石臺【在郡北五里。¹⁶⁷】¹⁶⁸

(詩-別卷1-137)

桂棹蘭槳擊素波, 來攀蒼石似登霞。

微風淨掃秋烟盡, 一片寒光玉鏡斜。

(詩-別卷1-138)

原堂東麓靄潭西, 石勢巃嵷尙可梯。

絶境始開千古祕, 從今三島不須躋。

---

166 鑑 : 上本에는 "瞰"로 되어 있다.

167 里 : 初本(3책, 別集)에는 뒤에 "自註"가 있다.

168 戊申年(明宗3, 1548년, 48세) 7~9월 丹陽에서 쓴 시로 추정된다.

KBP0634(詩-別卷1-139)

次韻尙州牧金季珍【彦琚】**見寄**【己酉春○移守豐基郡。】[169]

貪榮誰肯食吾餘？ 涉世方知見事疏。
我縱在官如得鹿， 君能爲政似烹魚。
詩探妙訣冰生韻， 琴弄無絃月滿虛。
興極不禁歌激烈， 床頭猶見古人書。

KBP0635(詩-別卷1-140)

景濂亭【亭在白雲洞。】[170]

草有一般意， 溪含不盡聲。
遊人如未信， 蕭洒一虛亭。

KBP0636(詩-別卷1-141)

答周景遊【世鵬】**見寄**[171]

寄謝商山白髮人， 吾猶寒谷未回春。

---

169 己酉年(明宗4, 1549년, 49세) 1월 豐基에서 쓴 시로 추정된다.

170 己酉年(明宗4, 1549년, 49세) 1~2월 豐基에서 쓴 시로 추정된다.

171 己酉年(明宗4, 1549년, 49세) 1~2월 豐基에서 쓴 시로 추정된다. 初本(3책, 別集)에는 〈答周景遊見寄【二首見《內集》。○景遊, 名世鵬。】〉으로 되어 있다. 〔編輯考〕 初本(3책, 別集)의 부전지에 "本三首, 而二首在《內集》中。"라고 하였다. 이 시는 內集 卷1의 〈答周景遊見寄, 二首〉와 합편해야 한다.

强將衰病淹歸駕，洞主年來要策眞。【景遊自號商山白髮。[172]】

柏與竹名曰翠寒，贈同遊諸彦[173]

斷石臨溪勢欲騫，搜奇初得共欣然。
試除荒草開蒼壁，規作平臺挹翠烟。
正好冠童春暮月，飜思松栢歲寒天。
自慚老守摧頹甚，登陟猶能厠衆賢。

順興途中，醉歸[174]

(詩-別卷1-143)

匹馬春風吊古城，城池唯見野人耕。
欲知當日繁華事，聽取安侯別曲聲。

(詩-別卷1-144)

大平村裏水潺潺，綠柳東風日掩山。

---

172 髮：初本(3책, 別集)에는 뒤에 "自註○又號愼齋."가 있다. 樊本·上本에는 뒤에
"又號愼齋."가 있다.
173 己酉年(明宗4, 1549년, 49세) 3월 豐基에서 쓴 시로 추정된다.
174 己酉年(明宗4, 1549년, 49세) 3월 豐基에서 쓴 시로 추정된다.

太守醉歸渾不省，落花撩亂馬蹄間。

KBP0639(詩-別卷1-145)

郡齋早起[175]

東家喔喔唱晨鷄，銀杏壇西月欲低。
閣裏獨興人寂寂，滿庭烟草綠萋迷。

KBP0640(詩-別卷1-146)

途中[176]

水流沙渚漫無聲，山上雲低雨欲冥。
野鳥隔林歌互答，田家勞苦慰丁寧。

KBP0641(詩-別卷1-147)

馬上有感[177]

浮名自昔困非夫，高鳥游魚却自娛。
但得此身無物累，寧憂甲子在泥塗？

---

175 己酉年(明宗4，1549년，49세) 3~4월 豐基에서 쓴 시로 추정된다.
176 己酉年(明宗4，1549년，49세) 3~4월 豐基에서 쓴 시로 추정된다.
177 己酉年(明宗4，1549년，49세) 3~4월 豐基에서 쓴 시로 추정된다.

KBP0642(詩-別卷1-148)

五月晦日，榮川試夏課諸生，雙淸堂卽事[178]

曲檻斜飛雨，淸池出小荷。

烏衣舞亂石，槐國戰橫戈。

擾擾英才集，鼕鼕畫鼓撾。

傳杯聊遣興，魚蟹莫評[179]茶。【東坡《試院煎茶》詩，有"蟹眼已過魚眼生"之句。[180]】

KBP0643(詩-別卷1-149)

後數日，再用前韻[181]

寂寂窓臨沼，蕭蕭雨打荷。

病瘳詩是藥，愁破酒爲戈。

鸑鷟應難絏，麒麟不受撾。

坡仙亦可笑，乞郡待綱茶。

---

178 己酉年(明宗4, 1549년, 49세) 5월 29일 榮州에서 쓴 시이나.

179 評 : 底本에는 "訝"로 되어 있다. 柳校에 "案訝, 違簾, 恐或評'字之誤。"라고 하였다. 柳校 및 文脈에 根據하여 修正하였다.

180 句 : 初本(3책, 別集)에는 뒤에 "自註"가 있다.

181 己酉年(明宗4, 1549년, 49세) 6월 초순 榮州에서 쓴 시로 추정된다.

退溪先生文集 別集 卷一　105

雙淸堂月夜[182]

楊柳梧桐院落深, 夜窓唯有月窺臨。
何當淨澈萍池水, 看取冰輪印鏡心?

次東軒韻, 示季珍求和[183]

南北東西誰定隨? 出門投足便多歧。
物情堪笑如藏壑, 仁道曾聞似折枝。
開抱此時連夜日, 卜鄰何處接園籬?
從來學問如山仞, 一簣無忘舊所基。

次聚遠樓【樓在榮川郡浮石寺。】[184]

矗成雲砌繚虹欄, 奔走神工[185]偉覽看。

---

182 己酉年(明宗4, 1549년, 49세) 6월 초순 榮州에서 쓴 시로 추정된다.

183 己酉年(明宗4, 1549년, 49세) 6~7월 尙州에서 쓴 시로 추정된다.

184 己酉年(明宗4, 1549년, 49세) 7월 27일 榮州에서 쓴 시로 추정된다. 初本(3책, 別集)에는 〈次聚遠樓韻【樓在榮川郡浮石寺。】〉으로 되어 있다.

185 工 : 上本에는 "功"으로 되어 있다.

不敢高聲驚上界，方知衆皺詫南山。

好居仙客超霞外，乘興遊人出世間。

感慨[186]古今歸一貉，尊前休說宦途難。

KBP0647(詩-別卷1-153~157)

次韻答季珍[187]

(詩-別卷1-153)

白露玄蟬催節意，深山行見蟄蛇龍。

愆歸未必非佳偶，詭獲從來是賤工。

(詩-別卷1-154)

鑑湖何必敕榮歸？阿對泉迎舊布衣。

但得此心能抱一，不妨漁者與爭磯。【吳融詩："阿對泉頭一布衣。"[188]】

(詩-別卷1-155)

草草行裝便去歸，先須准備綠蓑衣。

最憐細雨斜風裏，楓葉蘆花滿石磯。

---

186 慨：두주에 "'慨'當作'慨'."라고 하였고, 甲本에도 동일한 두주가 있으며, 擬本에
는 동일한 내용의 부전지가 있다. 樊本·上本에는 "慨"로 되어 있다. 李校에 "慨'亦作
'慨'，疑通用，非誤作'慨'者也."라고 하였다.

187 己酉年(明宗4, 1549년, 49세) 8월 豊基에서 쓴 시로 추정된다.

188 衣 : 初本(3책, 別集)에는 뒤에 "自註"가 있다.

(詩-別卷1-156)

拘官不去謾思歸, 身似輕猿著禮衣。
寄語江湖舊釣伴, 不如堅坐白雲磯。

(詩-別卷1-157)

天隨風味可同歸, 杞菊爲餐荷製衣。
醉裏倚船歌百散, 旋將茶筆傍漁磯。

KBP0648(詩-別卷1-158)

養眞庵, 李知事相公辱臨, 是日城主亦到[189]

茅齋不見已三年, 雨漏風吹半露椽。
忽枉籃輿臨澗藪, 兼蒙皂蓋貴尊筵。
他時慕德人如蟻, 此日陪歡我亦仙。
假步山局猶得此, 況敎投紱拜床前?

---

189 己酉年(明宗4, 1549년, 49세) 9월 하순 禮安에서 쓴 시로 추정된다. 〔資料考〕
이 시는 李賢輔의 《聾巖集》卷1에 〈奉賡退溪茅舍會飮〉의 原韻으로 실려 있다.

KBP0649(詩-別卷1-159~160)

高曾墓澆奠，去乙亥年中，叔父爲府使來奠，今三十有五年矣。墓在安東北[190]

(詩-別卷1-159)

當時大府進澆牀，三十年來一瞬忙。
得郡我來無百里，傷心重到掃烟荒。

(詩-別卷1-160)

深松茂栢閱風霜，存歿[191]尋思自感傷。
合族一歡須强飲，明朝世事又茫茫。

KBP0650(詩-別卷1-161)

見敬甫【黄孝恭】、大任【琴軸】於龜院，夕向郡馬上【端午】[192]

蒲酒勸留我不留，郊行四望雲山愁。
野鳥相呼溪水急，落日馬上頻回頭。

---

190 己酉年(明宗4, 1549년, 49세) 2월 28일 安東에서 지었다.

191 歿 : 初本(3책, 別集)에는 '沒'로 되어 있으며, 庚本·擬本·甲本에도 '沒'로 되어 있다.

192 己酉年(明宗4, 1549년, 49세) 5월 5일 豐基에게 지어졌다. 初本(3책, 別集)의 부전지에 "黃司諫 孝恭。琴生員軸。"라고 하였다.

KBP0651(詩-別卷1-162~163)

季珍寄杜城令畫二鷹，求題詩句[193]

(詩-別卷1-162)

一歲鷹【俗謂甫羅[194]。】

俊性依人人自憐，碧條銀鏃竆軒前。

一身正似酬恩子，時擊平蕪洒血鮮。

(詩-別卷1-163)

山陳鷹

猛勢驍材不可當，杜城毫末挾風霜。

弋人枉作條籠計，思在雲霄萬里長。

KBP0652(詩-別卷1-164)

次李上舍庇遠【國樑】見寄韻[195]

滔滔世路恐迷津，不是心同越視秦。

絶勝丘山元有素，可憐泉石本無塵。

沿行我昔聊乘興，泝入君今亦討眞。

---

193 己酉年(明宗4, 1549년, 49세) 豊基에서 지었다.

194 羅 : 初本(3책, 別集) 뒤에 '自註'가 있다.

195 己酉年(明宗4, 1549년, 49세) 12월 豊基에서 지었을 것으로 추정된다. 이 시는 外集 卷1의 〈次韻李庇遠見寄【五首】〉와 합편해야 한다.

莫道吾歸無伴侶, 孤山新有詠[196]梅人。

KBP0653(詩-別卷1-165)

寄題灌圃堂【金彥琚號。】[197]

漆園傲吏離風塵, 千載同歸漆水人。
巧宦已抛蹊徑惡, 幽居還帶圃畦新。
提攜一甕能全道, 俯仰諸機自蹄眞。
未似多言端木氏, 他年我不愧逡巡。

KBP0654(詩-別卷1-166~169)

答季珍[198]

(詩-別卷1-166)

迹異窮途阮, 心同止足疎[199]。
病來聞種橘, 書到已焚魚。
會面何由得? 歸驂不肯徐。
秋風羈宦客, 回首意茫如。

---

196 詠 : 初本(3책, 別集)에는 '咏'으로 되어 있다.

197 己酉年(明宗4, 1549년, 49세) 8~12월 豐基에서 지었을 것으로 추정된다.

198 己酉年(明宗4, 1549년, 49세) 8월 豐基에서 지었을 것으로 추정된다.

199 疎 : 擬本의 부전지에 "'疎'與'疏'通。"라고 하였으며, 柳校에 "案'疎', 通作'疏', 疏廣也。"라고 하였다.

(詩-別卷1-167)

韋守思田日，陶公問路晨。

極知時莫競，無怪士常貧。

白髮欺騷客，黃花待主人。

何煩种處士，歸得買山銀？

(詩-別卷1-168)

曠坦非名外，歸來寧世疎？

范、張新約黍，莊、惠舊論魚。

學步幾忘故，爭泉獨味徐。

懸知及重九，籬菊粲金如。

(詩-別卷1-169)

棄泥聞古語，烹鯉歎今晨。

我獨常纏疾，君能不畏貧。

日月從奔駟，江湖屬散人。

朱提雙飲餞，幾日對傾銀？

KBP0655(詩-別卷1-170)

春寒【庚戌】[200]

破屋春寒怯透颷，呼兒添火衛形羸。

---

200 庚戌年(明宗5, 1550년, 50세) 1월 禮安에서 지었을 것으로 추정된다.

抽書靜讀南窓裏，有味難名獨自怡。

KBP0656(詩-別卷1-171~173)

溪庄，喜黃錦溪惠訪，追寄[201]

(詩-別卷1-171)

竹溪諸子散如雲，鹵莽堪嗟我不文。

卻喜朝家新擇守，青衿齊奮待張君。【張仲紀代余爲守。】

(詩-別卷1-172)

亦見羣居濟濟時，爭先葩藻儘多奇。

向來白鹿明誠訓，發憤何人肯事斯？

(詩-別卷1-173)

爲人性癖愛雲烟，矗矗泠泠更酷憐。

峽裏高臺依舊未？夢魂時復遶層巓。【竹嶺新臺名矗泠[202]。】

---

201 庚戌年(明宗5, 1550년, 50세) 2월 禮安에서 지었을 것으로 추정된다. 初本(3책, 別集)의 부전지에 "本四首, 而一首在內集中."이라고 하였다. 이 시는 內集 卷1의 〈退溪草屋, 喜黃錦溪來訪【庚戌○罷郡歸鄕後】〉(KNP0105)과 합편해야 한다. 初本(3책, 別集)에는 〈溪庄, 喜黃錦溪惠訪, 追寄【一首見內集】〉로 되어 있다.

202 泠 : 初本(3책, 別集) 뒤에 '自註'가 있다.

KBP0657(詩-別卷1-174)

移構草屋於退溪之西，名曰寒栖庵[203]

巖崖丹碧水淙潺，草屋柴門晻靄間。
已喜此生聊復得，豈無三益共盤桓？

KBP0658(詩-別卷1-175)

種竹[204]

此君不可無，栽培最難活。
如何艾與蕭，剪去還抽蘗？

KBP0659(詩-別卷1-176)

種松[205]

樵夫賤如蓬，山翁惜如桂。
待得昂青霄，風霜幾凌厲？

---

203 庚戌年(明宗5, 1550년, 50세) 2월 禮安에서 지었을 것으로 추정된다. 이 시는
內集 卷1〈移草屋於溪西, 名曰寒棲庵〉(KNP0106)과 합편해야 한다. 初本(3책, 別
集)에는〈移構草屋於退溪之西, 名曰寒栖庵【一首見內集】〉으로 되어 있다.

204 庚戌年(明宗5, 1550년, 50세) 2월 禮安에서 지었을 것으로 추정된다.

205 庚戌年(明宗5, 1550년, 50세) 2월 禮安에서 지었을 것으로 추정된다.

種梅[206]

廣平銷鐵腸, 西湖蛻仙骨。
今年已蕭疎, 明年更孤絶。

種菊[207]

十年種都下, 二年種郡圃。
何如故園中, 自有山野趣?

種瓜[208]

山居非東陵, 野人非故侯。
種瓜聊適意, 寧知桃柳憂?【見古詩。】

---

206 庚戌年(明宗5, 1550년, 50세) 2월 禮安에서 지었을 것으로 추정된다.
207 庚戌年(明宗5, 1550년, 50세) 2월 禮安에서 지었을 것으로 추정된다.
208 庚戌年(明宗5, 1550년, 50세) 2월 禮安에서 지었을 것으로 추정된다.

光影塘[209]

小塘清徹底，天光共雲影。
更待月印心，眞成灑落境。

鏘鳴瀨[210]

水石兩相值，鏘然如舜樂。
間咏〈白鹿辭〉，斯人去我邈。

次韻答李公幹【仲樑○公幹時爲靑松】[211]

(詩-別卷1-182)

曾嘗世味覺餘辛，松鶴因緣遭色嗔。
留得靑田好光景，助君詩思發淸新。【余嘗因病，求補靑松，銓官拒之

---

209 庚戌年(明宗5, 1550년, 50세) 4월 禮安에서 지었을 것으로 추정된다.

210 庚戌年(明宗5, 1550년, 50세) 4월 禮安에서 지었을 것으로 추정된다.

211 庚戌年(明宗5, 1550년, 50세) 4~윤6월 禮安에서 지었을 것으로 추정된다. 初本(3책, 別集)에는 〈次韻答李公幹【公幹時爲靑松。自註。公幹名仲樑】〉으로 되어 있다.

甚峻，故以裴益臣‘青松白鶴’之語戲之。】

(詩-別卷1-183)

蟻粒還同山冠鼇，人間何異火銷膏？
病躬偶著清涼地，悅口詩書當百牢。【余新罷官，閒居養疾。】

KBP0666(詩-別卷1-184)

雨晴漫興[212]

雨罷閒雲矗遠空，碧溪靑嶂遶重重。
我來獨坐溪邊石，默數平沙古篆蹤。

KBP0667(詩-別卷1-185～203)

閒居，次趙士敬【穆】、具景瑞【鳳齡】、金舜擧【八元】、權景受【大器】
相唱酬韻【辛亥】[213]

(詩-別卷1-185)

白頭精力雖難强，黃卷窺尋竊有希。

---

212 庚戌年(明宗5, 1550년, 50세) 4~윤6월 禮安에서 지었을 것으로 추정된다. 上
本에는 〈雨晴謾興〉으로 되어 있다.
213 辛亥年(明宗6, 1551년, 51세) 1월 하순 禮安에서 지었을 것으로 추정된다. 이
시는 제목과 내용으로 보아 內集 卷2의 〈閒居, 次趙士敬、具景瑞、金舜擧、權景受諸
人唱酬韻, 十四首〉(KNP0123)와 〈有嘆〉(KNP0124), 그리고 外集 卷1의 〈辛亥早

趨舍肯嫌同學笑？一生要得不迷歸。

(詩-別卷1-186)

靜裏雖欣物共春，誰爲點樂與顏仁？

恨無師友相磨切，離索從來易滯人。【朱子書，"離羣索居，易得鈍滯

了人，甚可畏也"。】

(詩-別卷1-187)

格物存心理自融，眼前無地不光風。

始知實踐眞難事，難處無難庶漸通。

(詩-別卷1-188)

學問要當先本領，攻文餘事□兼詩。

欲知九仞非難事，平地須從一簣[214]期。

(詩-別卷1-189)

滔滔聲利世同然，誰免淪胥介側邊？

透得此關方小歇，男兒須作地行仙。

(詩-別卷1-190)

傷足深憂悶子春，淵冰至戒古今新。

春，趙秀才士敬，訪余於退溪，語及具上舍 景瑞、金秀才 秀卿所和權景受六十絶幷景

瑞五律，余懇欲見之，士敬歸卽寄示。因次韻遣懷〉와 합편해야 한다. 이 시는 《先祖文

純公遺墨[詩草·家書]帖》(檀國大學校 圖書館 所藏)에도 실려 있다.

214 簣 : 庚本·擬本에는 '簀'으로 되어 있다.

早知善養非鍾鼎，何用當年苦索人？

(詩-別卷1-191)

少小家庭受〈學而〉，老來眞味沃心期。
何人早夜攻吾短，一字無忘事緝熙。

(詩-別卷1-192)

霧豹深藏自養斑，渥洼龍性合天閑。
儒珍席上那輕用？心鏡千磨照膽寒。

(詩-別卷1-193)

今來古往幾千年，此地東窮日出邊。
孔孟程朱書總有，淵源統緒見無緣。

(詩-別卷1-194)

造化都無十日花，花能繁者實無多。
今人競尙文華美，沒盡根原奈用何？

(詩-別卷1-195)

文遺理趣但爭新，經說相沿曲且陳。
眼眩空花心眩霧，可憐科目誤時人。

(詩-別卷1-196)

我遊場屋久埋頭，及轉身來道更悠。
欲把塵編求晚境，病無工力只增愁。

(詩-別卷1-197)

朝駕烏犍夕汗青，古人耕讀尙高情。
營生奪業今尤怕，不獨戕心是利名。【士敬以家窮，有不得專業之慮，
故云。】

(詩-別卷1-198)

齷齪當年失壯遊，著書今亦謾窮愁。
唯時意會歡欣處，絕勝蒲萄換得州。

(詩-別卷1-199)

人多虛冒宜招謗，實得還同鳥習飛。
悶悶此言誰解得？坐看天上白雲歸。

右擬贈士敬

(詩-別卷1-200)

餘寒氣色早春時，乍暖光陰亦自奇。
草得陽和柔更奮，松經霜雪苦能支。
飢民撷莱謀當日，宿鳥投林占幾枝。
病裏盡抛閒事業，未除魔障獨吟詩。

(詩-別卷1-201)

疎林寒澗勢離離，谷口朝陽出霧遲。
杳杳靜觀皆自得，悠悠閒坐有深思。
山禽弄舌時能變，溪石盤根水莫移。
乘興獨遊心得得，只令泓穎與相隨。

（詩-別卷1-202）

草草難成是亦樓，客來無地坐吟酬。

新暄淑氣妍初弄，疊穎嵐光浩不收。

樵唱忽高驚野鶴，農功未作樂村牛。

水邊林下多閒境，莫負春風日日遊。【袁燮作是亦樓。】

（詩-別卷1-203）

世味闌珊不待厭，東風馬耳射雙尖。

贈君心在雲多嶺，獻御誠懸日麗簷。

樂處事同書裏蠹，愁時興寄案頭蟾。

和詩《易》卦今加一，斗覺霜毛種種添。

右五律，早春溪居卽事。【一首見內集】

KBP0668（詩-別卷1-204）

次韻山谷次郭右曹[215]

心似中天白日輪，斯須已見綴氛雲。

千方不見薰蕕合，一念當知舜跖分。

濯濯嘉苗唯怕揠，彬彬美質正須文。

晦庵嘉訓尤深服，二字丁寧只謹勤。

---

215 辛亥年（明宗6，1551년，51세）1~2월 禮安에서 지었을 것으로 추정된다.

KBP0669(詩-別卷1-205~206)

次周景遊見寄[216]

(詩-別卷1-205)

未卜殘生兩眼靑，新詩快似御風泠。
病中應戀桑楡煖，何日南飛看戢翎？

(詩-別卷1-206)

病葉當風失舊靑，渴塵生肺憶中泠。
天門西北重重邃，蟻蝨無緣挿翅翎。

KBP0670(詩-別卷1-207)

淸明，李知事先生近許臨，次杜子美出溪上書堂[217]

惻惻春寒五十日，山翁閉戶長不出。
今晨喚起鳥哢晴，杖屨前溪散腰膝。
林間小屋如僧寺[218]，綠茸滿地無人至。
自然幽興愜心期，坐聽溪聲澹無事。
從來世情惡衰晚，對面或成千里遠。
倚伏茫茫不可料，去不容追來莫遣。

---

216 辛亥年(明宗6, 1551년, 51세) 1~2월 禮安에서 지었을 것으로 추정된다.
217 辛亥年(明宗6, 1551년, 51세) 2월 21일 禮安에서 지었다.
218 寺 : 上本에는 '舍'로 되어 있다.

安能枯燥腹中書，冷看山花繞宅居？

明日巖仙許過我，倒釀沃雪幽憂除。

KBP0671(詩-別卷1-208)

有感[219]

中廟龍飛四十春，大明斯道日中天。

小臣白髮虛遺澤，長憶橋山淚洒泉。

KBP0672(詩-別卷1-209)

螃蜱詩【大蟹，謂之螃蜱。】[220]

山田飯有沙，適口充藜藿。

不患太官羊，來作荣園惡。

今朝得海餉，家壻禮無卻。【兄壻朴公輔所饋。】

闖然入柴荊，紫赤光卓犖。

是謂無腸公，八足具郭索。

形模甚怪詭，婦嘖兒童愕。

金糟滿圓腹，芒刺森堅殻。

---

219 辛亥年(明宗6, 1551년, 51세) 2월~3월 禮安에서 지었을 것으로 추정된다.

220 辛亥年(明宗6, 1551년, 51세) 2월~3월 禮安에서 지었을 것으로 추정된다. 初本(3책, 別集)에는 〈螃蜱詩【大蟹, 謂之螃蜱。自註】〉로 되어 있다.

撥棹何所濟？　奮戈何所角？

喜退與誰讓？　多躁似有迫。

徒然執其火，　未燭厥廬剝。

平生讀《爾雅》，　不應彭蜞錯。

雪肌隨手劈，　風味爽舌齶。

甕頭潑新醅，　浮蟻香拍拍。

左持右不空，　春風不落莫。

何必竹林中，　顚狂效畢卓？

區區願作州，　昆也更齷齪。

我昔遊[221]蓬觀，　仙廚饗異渥。

江鮮有小蟹，　氣已壓湩酪。

何況山家湌，　見此霜螯斫？

物移鄉更貴，　人移欲則濁。

君看養小人，　不恥市中攫。

只緣尺寸膚，　波瀾鱐六幕。

一快便戒足，　無[222]令害吾樂。

---

221 遊 : 初本(3책, 別集)에는 '游'로 되어 있다.

222 無 : 初本(3책, 別集)에는 '毋'로 되어 있다.

KBP0673(詩-別卷1-210)

三月三日對雨，次韻答黃仲擧。仲擧時奉使到長髻[223]

小築清溪曲，猶堪著[224]此翁。
水聲何代樂，花信幾番風？
萬事愁吟外，孤懷靜賞中。
從他笑吾拙，榮願付苓通。

KBP0674(詩-別卷1-211)

自燕子院向所峴，馬上卽事[225]

碧草東風日欲斜，亂山隨處著人家。
誰能畫出桃源景，爛熳蒸紅樹樹花？

---

223 辛亥年(明宗6, 1551년, 51세) 3월 3일 禮安에서 지었다. 이 시는 續集 卷2의
〈次韻答黃錦溪奉使到長髻見寄【辛亥○一首見別集】〉및 遺集 內篇 卷1의 〈踏靑日,
對雨次黃仲擧〉와 합편해야 한다. 文草에 〈次韻答黃錦溪奉使到長髻見寄〉로 되어
있다.

224 著：文草에는 '着'으로 되어 있다.

225 辛亥年(明宗6, 1551년, 51세) 3월 16일 安東에서 지었을 것으로 추정된다.

濯清亭, 示主人金綏之【綏】[226]

爍爍紅桃照暮春, 六年重作翫花人。
尊[227]前莫說悲歡事, 且揀繁枝揷醉巾。

書季任《倦遊錄》後[228]

獨坐林亭夏日明, 青溪琴筑碧山屏。
誦詩遙想人如玉, 淸獻風流百世名。

次安陰見憶見和舊題韻[229]

氣劘元、白倒何、陰, 便覺江山得助深。
簸撼兩儀風發橐, 包羅萬象玉糚林。

---

226 辛亥年(明宗6, 1551년, 51세) 3월 18일 安東에서 지었을 것으로 추정된다. 이 시는 外集 卷1의 〈濯淸亭, 贈主人金綏之【二首】〉와 합편해야 한다.

227 尊 : 初本(3책, 別集)에는 '樽'으로 되어 있다.

228 辛亥年(明宗6, 1551년, 51세) 5월 禮安에서 지었을 것으로 추정된다. 初本(3책, 別集)의 부전지에 "士秀此名, 已見上。"이라 하였다.

229 辛亥年(明宗6, 1551년, 51세) 5월 禮安에서 지었을 것으로 추정된다.

何妨攬轡兼揮筆？卻恨離羣鮮盍簪。

知得倚樓思我處，不因長笛更沈吟。

KBP0678(詩-別卷1-215)

次尙州見和韻[230]

不信人間有古今，自將身世老山林。

沈痾每惜分陰璧，朽質猶珍弊[231]帚金。

龜咽無求欣一穀，鶴鳴相和喜同心。

巨編留取清塵榻，日日應須百遍吟。

KBP0679(詩-別卷1-216~217)

霞皐小亭，名以漱石，山奇水麗，余甚樂之[232]

(詩-別卷1-216)

亭如擇勝最風流，占斷溪山玉一秋。

豈敢枕流驚世俗？聊將漱石慕清修。【東坡嘗作擇勝亭[233]。】

---

230 辛亥年(明宗6, 1551년, 51세) 5월 5일 禮安에서 지었을 것으로 추정된다.

231 弊 : 庚本에는 '幣'로 되어 있고, 上本에는 '獘'로 되어 있다.

232 辛亥年(明宗6, 1551년, 51세) 7월 초순 禮安에서 지었을 것으로 추정된다.

233 亭 : 初本(3책, 別集) 뒤에 '自註'가 있다.

(詩-別卷1-217)

閒雲晴日媚西風，水綠山青望不窮。

怪底昔人難得樂，一時騈沓到吾躬。

KBP0680(詩-別卷1-218)

十三日夜月【辛亥七月】[234]

連旬陰沴暗乾坤，此夕頑雲淨掃痕。

天上月輪淸似鏡，不隨霾雨併[235]爲昏。

KBP0681(詩-別卷1-219)

二十二日[236]

風怒黑雲馳陣馬，雷狂紫電掣金蛇。

一番雨瀉天瓢過，頃刻重驅勢轉加。

---

234 辛亥年(明宗6, 1551년, 51세) 7월 13일 禮安에서 지었다. 이 시는 內集 卷2의
〈七月十三夜月〉(KNP0132)과 합편해야 한다. 初本(3책, 別集) 〈十三日夜月二首
【辛亥七月○長篇一首見內集】〉으로 되어 있다.

235 併 : 上本에는 '幷'으로 되어 있다.

236 辛亥年(明宗6, 1551년, 51세) 7월 22일 禮安에서 지었다.

KBP0682(詩-別卷1-220~221)

二十三日[237]

(詩-別卷1-220)

連旬陰雨鎖秋山, 溪漲洪波鬭石頑。
咫尺溪堂歸不得, 滿牀書怕蠹魚殘。

(詩-別卷1-221)

翠屛山對紫霞皐, 中有寒溪瀉雪濤。
十日秋霖留我屐, 幾回矯首羨淸高？

KBP0683(詩-別卷1-222)

二十九日, 李相公壽辰, 滉病未[238]赴, 作一律頌祝[239]

堯蓂一厭火流天, 南極星芒瑞氣纒。
壽似廣仙千未半, 福兼箕〈範〉五能全。
雙城共設虹橋宴, 三隊爭調玉府絃。
想像賀賓雲接袂, 野人猶獻〈穆如篇〉。

---

237 辛亥年(明宗6, 1551년, 51세) 7月 22일 禮安에서 지었다.
238 未 : 初本(3책, 別集)에는 '不'로 되어 있고, 庚本에는 '不'로 되어 있으며, 擬本
에는 '不'로 되어 있고 부전지에 "'不', 一本作'未'。"라고 하였으며, 樊本에는 '不'로 되어
있으며 두주에 "'不', 一本作'未'。"라고 하였으며, 上本에는 '不'로 되어 있다.
239 辛亥年(明宗6, 1551년, 51세) 7月 29일 禮安에서 지었다.

KBP0684(詩-別卷1-223)

八月初五日, 清吟石次韻[240]

石古松仍偃, 楓明節已回。
寒溪新漲落, 清興獨吟來。

KBP0685(詩-別卷1-224)

拜聾巖相公, 明晨, 相公寄詩垂問, 謹伏和呈[241]

壺天幸接一尊[242]開, 薄暮仙風帶醉來。
豈謂更煩飛玉簡, 青童寒曉到山隈?

KBP0686(詩-別卷1-225)

次金惇叙【富倫】所和李庇遠見和傍字韻律詩[243]

往在丙戌歲, 家兄遊[244]泮宮, 余侍親在兄舍。嘗於西齋吟

---

240 辛亥年(明宗6, 1551년, 51세) 8월 5일 禮安에서 지었다.

241 辛亥年(明宗6, 1551년, 51세) 11월 16일~30일 禮安에서 지었을 것으로 추정된다.

242 尊 : 初本(3책, 別集)에는 '樽'으로 되어 있다.

243 辛亥年(明宗6, 1551년, 51세) 11월~12월 禮安에서 지었을 것으로 추정된다.

244 遊 : 初本(3책, 別集)에는 '游'로 되어 있으며, 庚本·擬本·甲本에도 '游'로 되어 있다.

一律,"高齋蕭洒碧山傍"云云以寄兄, 兄亦和之。辛卯, 余
有小築於芝山之麓, 又用傍字韻以紀[245]事。自始至今, 已
二十有六年, 其間存沒悲歡, 無所不有。而余移三徑[246]於
退溪, 庇遠不以芝築爲隘, 就而居之, 又得余前後兩律詩,
粘置齋壁。昨, 惇叙、聞遠往訪, 則和其韻示之, 惇叙亦
次韻, 幷攜以見示。攬今追昔, 不勝慨嘆, 爲之奉和, 以呈
庇遠, 兼示二君云。

舍舊遷新此水傍, 君尋巢拙謂堪藏。
蘷蚿本不知多少, 鳧鶴寧須較短長?
萬卷芳塵吾有慕, 一瓢眞樂子非涼。
因思廿六年前事, 東海添愁浩莫量。

KBP0687(詩-別卷1-226)

十二月初六日, 清吟石送崔郞子粹還京[247]

鳴泉隨石轉, 舞雪逐風回。
別恨留淸境, 何年定再來?

----
245 紀 : 樊本·上本에는 '記'로 되어 있다.

246 徑 : 上本에는 '逕'으로 되어 있다.

247 辛亥年(明宗6, 1551년, 51세) 12월 6일 禮安에서 지었다.

KBP0688(詩-別卷1-227)

十二月十三日，兄及簒卿、大材攜酒來溪堂，乘月乃去【閔子敬亦至】[248]

並轡凌寒忽見臨，酒兼淸濁味山禽。
悟言不覺虛堂夜，月滿前階[249]霜滿林。

KBP0689(詩-別卷1-228)

酬仲舉赴新寧見和送行拙韻[250]

但使吾身適弛張，難將世事妄斟量。
休嫌彩鳳林棲息，自哂寒龜殼縮藏。
想得初心捐末事，喜聞眞訣卻諸方。
詩來宛帶瀟筠色，又喚梅窓臘後陽。【新寧官舍，水竹淸甚[251]。】

---

248 辛亥年(明宗6, 1551년, 51세) 12월 13일 禮安에서 지었다. 初本(3책, 別集)에
는 〈辛亥十二月十三日，兄及簒卿·大材攜酒來溪堂，乘月乃去【閔子敬亦至。自註】〉
로 되어 있고, 樊本·上本에는 〈十三日，兄及簒卿、大材攜酒來溪堂，乘月乃去【閔子
敬亦至。】〉로 되어 있다.
249 階 : 上本에는 '溪'로 되어 있다.
250 辛亥年(明宗6, 1551년, 51세) 12월 14~30일 禮安에서 지었을 것으로 추정된다.
251 甚 : 初本(3책, 別集) 뒤에 '自註'가 있다.

KBP0690(詩-別卷1-229~230)

黃仲擧寄傳金季珍詩簡, 因思季珍去商山歸漆溪, 遂次韻仲擧行錄商山見和之作, 以抒所感云[252]

(詩-別卷1-229)

恨古難追不恨今, 身如孤鶴病栖林。

夢中得鹿非眞鹿, 僚裏亡金豈竊金。

商嶺舊遊森入眼, 穀城佳句動融心。

憑誰更問懷中事? 漆水詩來費獨吟。

(詩-別卷1-230)

忍性緣多毀, 謀身豈幸成?

誤時容可改, 偏處苦難更。

灩澦存傾覆, 滄浪戒濁[253]淸。

故人相勉意, 書到若爲情?

KBP0691(詩-別卷1-231)

次季珍相憶見寄韻[254]

病裏尤珍親舊書, 況同佳句忽傳諸?

---

252 辛亥年(明宗6, 1551년, 51세) 12월 14~30일 禮安에서 지었을 것으로 추정된다.

253 濁 : 上本에는 '獨'으로 되어 있다.

254 辛亥年(明宗6, 1551년, 51세) 12월 14~30일 禮安에서 지었을 것으로 추정된다.

憂來我似號羣鴈，樂處君如縱壑魚。

齒舌古人猶未免，樞機今世詎宜疎？

他山有石堪攻玉，勵志相期老蕨鋤。

KBP0692(詩-別卷1-232~234)

次韻季珍遊邊山諸作[255]

(詩-別卷1-232)

實相寺 南溪韻

千古名山斷俗埃，得君佳賞寄山隈。

水經寶地全然潔，雲向叢林別樣堆。

瘦竹微吟閒遶石，清尊高興晚登臺。

從來造物嫌多取，莫把風烟騁逸才。

(詩-別卷1-233)

直淵瀑布韻

白練橫飛翠障[256]圍，劈開山骨減雲肥。

漲時河落深春地，急處雷奔下激磯。

何許靈源連海窟？ 幾多餘沫散林霏？

---

255 辛亥年(明宗6, 1551년, 51세) 12월 14~30일 禮安에서 지었을 것으로 추정된다. 初本(3책, 別集)의 부전지에 "本五首, 而二首在削去之類, 當入外集。"이라고 하였다. 初本(3책, 別集)에는 〈次韻季珍遊邊山諸作五首〉로 되어 있다.

256 障 : 上本에는 '嶂'으로 되어 있다.

雄觀未逐罏峯勝，且向茲山欲拂衣。

(詩-別卷1-234)

摩天臺韻

但驚海闊與山崇，誰識元初辦²⁵⁷結融？

日月低垂氛²⁵⁸翳絶，靈仙遊²⁵⁹集瑞光叢。

胸襟浩氣三杯後，羽翼培風六月中。

矯首西雲無計往，因君豪句喜披蒙。

KBP0693(詩-別卷1-235)

酬途中遇雪見寄詩，用坡韻²⁶⁰

一縣應知絶鼠牙，神君來路雪隨車。

來麰上瑞呈王瑞，桃李狂花掃眼花。

目極雲邊思魏闕，詩成馬上憶山家。

凍吟病客眞堪笑，險韻難酬手屢叉。【是歲，桃李冬華²⁶¹。】

257 辦 : 樊本·上本에는 '辨'으로 되어 있다.

258 氛 : 上本에는 '氣'로 되어 있다.

259 遊 : 初本(3책, 別集)에는 '游'로 되어 있으며, 庚本·擬本·甲本에도 '游'로 되어 있다.

260 辛亥年(明宗6, 1551년, 51세) 12월 14~30일 禮安에서 지었을 것으로 추정된다.

261 華 : 初本(3책, 別集) 뒤에 '自註'가 있다.

KBP0694(詩-別卷1-236)

上元日, 回自溫溪, 過淸吟石, 次回字韻【壬子】[262]

磵石頻回首, 吟鞍去復回。
春光滿幽谷, 明日酒同來。

KBP0695(詩-別卷1-237~238)

次韻, 答李公幹[263]

(詩-別卷1-237)

學淺無端涉世深, 中途收脚愧初心。
如何不作都無事, 遇興時時輒諷吟?

(詩-別卷1-238)

山居幽興我知先, 松伴靑靑鶴伴玄。
更有雲庵長闃寂, 不妨孤坐送流年。

---

262 壬子年(明宗7, 1552년, 52세) 1월 15일 禮安에서 지었다.

263 壬子年(明宗7, 1552년, 52세) 1월 21~22일 禮安에서 지었을 것으로 추정된다. 初本(3책, 別集)의 추기에 "二首見內集。"라고 하였다. 이 시는 內集 卷2의 〈次韻, 答李靑松公幹, 二首〉(KNP0138) 및 遺集 外篇 卷1의 〈黃仲擧回自平海溫井, 靑松李公幹以十絶邀之. 近公幹來覲, 余往見之, 仍同侍月川之會, 暮歸, 過汾川, 公幹出詩辱示, 追次韻奉寄兼呈大成、大用【壬子】〉과 합편해야 한다. 初本(3책, 別集)〈次韻答李公幹【凡四首, 第三四見內集。】〉으로 되어 있다.

遊枕流亭, 次亭韻【二月初二日○亭在鳥川下洛水上】[264]

(詩-別卷1-239)

謬戲誇孫楚, 風流寓此亭。

但能心境淨, 何患耳塵盈?

撒網銀刀亂, 開尊[265]玉露傾。

斜陽相送處, 畫裏過宣城。

(詩-別卷1-240)

病人愁緒似霜蓬, 來上江亭一笑空。

野帶春工將繪繡, 水含天樂自商宮。

波間白鳥能眞白, 酒後紅顏是假紅。

倚遍闌干吟未已, 怳如身在雪溪中。

---

264 壬子年(明宗7, 1552년, 52세) 2월 2일 禮安에서 지었다. 이 시는 外集 卷1의 〈遊枕流亭, 次亭韻【幷序】〉과 합편해야 한다.

265 尊 : 初本(3책, 別集)에는 '樽'으로 되어 있고, 樊本·上本에도 '樽'으로 되어 있다.

KBP0697(詩-別卷1-241)

三月四日，聾巖先生臨溪堂【公幹、幹之侍來²⁶⁶】²⁶⁷

安輿終日駐柴關，野蔌山肴不厭歡。
帶得春風蒙一笑，清池小圃更寬閒。

KBP0698(詩-別卷1-242)

寄趙松岡²⁶⁸

落盡山花草歇芳，臨風回首憶松岡。
文章有道難窺管，學術多歧易喪羊。
翕習政堪凌汗漫，咄嗟不願騁康莊。
何時更泛汾川水，共醉仙家九醞觴？

KBP0699(詩-別卷1-243)

謹伏奉和聾巖先生辱示之作²⁶⁹

抱病年來天放閒，追陪宿願²⁷⁰肯言寒？

---

266 來 : 初本(3책, 別集) 뒤에 '自註'가 있다.
267 壬子年(明宗7, 1552년, 52세) 3월 4일 禮安에서 지었다.
268 壬子年(明宗7, 1552년, 52세) 3월 하순 禮安에서 지었을 것으로 추정된다.
269 壬子年(明宗7, 1552년, 52세) 3월 하순 禮安에서 지었을 것으로 추정된다.

春遊洞裏花成幄, 漁會潭邊石作盤。
踐勝芝山宜道味, 登高霞岫膾淸歡。
籃²⁷¹興到處皆眞境, 莫羨風流晉謝安。

KBP0700(詩-別卷1-244)
奉還黃仲擧寄《文章歐冶》, 兼贈詩一篇²⁷²

黃子得奇書, 號曰《文章冶》。
驚見未曾有, 攜來從都下。
不忍獨擅奇, 示我撥憒寡。
初窺眩奪目, 至寶靡容把。
文章似金鑛, 只在鑪錘者。
百鍊取精英, 千磨非苟且。
造化爲橐籥, 妙手難虛假。
苟能得三昧, 可以追屈、賈。
豈惟屈、賈倫? 典謨兼風雅。
我粗事鉛槧, 繩樞非廣厦。
譬如雕龍辯²⁷³, 一朝强吃啞。
又如爬沙鈍, 奔軼效天馬。

---

270 宿願 : 李校에 "'宿願', 一作'仙相'。"이라고 하였다.

271 籃 : 初本(3책, 別集)에는 '藍'으로 되어 있고, 樊本·上本에도 '藍'으로 되어 있다.

272 壬子年(明宗7, 1552년, 52세) 4월 13일경 禮安에서 지었을 것으로 추정된다.

273 辯 : 上本에는 '辨'으로 되어 있다.

曾聞宣父聖，如愚許回也。

豈有游、夏輩，攻文決趣捨？

況余老且病，寧入班、揚[274]社？

越人疎章甫，鄉筵謝殷斝。

惟君方妙齡，文字銀河瀉。

本末不容偏，館閣未宜野。

英才感鳶魚，非唯自陶寫[275]。

交聘重辭命，國體須土苴。

采金荊山刓，伐炭鄧林赭。

大塊噫風雷，爇天光燄惹。

湛盧與莫邪，淬礪功不舍。

一試妖氛辟，再揮孟門撦。

得奇乃見奇，華國傳諸夏。

封書卻還君，吾言匪礫瓦。

異時萬人敵，兒徒安足剚？

274 班揚 : 庚本・擬本・甲本에는 '班楊'으로 되어 있고, 樊本・上本에는 '斑楊'으로 되어 있다.

275 寫 : 初本(3책, 別集)에는 '謝'로 되어 있고, 樊本・上本에는 '謝'로 되어 있다.

KBP0701(詩-別卷1-245~246)

次韻仲擧詠[276]**竹**【壬子夏還朝後。】[277]

(詩-別卷1-245)

風竹

風來竹嘯兩非空，風定聲歸沉寥中。

畢竟有聲緣底物？風還鳴竹竹鳴風。

(詩-別卷1-246)

雪竹

天敎縢六化山皐，沒盡千家不見毛。

只有臨溪千挺玉，耐寒擎重不藏高。

KBP0702(詩-別卷1-247)

七月十一日，自東湖暮入城【是日有成均之命。】[278]

斜陽千里眼穿雙，嫋嫋秋風吹漢江。

不向扁舟尋去興，强鞭羸馬踏逢逢。

---

276 詠 : 初本(3책, 別集)에는 '咏'으로 되어 있다.

277 壬子年(明宗7, 1552년, 52세) 5~6월에 서울에서 지었을 것으로 추정된다.

278 壬子年(明宗7, 1552년, 52세) 7월 11일 서울에서 지었다.

KBP0703(詩-別卷1-248)

喜雨，呈松岡[279]

精虔不待禱桑林，大霈甘霖沃物深。
我與萬人同鼓舞，歸田從此更關心。

KBP0704(詩-別卷1-249)

贈別閔景說參議赴燕京[280]

淡水交情慕閔君，沈資邃學更能文。
遊[281]從玉府兼瀛館，氣味霜蓬與野雲。
雙六流年悲面改，四千遐路惜襟分。
偏方自媿桑弧志，歸日披蒙佇廣聞。【余與景說，俱辛丑賜暇，至今十
二年矣。丁未冬，余及景說、景霖同在書堂，余以詩戲兩君云，"詩如古磬樂
山子，氣似野雲觀物翁。唯有退溪多病客，蕭條身世類霜蓬。"蓋觀物，景說
號，樂山，景霖號[282]。】

---

279 壬子年(明宗7, 1552년, 52세) 7월 중순 서울에서 지었을 것으로 추정된다.
280 壬子年(明宗7, 1552년, 52세) 7월 중순 서울에서 지었을 것으로 추정된다.
281 遊 : 初本(3책, 別集)에는 '游'로 되어 있고, 庚本·擬本·甲本에도 '游'로 되어
있다.
282 號 : 初本(3책, 別集) 뒤에 '自註'가 있다.

KBP0705(詩-別卷1-250~252)

次韻友人²⁸³

(詩-別卷1-250)

大道雖如砥，眞源杳莫尋。

未應千載下，渾斷牖人心。

(詩-別卷1-251)

林石川²⁸⁴疎懶，蒙恩罷舌辰。

愧余愚且病，後汝作閒身。

(詩-別卷1-252)

每憶松岡老，朝回獨臥雲。

病吟秋月下，同我武陵君。【愼齋】

---

283 壬子年(明宗7, 1552년, 52세) 8~9월 서울에서 지었을 것으로 추정된다. 初本 (3책, 別集)의 주묵추기에 "二首見內集。"이라고 하였다. 이 시는 內集 卷2의 〈次韻友 人二首〉(KNP0151)와 합편해야 한다. 初本(3책, 別集)에는 〈次韻友人【凡五, 第一 第三見內集。】〉으로 되어 있다.

284 石川 : 두주에 "'石川', 億齡號。"라고 하였으며, 樊本・上本에도 동일한 두주가 있다. 初本(3책, 別集)의 부전지에 "'石川', 億齡號。"라고 하였다.

KBP0706(詩-別卷1-253~255)

崇政知事李先生寓居臨江寺，有賞遊三所，寄書示滉，欲令作詩述意，滉疾病因循，未有以應命。今玆春至，正及遊玩之時，滉仰切欣賞[285]，始得綴成三絕。謹再拜呈上，無任逋慢悚企之至[286]

(詩-別卷1-253)

浴沂橋

千載遙憐舍瑟人，浴沂言契聖歎[287]新。

只今退相追餘興，風詠從容樂暮春。

(詩-別卷1-254)

臨羨亭

潑潑潛鱗得意游，小亭臨玩自夷猶。

非魚已信莊知樂，結網飜嫌董有求。

(詩-別卷1-255)

如斯灘

大化沄沄不蹔停，盈虛消息理難明。

閒來試向灘頭看，妙處眞堪發聖情。

---

285 賞：初本(3책, 別集)에는 '想'으로 되어 있다.

286 壬子年(明宗7, 1552년, 52세) 1월 禮安에서 지었을 것으로 추정된다.

287 歎：上本에는 '嘆'으로 되어 있다.

次韻金厚之爲金季珍作〈漆溪十詠〉[288]

(詩-別卷1-256)

仙倉[289]泛舟

一泓流闊幾千秋？ 今見騷人上釣舟。

蕩漾只從烟裏去， 迴旋時向月中浮。

筆牀茶竈能言鴨， 細雨斜風不舞鷗。

但識盈虛元有定， 未妨吾道付滄洲？

(詩-別卷1-257)

懸峯邀月

千丈毫芒暈海東， 一尊相對望穹崇。

纔看霧靄痕消宇， 漸覺星河彩滅空。

但得情遊就花下， 何煩攜取滿懷中？

須臾奪眼生銀闕， 洗盞當歌意更融。

(詩-別卷1-258)

瑞石晴雲【瑞石山名[290]。】

山光朝暮自溶濛， 山勢巉巉萬古雄。

膚寸已知能澤物， 孱顏仍未會乘風。

---

288 壬子年(明宗7, 1552년, 52세) 8~12월 서울에서 지었을 것으로 추정된다.

289 倉 : 初本(3책, 別集)에는 '滄'으로 되어 있고, 養校에 "'倉《目錄》'滄'."이라고 하였다.

290 名 : 初本(3책, 別集) 뒤에 '自註'가 있다.

去來陶令機何有，出處蘇州意甚通。
徙倚高亭閒指點，只應心事古人同。

(詩-別卷1-259)

錦城霽雪

疇昔曾聞不夜城，回頭頃刻變崢嶸。
瑤臺換境初神眩，玉壘當空忽眼明。
凍合日輪欹側過，寒凝蟾闕炯晶清。
雙尖好句須追和，莫遣蘇詩獨擅行。

(詩-別卷1-260)

月出杳靄【月出山名[291]。】

一軒晴晝望東南，山似浮眉又似簪。
積翠染藍新曖曖，餘霞成綺間毿毿。
何愁障遠天邊際？只恐妨輝月五三。
安得才如韓吏部，解吟濃綠與蒸嵐？

(詩-別卷1-261)

羅山村店

墟落依微一望中，庚橫隱約認羅峯。
農桑捐捐生涯各，烟火熙熙氣象[292]同。
霽雨每憑鳩報候，豐凶常藉雪占冬。

---

291 名：初本(3책, 別集) 뒤에 '自註'가 있다.
292 象：上本에는 '像'으로 되어 있다.

村居事事皆眞樂，不獨霜園柿栗紅。

(詩-別卷1-262)

楊坪多稼

秦利渠成自古傳，楊坪沃土故應然。

開塍錯繡紛橫直，荷鍤[293]成雲遠接連。

田畯競收〈良耜〉[294]稼，公家休備翳桑簞。

野亭盡日呼隣曲，誰畫蹲蹲踏舞筵。

(詩-別卷1-263)

柳市長烟

迢遞烟林景色悠，酒帘斜出小紅樓。

東風暖泛黃金線，永日晴薰碧繡洲。

官下縱然標政理，宅邊何似媚清脩[295]。

幾多鞍馬輕攀折，摠爲臨途自作楞。

(詩-別卷1-264)

繡郊尋春

不用臨流嘆逝川，攜朋來此逐芳鮮。

花如織闉江邊裏，騎似乘船野外聯。

---

293 鍤 : 初本(3책, 別集)에는 '挿'으로 되어 있고, 庚本·擬本·甲本에도 '挿'으로 되어 있으며, 樊本·上本에도 '挿'으로 되어 있으며, 養校에 '鍤'라고 하였으며, 柳校에 "'挿', '鍤'通。"이라고 하였다.

294 耜 : 上本에는 '秬'로 되어 있다.

295 脩 : 樊本·上本에는 '修'로 되어 있다.

細草平郊隨遠近，好風晴日趁暄妍。

無邊光景今如許？思見伊人獨悵然。

(詩-別卷1-265)

院灘釣魚

一磯孤坐一竿橫，磯外長程倦客行。

靜水與魚元自得，閒鷗於子有時生。

當年溪上雲同住，此夜灘邊月獨明。

走俗深譏吾更甚，爲君歌罷悒餘情。

KBP0708(詩-別卷1-266)

偶題[296]

新正病起怯春寒，窮巷無人獨掩關。

斜日照窓明潑眼，數篇爻象默然看。

KBP0709(詩-別卷1-267)

訪林大樹【億齡○癸丑三月[297]】[298]

假架低簷淨花卉，高山當面碧嵯峨。

---

296 癸丑年(明宗8, 1553년, 53세) 1월 1일 서울에서 지었다.

297 月 : 初本(3책, 別集) 뒤에 '○大樹名(億岭), 號石川.'이 있다.

298 癸丑年(明宗8, 1553년, 53세) 3월 서울에서 지었다.

主人市隱同壺隱, 休罷南歸恨未多。【謂罷長興未足爲恨[299]。】

KBP0710(詩-別卷1-268)
大樹見和前韻, 復和答[300]

舊營詩壘非雄壯, 新築愁城頓嶪峨。
欲作男兒須廣業, 少年虛過恨多多。

KBP0711(詩-別卷1-269)
喜林大樹見訪論詩[301]

玄冬逼歲除, 急景馳西沒。
愁人臥窮巷, 寂寞抱沈疾。
舊來人不來, 門前雀羅設。
寧知打寒[302]扉, 忽枉長者轍?
推枕起迎笑, 坐對墻陰雪。
寒暄未及他, 說病乃第一。

---

299 恨 : 初本(3책, 別集) 뒤에 '自註'가 있다.

300 癸丑年(明宗8, 1553년, 53세) 9월 서울에서 지었을 것으로 추정된다. 이 시는 內集 卷2의 〈次韻, 答林大樹, 四首【癸丑】〉(KNP0152)와 합편해야 한다.

301 癸丑年(明宗8, 1553년, 53세) 10월 서울에서 지었을 것으로 추정된다.

302 寒 : 庚本에는 '窓'으로 되어 있으며, 擬本에는 '窓'으로 되어 있으며 부전지에 "'窓', 手本作'寒'."라고 하였으며, 甲本에는 '窓'으로 되어 있으며 두주에 "'窓', 一本作'寒'."라고 하였으며, 樊本·上本의 두주에 "一本'寒'作'窓'."라고 하였다.

雖云異肥瘦，不大殊健劣。

百年舊朱顏，千丈新素髮。

開懷聽其言，畾鑠何恢豁？

學詩追<u>甫白</u>，學道慕<u>莊列</u>。

往往誦傑句，掀簸困造物。

壯氣隘宇宙，六鼇可手掣。

雷電助狂怪，鬼神懾怳惚。

平生悲老洫，膏火錐刀末。

意欲奪³⁰³天弢，去入無窮闥。

汗漫九垓外，浮游樂未畢。

吾詩尙豪宕，何用巧剞劂？

吾行踏大方，不必拘小節。

詞氣甚激昂，河漢瀉頰舌。

我初驚且嘆，中頗疑以詰。

自非聖於詩，法度安可輟？

寧聞大賢人，不用規矩密？

曷不少低頭，加工鍊與律？

比如撞洪鐘，寸莛豈能發？

長者若不聞，意象更超越。

<u>陳遵</u>詫〈酒箴〉，<u>張竦</u>亦未失。

談論縱參差，許與略瑣屑。

當知曠士懷，坦坦非諛悅。

---

303 奪：柳校에 "案'奪'恐'脫'。"이라고 하였다.

向來積憂煩，今夕痛湔祓。

大匠遇血指，不以工掩拙。

發揮黃家堂，容我妄自述。

敢不樂從之？斐然呈八絶。【黃上舍堂詠八絶，本爲林公勸予同作[304]。】

KBP0712(詩-別卷1-270)

題靈川子墨竹二絶，與石川松岡，分題同賦[305]

舞月危梢隱兩旗，和烟韠露有孫枝。

只今丹鳳無消息，猶保堅貞歲晏[306]知。

KBP0713(詩-別卷1-271)

巧夕【追錄於此。】[307]

人爭乞巧欲何營？但遣炎蒸一夜清。

旅枕忽驚孤客意，荒庭如訴百蟲聲。

瀉添巨海無增大，帑享千金只益輕。

巷北巷南顔色阻，靑銅休把照愁莖。

---

304 作：初本(3책，別集) 뒤에 '自註'가 있다.

305 癸丑年(明宗8, 1553년, 53세) 10월 서울에서 지었을 것으로 추정된다. 이 시는 內集 卷2의 〈題靈川子墨竹〉(KNP0155)과 합편해야 한다.

306 晏：初本(3책，別集)에는 '寒'으로 되어 있다.

307 癸丑年(明宗8, 1553년, 53세) 7월 7일 서울에서 지었다.

KBP0714(詩-別卷1-272~273)

盤松原上, 送金季珍赴延安府[308]

(詩-別卷1-272)

又作關西別, 重逢定幾年？

人生渾合沓, 世故莽推遷。

行樂多新輩, 歸耕遠故田。

西郊分袂後, 回首更悠然。

(詩-別卷1-273)

華館凌雲起, 青莎覆地平。

輪蹄常簇簇, 城郭故庚庚。

向晚秋風急, 臨高客恨生。

古今離別處, 把酒若爲情？

KBP0715(詩-別卷1-274)

次韻, 寄題松江亭【趙洞叔爲請賦, 乃其外舅宗室某亭也[309]。○洞叔名澄。】[310]

我曾舟上瞰東江, 高處亭開想絕雙。

峀迗烟光縈翠箔, 波搖月色動寒窓。

---

308 癸丑年(明宗8, 1553년, 53세) 7~9월 서울에서 지었을 것으로 추정된다.

309 也 : 初本(3책, 別集) 뒤에 '自註'가 있다.

310 癸丑年(明宗8, 1553년, 53세) 7~9월 서울에서 지었을 것으로 추정된다.

王孫每去看沙鳥，漁父時來倒玉缸。

更有蒼髯萬竿籟，逃空何必喜聞跫？

KBP0716(詩-別卷1-275)

杏花下，用東坡韻【甲寅】[311]

我病不逐京華春，盡日門前無雜人。

杏花深院邯鄲枕，歸夢一棹迷江蘋。

朝看錦樹花爭發，夕隨風雨花如雪。

但願花時有佳客，綠酒盈罇[312]醉華月。

豪吟百盞澆胸中，萬斛春愁渾洗空。

尊前一笑問東君，廿四番風餘幾紅？

KBP0717(詩-別卷1-276)

紅桃花下，有懷季珍[313]

花下停杯試問春，來從何處去何濱？

---

311 甲寅年(明宗9, 1554년, 54세) 3월 서울에서 지었을 것으로 추정된다.

312 罇：初本(3책, 別集)에는 '尊'으로 되어 있고, 上本에는 '樽'으로 되어 있다.

313 甲寅年(明宗9, 1554년, 54세) 3월 서울에서 쓴 시로 추정된다. 初本(3책, 別集) 의 뒤에 "本十四首, 而二首見內集, 此其一也. 其餘十一見□□"라고 하였다. 初本(3책, 別集)의 부전지에 "本十四首, 而二首在內集中, 一首在此別集, 餘當在外集次."라고 하였다. 〔編輯考〕 이 시는 內集 卷2의 〈紅桃花下, 寄金季珍。二首〉(KNP0164)와 합편해야 한다.

縱然極意年芳事，不解娛人卻惱人。

KBP0718(詩-別卷1-277~278)

次韻鄭靜而【之雲○靜而窮無家，初得人江亭以居，自號稼亭．後以不置劑券，爲人所奪。今贅寓城中，改號秋巒³¹⁴。】³¹⁵

(詩-別卷1-277)

晚覺樊遲學謬功，逃農歸士著眞工。

稼亭已似舟藏壑，得失何須問塞翁？

　　右稼亭

(詩-別卷1-278)

秋巒高山截半天，區區培塿豈扳連？

平生仰止巖巖象，莫遺滔滔混世川。

　　右秋巒

---

314 巒 : 初本(3책, 別集)의 뒤에 "自註"가 있다.

315 甲寅年(明宗9, 1554년, 54세) 3~4월경 서울에서 쓴 시로 추정된다.

KBP0719(詩-別卷1-279)

次韻松岡見寄[316][317]

本實非華澤，文章亦累塵。
纔堪寫吾蘊，不要勝他人。
險韻難心暢，窮愁[318]足面顰。
非無淵海狎，從此斷吟句。

KBP0720(詩-別卷1-280)

次松岡回文韻【夏日】[319]

高樹生風來爽榻，薄雲漏日映疎簾。
桃枝亞重仁含露，竹笋添新影出簷。
醪釀麥濃思社伴，室生塵久憶書籤。
鼇連大釣曾違計，落落人妨注瑣纖。

---

316 寄 : 初本(3책, 別集)의 뒤에 "十二首見內集。"이라고 하였다.

317 甲寅年(明宗9, 1554년, 54세) 4월 10일경 서울에서 쓴 시로 추정된다. 初本(3책, 別集)의 부전지에 "本十三首, 而十二首在內集中。"이라고 하였다. 〔編輯考〕 이 시는 內集 卷2의 〈次韻趙松岡見寄十二首〉(KNP0166)와 합편해야 한다.

318 愁 : 初本(3책, 別集)에 "搜"로 되어 있다.

319 甲寅年(明宗9, 1554년, 54세) 5~6월경 서울에서 쓴 시로 추정된다. 中本《退溪先生全書目錄外集【逸】》에 〈奉次回文連環兩篇韻, 呈松岡〉으로 되어 있다.

和松岡樂府。三篇[320]

屋角鳩鳴春雨細，起晚倚窓櫳。

滿目烟花[321]一萬重，好是幾番風？

陣陣吹紅香不斷，庭院政薰濃。

惆悵閒吟望遠空，淡淡日斜紅。

　　　右〈武陵春〉

逢佳節，樓臺錦繡春三月。

春三月，情親遠送，適秦歸越。

柳條攀盡離腸絕，征衫雨淚斑斑血。

斑斑血，夜來天上，只看銀闕。

　　　右〈憶秦[322]娥〉

春暮芳園，百紅千紫珍禽韻。

路長家遠，縹緲愁情慢。

---

320 甲寅年(明宗9, 1554년, 54세) 5〜6월경 서울에서 쓴 시로 추정된다.

321 花：上本에는 "火"로 되어 있다.

322 秦：初本(3책, 別集)에 "素"로 되어 있다. 樊本·上本에 "素"로 되어 있다.

綠草滿庭，弱柳枝枝嫩。

臨觴晚．酒難消憫，此意憑誰問？

　　右〈點絳唇〉

KBP0722(詩-別卷1-284)

寓直日暮[323]

玉闕岧嶢倚半空，曛黃餘彩晃簾櫳。

斯須變滅無留見，寂寂[324]天門鎖幾重？

KBP0723(詩-別卷1-285)

秋夜[325]

曼曼秋夜長，窅窅虛室靜。

灰殘香黯黯，夢覺神惺惺。

索索雨葉隕，翩翩栖鵲警。

懷人惜遲暮，抱痾憐幽屛。

白傅喜中隱，韓公悼前猛。

何如一棹歸？萬里烟波景。

---

323 甲寅年(明宗9，1554년，54세) 5~6월경 서울에서 쓴 시로 추정된다.

324 寂 : 上本에는 "寞"으로 되어 있다.

325 甲寅年(明宗9，1554년，54세) 7~8월경 서울에서 쓴 시로 추정된다.

次韻松岡見贈[326]

(詩-別卷1-286)

自嘆[327]從前見事遲，至今羝角觸藩籬。

三年未覺黃花好，一枕空驚白日馳。

寂寞有栖懷舊隱，摧頹無計答明時。

知音賴有松岡老，痛寫騷情續賦詩。

(詩-別卷1-287)

少年志欲挽羲皇[328]，末路低徊只可傷。

學未通方神已倦，才無經世意空長。

聖恩亟許寬罷疾，時議寧難捨老狂。

臥想餘春行樂處，幾多紅葉爛清霜？

(詩-別卷1-288)

永夜深更著睡遲，隔窓林木近園籬。

雨將驟勢江濤卷，風助悲聲鐵馬馳。

種雪鬢邊緣底事？研書燈下異前時。

猶將故絮遮寒骨，力疾吟成遣悶詩。

---

326 甲寅年(明宗9, 1554년, 54세) 7~8월경 서울에서 쓴 시로 추정된다.

327 嘆 : 上本에는 "歎"으로 되어 있다.

328 皇 : 柳校에는 "皇恐作黃"으로 되어 있다.

朝看靑樹暮成黃，天地無情百物傷。
四壁悲蟲隨序盡，一庭寒雨送更長。
病知城隱如山靜，老覺詩禪勝酒狂。
異日相尋話幽抱，只愁巖壑抵冰霜。

KBP0725（詩-別卷1-290～291）

又次韻答松岡[329]

（詩-別卷1-290）

小堂晨坐篆烟遲，矯首看山欲撤籬。
鷦翼已難鵬與擊，駑蹄常愧驥同馳。
天機此日如他日，物態今時異昔時。
萬斛愁情誰解得？閒中陶寫只憑詩。

（詩-別卷1-291）

眉間何事忽浮黃，詩到工能滌悗傷。
鏡裏每憐顏戌削，書中但覺味深長。
皐禽自和心交感，駟馬難追舌出狂。
坐對短檠吟未已，寒窓未怯透輕霜。

---

329 甲寅年(明宗9, 1554년, 54세) 7～8월경 서울에서 쓴 시로 추정된다.

韓士烱【胤明】往天磨山讀書，留一帖求拙跡，偶書所感寄贈[330] [331]

(詩-別卷1-292)

舊學渾忘新學微，清時戀祿未成歸。

故人又向雲山去，誰與塵編講是非？

(詩-別卷1-293)

近讀遊人記舊傳，文忠居址尙依然。

棟梁宇宙餘風凜，長使英雄淚洒泉。

　　　右，金季珍近寄《遊松都錄》，言文忠舊居

(詩-別卷1-294)

徐老今爲鶴背身，藏修[332]遺迹摠成陳[333]。

何人爲築花潭院，心緒相傳更幾人？

　　　右，徐處士花潭舊居

---

330 甲寅年(明宗9, 1554년, 54세) 12월 서울에서 쓴 시로 추정된다. 〔編輯考〕 이
시는 內集 卷2의 〈送韓士烱往天磨山讀書，兼寄南時甫。五首〉(KNP0172)와 합편해
야 한다.

331 贈 : 初本(3책, 別集)의 뒤에 "五首見內集"이라고 하였다.

332 修 : 初本(3책, 別集)에 "脩"로 되어 있다. 庚本·擬本·甲本에 "脩"로 되어 있다.

333 陳 : 初本(3책, 別集)에 "塵"으로 되어 있다. 庚本에 "塵"으로 되어 있다.

(詩-別卷1-295)

少年爲學苦迷方，向老知方志力荒。

卻賴靈源非外鑠，時於日用見洋洋。

【以[334]下屬南時甫. 時[335]甫重遭大患，後養疾於此山[336]。】

(詩-別卷1-296)

師尊百世李延平，秋月冰壺徹底清。

自我遺編憑子得，從前昏醉怳如醒。

右，《延平答問》書，本時甫所藏

(詩-別卷1-297)

眞知力踐薛文清，錄訓條條當座銘。

最是令人發深省，不爲枝葉不玄冥。

右，薛文清《讀書錄》。

(詩-別卷1-298)

屹立頹波陳白沙，名懸南極動中華。

如何不重吾家計，極處終歸西竺邪？

右，白沙《詩敎》

---

334 以 : 初本(3책, 別集)의 앞에 "右上一首"라고 하였다.

335 時 : 初本(3책, 別集)에 "時時"로 되어 있다.

336 山 : 初本(3책, 別集)의 뒤에 "上一首見內集。"이라고 하였다.

醫閭生長裔戎方，一變因師勇退藏。

況是青能自藍出，逃禪歸我儘端莊。

　　右，《醫閭先生集》

陽明邪說劇洪流，力遏羅公有隱憂。

讀到論心兼理氣，令人又覺別生愁。

　　右，《傳習錄》·《困知記》

《性理諸家》·《皇極》箋，《天原》二鮑復論鐫。

恨予得見奇書晚，一撫遺編一悵然。

　　右，《性理諸家解》·《皇極經世釋義》·《天原發微》

代書答仲擧[337]

行止失初難善後，親疎有道肯趨時。

冷雲欲雪重城暮，袖手無言有所思。

---

337 甲寅年(明宗9, 1554년, 54세) 12월 서울에서 쓴 시로 추정된다.

KBP0728(詩-別卷1-303)

宋台叟【麒壽】雪中見訪云, 夢中得句, "相思成鬱結, 幽恨寄瑤琴."
覺而聯成四韻, 書以示之. 次韻[338]

書忘同器漏, 詩苦似蟲吟.
未驗身彬蔚, 飜成氣濫沦.
人皆譏背面, 公獨愛藏心.
夢裏相思句, 如聞流水琴.

KBP0729(詩-別卷1-304~311)

題畫八絶【有儒士辛世霖, 以翎毛名京師. 辛甥弘祚得其畫請題[339]。**】**[340]

(詩-別卷1-304)

睡鵰[341]

鷙鳥睡㲯毿, 猛勢疑無在.
用時似項王, 一怒千皆廢.

---

338 甲寅年(明宗9, 1554년, 54세) 12월 서울에서 쓴 시로 추정된다. 初本(3책, 別
集)의 주묵추기에 "一首見內集"으로 되어 있다. 中本《退溪先生全書目錄外集【逸】》
에 〈奉和台叟夢中得句覺而聯成見贈韻. 三首〉로 되어 있다. 〔編輯考〕이 시는 內集
卷2의 〈台叟來訪云:"夢中得句,'相思成鬱結, 幽恨寄瑤琴.'覺而足成四韻."書以示
之, 次韻〉(KNP0173)과 합편해야 한다.

339 題:初本(3책, 別集)의 뒤에 "自註"가 있다.

340 甲寅年(明宗9, 1554년, 54세) 12월 서울에서 쓴 시로 추정된다.

341 鵰:上本에는 "雕"로 되어 있다.

(詩-別卷1-305)

燕鷹

殷勤哺衆雛, 鼓厲規一吻。

强者恣所爲, 弱者胡^{342}不謹?

(詩-別卷1-306)

月鶴

仙鶴刷毛衣, 竦身望空月。

意欲謝塵氛, 天門一超越。

(詩-別卷1-307)

蘆鷹

不傳上林書, 寧慕齊^{343}宮沼?

偶然集蘆叢, 擧翮凌雲杳。

(詩-別卷1-308)

白鷺

振振自風標, 白白如雪色。

謀魚莫太營, 怕有沙泥及。

---

342 胡 : 擬本의 부전지에 "胡, 手本作'何'。"로 되어 있다.

343 齊 : 李校에 "齊疑梁。"이라고 하였다.

獼猴

嘯侶集巖幽，怪貌相嫵媚。

老者獨背坐，望空[344]思何事？

竹禽

竹林笋初生，飛禽穩栖宿。

無風韻自寒，有月森成玉。

稚鵲

離巢樂且羣，查查飛復止。

一任散何歸？喞[345]枝各生子。

病傭【乙卯】[346]

雪日近窓先晃朗，林風過耳久于喁。

---

344 望空：庚本에 "空望"으로 되어 있다. 擬本의 부선시에 "空望, 手本作'望空'."으로
되어 있다. 甲本의 두주에는 "空望, 一本乙."로 되어 있다.

345 喞：上本에는 "含"으로 되어 있다.

346 乙卯年(明宗10, 1555년, 55세) 1월 서울에서 쓴 시로 추정된다. 初本(3책, 別
集)의 부전지에 "本二首, 而一首在內集中."으로 되어 있다. 〔編輯考〕 이 시는 內集

邇來倂斷看書事，咄咄眞成一病憊。[347]

謝淸州李剛而【楨】印寄《延平答問》書[348]

壺月傳心一部書，因君東海印行初。
病夫尙著[349]絲毫力，生世終須不作虛。

至日有感。三首[350]

聽得無聲地下雷，玄機纔覰便能開。
此身忍使行迷遠？ 三字加工莫輟來。

長樂鐘鳴響似雷，百官雲擁九門開。
病臣獨未趨朝賀，陽德惟深祝聖來。

卷2의〈病憊〉(KNP0175)과 합편해야 한다.

347 憊：初本(3책, 別集)에 "翁"으로 되어 있다. 樊本·上本에 "翁"으로 되어 있다.

348 甲寅年(明宗9, 1554년, 54세) 12월 서울에서 쓴 시로 추정된다. 初本(3책, 別集)의 뒤에 "號龜巖。"이라 하였다.

349 著：初本(3책, 別集)에 "着"으로 되어 있다.

350 甲寅年(明宗9, 1554년, 54세) 11월 18일 서울에서 쓴 시로 추정된다.

子美悲三蟄楚雷, 我來雷蟄又三開。

凄凉壟墓兼祠宇, 遇節何勝感慨來?

KBP0733(詩-別卷1-317)

再和早春言懷【和林大樹。】³⁵¹

羈心春更苦, 世味老無甘。

鴈侶聲回北, 梅枝信到南。

生涯農者慕, 事業古人慚。

有句頻相問, 閒中勝劇談。

KBP0734(詩-別卷1-318~319)

寓龍壽寺, 聾巖先生寄示蟠桃壇唱酬絶句, 依韻³⁵²拜上³⁵³

(詩-別卷1-318)

仙遊有勝地, 樂事待今年。

況示瓊瑤什, 靑錢價幾千?

---

351 乙卯年(明宗10, 1555년, 55세) 1월 서울에서 쓴 시로 추정된다.

352 韻 : 養校에 "韻字,《目錄》見脫。"로 되어 있다.

353 乙卯年(明宗10, 1555년, 55세) 3월 4일 禮安에서 쓴 시로 추정된다.〔編輯考〕
이 시는 內集 卷2의〈寓龍壽寺, 聾巖先生寄示蟠桃壇唱酬絶句, 奉和呈上。二首〉
(KNP0182)와 합편해야 한다.

(詩-別卷1-319)

正是淸明節, 今年似昔年。
爲花欣赴約, 莫問酒籌千。

KBP0735(詩-別卷1-320)

宋企村【純】俛仰亭[354]

公舊居在潭陽, 亭之勝槩, 獨擅湖南. 公時屈跡善山, 將
辭歸, 寄書索詩. 用趙景陽韻[355]。

脫屣浮榮諒不難, 移文寧使愧鍾巒?
百千架揷書依舊, 廿四楹題字未漫。
素練極天霜欲落, 黃雲彌野雨初乾。
知公正有思歸興, 屈指瓜期尙若干。

KBP0736(詩-別卷1-321)

琴聞遠【蘭秀】東溪 惺惺齋[356]

易贊坤爻敬義功, 揭名堂室紫陽翁。

---

354 乙卯年(明宗10, 1555년, 55세) 7~9월경 禮安에서 쓴 시로 추정된다. 初本(3
책, 別集)의 부전지에 "本三首, 而二首在內集中."으로 되어 있다. 〔編輯考〕이 시는
內集 卷2의 〈宋企村【純】俛仰亭二首【公居在潭陽, 時爲善山, 將辭歸, 寄書索題】〉
(KNP0186)와 합편해야 한다.

355 韻 : 初本(3책, 別集)의 뒤에 "二首見內集."이라고 하였다.

若知動靜皆爲一，始信濂溪太極同。

KBP0737(詩-別卷1-322)

題靈川【申潛】畫竹[357]

竹與靈川本一身，一身變化儘通神。
可憐滿幅清虛影，疑是靈川自寫眞。

KBP0738(詩-別卷1-323)

次韻黃仲擧 新寧[358]

平生眞與病相謀，此日何妨得自由。

---

356 乙卯年(明宗10, 1555년, 55세) 7~9월경 禮安에서 쓴 시로 추정된다. 初本(3
책, 別集)에 〈琴聞遠東溪惺齋【聞遠名蘭秀.○二首見內集。】〉으로 되어 있다. 〔資料
考〕이 시는《惺齋先生文集》卷1〈甲寅仲春, 築書室於東溪之上, 爲讀書藏修之所,
宅地開曠, 泉石可愛. 先生手書惺齋扁額, 賜之, 又有臨鏡臺·風乎臺·總春臺·活源臺
諸詩, 不勝感佩, 遂用其韻〉과 함께 그 原韻 작품으로 실려 있다. 〔編輯考〕이 시는
內集 卷2의 〈琴聞遠東溪惺惺齋二首〉(KNP0187) 및 續集 卷2의 〈琴聞遠東溪惺惺
齋〉와 합편해야 한다.

357 乙卯年(明宗10, 1555년, 55세) 7~9월경 禮安에서 쓴 시로 추정된다. 初本(3
책, 別集)에 〈題靈川畫竹【靈川, 申潛號】〉으로 되어 있다. 初本(3책, 別集)의 뒤에
"一首見內集。"이라고 하였다. 初本(3책, 別集)의 부전지에 "二首在內集中。"이라고 하
였다.

358 乙卯年(明宗10, 1555년, 55세) 7~9월경 禮安에서 쓴 시로 추정된다. 〔編輯考〕
이 시는 內集 卷2의 〈次韻黃新寧 仲擧〉(KNP0188)와 합편해야 한다.

老境新功非一夕，古人墜緒豈千秋？
詩傳單父鳴琴閣，興阻山陰泛雪舟。
出處未同聊爾耳，請將心事爲深求。

KBP0739(詩-別卷1-324)

十月初四日，遊[359]月瀾庵[360]

五年回首若波驚，重上高臺自感情。
夢覺塵氛嗟已幸，閒尋雲壑絶無攖。
溪光日暮生新白，野色霜寒失舊青。
小字禪窓眞有味，衰齡那得眼增明？

KBP0740(詩-別卷1-325)

贈錦溪黃仲擧論圖書[361]

傳得圖書且闕疑，歸來獨自玩栖遲。

---

359 遊：初本(3책, 別集)에 "游"로 되어 있다. 庚本·擬本·甲本에 "游"로 되어 있다.

360 乙卯年(明宗10, 1555년, 55세) 10월 4일 禮安에서 쓴 시로 추정된다. 初本(3책, 別集)의 뒤에 "二首見內集。"이라 하였다. 〔編輯考〕 이 시는 內集 卷2의 〈十月四日, 遊月瀾庵。二首〉(KNP0189)와 합편해야 한다.

361 丙辰年(明宗11, 1556년, 56세) 1월 禮安에서 쓴 시로 추정된다. 初本(3책, 別集)의 뒤에 "二首見內集。"이라고 하였다. 〔編輯考〕 이 시는 內集 卷2의 〈與仲擧論圖書。二首〉(KNP0194)와 합편해야 한다.

從君更好探幽賾，莫道今時遠伏羲。

KBP0741(詩-別卷1-326)

贈別應順[362]【金命元○丙辰】

羲·文千古意何如？林下婆娑樂有餘。

此日送君吟細律，他年思我寄長書。

窮通久識盈虛妙，學問多慚敬義疎。

大業必從勤苦得，忍同流俗一生虛？

KBP0742(詩-別卷1-327)

奉酬南時甫【彦經】**見寄**[363]

聖門言達不言悟，功在循循積久中。

旣道無爲便脫誤，如何自說落禪空？

362 丙辰年(明宗11, 1556년, 56세) 10월 10일경 禮安에서 쓴 시로 추정된다. 初本
(3책, 別集)의 뒤에 "丙辰○一首見內集。○應順, 金命元字。"라고 하였다. 〔編輯考〕
이 시는 內集 卷2의 〈贈別應順〉(KNP0199)과 합편해야 한다.

363 丙辰年(明宗11, 1556년, 56세) 7월 禮安에서 쓴 시로 추정된다. 初本(3책,
別集)의 뒤에 "一律見內集。"이라고 하였다. 初本(3책, 別集)의 부전지에 "本二首,
而一首在內集中。"이라고 하였다. 〔編輯考〕이 시는 內集 卷2의 〈奉酬南時甫見寄〉
(KNP0200)와 합편해야 한다.

KBP0743(詩-別卷1-328)

晦日夜吟，次<u>應順</u>韻³⁶⁴

永夜孤村雨氣沈，遙憐書客感秋襟。
男兒事業元非少，易學淵源儘自深。
古聖尙資三絶讀，先天誰和一篇吟。
我今衰老君方壯，驅駕風霆更勵心。

KBP0744(詩-別卷1-329~330)

寄<u>島潭</u> <u>李而盛</u>³⁶⁵

(詩-別卷1-329)

憶昨君來過我門，西風霞岜對雙尊。
如今獨臥思君處，十月黃花滿一園。

(詩-別卷1-330)

形勝<u>龜潭</u>勝<u>島潭</u>，可能移就結茅庵？
他年我亦尋君去，白石靑雲飽共參。

<hr>

364 丙辰年(明宗11, 1556년, 56세) 8월 29일 禮安에서 쓴 시로 추정된다.
365 丙辰年(明宗11, 1556년, 56세) 10월 禮安에서 쓴 시로 추정된다.

KBP0745(詩-別卷1-331)

龜潭[366]

潭洞谺呀壁兩邊，赤城南下浩雲烟。

當年我夢仇池穴，昨日君窺一線天。

陶·陸不妨邀酒社，朱·陳何幸免租仙？

他時儻許俱栖遯，掣月巖風不要錢。

【時朝命丹郡復租賦十年，李而盛棄官來，卜居潭上[367]。】

KBP0746(詩-別卷1-332)

九月二十九日，溪堂卽事[368]

冷雨寒烟暝一山，園林蕭索菊花斑。

但知抵死芳香在，不管風霜夜夜寒。

KBP0747(詩-別卷1-333)

遊太子山盤石【丁巳】[369]

千劫沙磨與溜穿，滑於冰玉白於氈。

---

366 丁巳年(明宗12, 1557년, 57세) 6~7월경 禮安에서 쓴 시로 추정된다.

367 上 : 初本(3책, 別集)의 뒤에 "自註"가 있다.

368 丙辰年(明宗11, 1556년, 56세) 9월 29일 禮安에서 쓴 시로 추정된다.

369 丁巳年(明宗12, 1557년, 57세) 4월 9일 禮安에서 쓴 시로 추정된다. 初本(3책,

我來盡日忘歸去，聽取宮商合自然。

KBP0748(詩-別卷1-334)

有歎[370]

誰爲平生一瓣香？ 失稽文獻意空長。
盍簪安得如蘭臭，日夕研磨共對牀？

KBP0749(詩-別卷1-335～336)

次韻金惇叙[371]

(詩-別卷1-335)

人正虛襟對窓几，草含生意滿庭除。
欲知物我元無間，請看眞精妙合初。

(詩-別卷1-336)

冰輪遙夜正圓明，坐覺人間玉界成。
獨得一般淸意味，梧桐深院邵先生。

別集)에 "遊大紫太山盤石【丁巳○一首見內集】"으로 되어 있다. 初本(3책, 別集)의 부
전지에 "本二首, 而一首在內集中."으로 되어 있다. 〔編輯考〕이 시는 內集 卷2의 〈遊
太子山盤石〉(KNP0205)과 합편해야 한다.

370 丁巳年(明宗12, 1557년, 57세) 4～6월경 禮安에서 쓴 시로 추정된다.

371 丁巳年(明宗12, 1557년, 57세) 4～6월경 禮安에서 쓴 시로 추정된다.

KBP0750(詩-別卷1-337)

**歲終, 齋生琴聞遠、琴壎之【應壎】、金子厚【壎】將歸, 示詩相勉,
亦以自警, 警安道**[372]

科目掀飜失友朋, 寂寥林下坐如僧。
況君所業非吾長, 來往相從愧莫勝。

KBP0751(詩-別卷1-338～341)

山中偶書[373]

(詩-別卷1-338)

鏘鳴金玉引泉長, 滿注陂田銀漢光。
不待樊遲猥問聖, 老於農圃自知方。

(詩-別卷1-339)

抱病巖居豈便休? 晚聞下士恥庸流。
拔貧擬結山南舍, 更爲藏書作小樓。

---

372 丁巳年(明宗12, 1557년, 57세) 12월 하순경 禮安에서 쓴 시로 추정된다. 初本(3
책, 別集)의 뒤에 "本五首, 而三首見內集, 一首見。"이라고 하였다. 初本(3책, 別集)의
부전지에 "本五首, 而三首在內集中, 一首在此別集, 一首當在外集。此上當書贈錦溪
詩一絶, 見卷末。"이라고 하였다. 〔編輯考〕 이 시는 內集 卷2의 〈歲終, 琴聞遠・琴壎之・
金子厚將歸, 示詩相勉, 亦以自警, 警安道。三首〉(KNP0213)와 합편해야 한다.
373 丁巳年(明宗12, 1557년, 57세) 12월 하순 禮安에서 쓴 시로 추정된다.

(詩-別卷1-340)

古來隱逸播芬香, 誰免玄虛墮老黃?
最是狂奴服仁義, 千秋一語動君房。

(詩-別卷1-341)

物情凝點喻螗蟬, 心地清汙比水泉。
獨向山高澗[374]深處, 晴雲芳草對閒眠。

KBP0752(詩-別卷1-342)

枕流亭【戊午】[375]

江亭綠酒泛東風, 白鳥雙雙水映空。
醉後渾忘返溪舍, 夢魂清切碧窗中。

KBP0753(詩-別卷1-343~344)

李秀才【珥字叔獻】**見訪溪上, 雨留三日**[376]

(詩-別卷1-343)

早歲盛名君上國, 暮年多病我荒村。

---

374 澗 : 初本(3책, 別集)에 "磵"으로 되어 있다.

375 戊午年(明宗13, 1558년, 58세) 1~2월경 禮安에서 쓴 시로 추정된다.

376 戊午年(明宗13, 1558년, 58세) 2월 9일 禮安에서 쓴 시로 추정된다. 初本(3책, 別集)의 뒤에 "本七首, 而一首見內集, 四首見。"이라고 하였다. 初本(3책, 別集)의

那知此日來相訪，宿昔幽懷可款言？

(詩-別卷1-344)

才子欣逢二月春，挽留三日若通神。
雨垂銀竹捎溪足，雪作瓊花裹樹身。
沒馬泥融行尙阻，喚晴禽語景纔新。
一杯再屬吾何淺？ 從此忘年義更親。

KBP0754(詩-別卷1-345)

和仁仲[377]

居隔粼粼一水清，雲中雞犬可聞聲。
欲書四字非無意，那復精微欠講明？

부전지에 "本七首, 而一首在內集中, 二首在此, 外集中四首, ■在別集次."라고 하였
다. 〔編輯考〕이 시는 內集 卷2의 〈李秀才 叔獻, 見訪溪上〉(KNP0215) 및 外集 卷1
의 〈贈李叔獻, 四首〉와 합편해야 한다.

377 戊午年(明宗13, 1558년, 58세) 6월 9일경 禮安에서 쓴 시로 추정된다. 初本(3
책, 別集)에 〈和仁仲【一首見內集。】〉으로 되어 있다. 初本(19책, 書簡)에 〈答李仁仲
明字韻【在仁仲所】〉로 되어 있다. 初本(3책, 別集)의 부전지에 "本三首, 而一首在內
集中。"이라고 하였다. 〔編輯考〕이 시는 內集 卷2의 〈答李仁仲〉(KNP0218) 및 外集
卷1의 〈答李仁仲明字韻〉과 합편해야 한다.

KBP0755(詩-別卷1-346~347)

次觀物閔景說韻[378]

親故居隣境者，忽寄示觀物翁去乙卯歲送余歸鄉詩二篇，
不言其所從得，竟不知何自來，而所以慰懷則深矣. 次韻
抒情，庶他日爲觀物所見，其起感當不異於今日.

(詩-別卷1-346)

老病辭丹闕，歸來隱舊丘。
親交長鴈斷，山水足人留。
酒憶湖船[379]別，詩尋玉府遊。
今朝眞不意，披翰笑臨流。

(詩-別卷1-347)

何處傳詩札？君曾送我行。
事追三歲久，言覺萬金輕。
把鏡霜侵鬢，看書霧隔明。
近來知學退，慚愧寄深情。

---

378 戊午年(明宗13, 1558년, 58세) 6월 9일경 禮安에서 쓴 시로 추정된다.

379 船 : 初本(3책, 別集)에는 "舡"으로 되어 있다.

從姪憑索詠園中花卉八首[380]

(詩-別卷1-348)

松

騰龍偃蓋老逾奇，不見先人手植時。
獨有諸孫桑梓感，千秋巢鶴故應知。

(詩-別卷1-349)

菊

秋來無處問羣芳，獨向霜園擅色香。
只爲眞知陶後鮮，何人不把作重陽？

(詩-別卷1-350)

梅

眞白眞香世外姿，市橋官閣總非宜。
杜陵枉費天工句，直待逋仙作己知。

(詩-別卷1-351)

竹

竹君高節歲寒靑，此地寒多屢挫生。
儘把護寒深作計，年年看取籜龍爭。

---

380 戊午年(明宗13, 1558년, 58세) 6~9월경 禮安에서 쓴 시로 추정된다.

(詩-別卷1-352)

牧丹

不是姚家與魏家，豐肌秀色炫光華。

世人自作妖淫過，錯道花王逞許奢。

(詩-別卷1-353)

躑躅

舊聞嵩少映千層，東國緣稀價亦增。

等是乾坤施造化，不妨呼酒賞霞蒸？

(詩-別卷1-354)

芍藥

楊州千品鬪芳華，羅綺嬌遊俗轉訛。

何似後園糚爍爍，一尊相對聽鶯歌？

(詩-別卷1-355)

四季

翠裁爲葉玉爲枝，花映丹霞趁四時。

若把閨房比貞色，漢宮辭輦有班姬。

舟行東歸, 南時甫追至大灘, 同行有絶句, 次韻【己未】[381]

學到能尋考亭緒, 方知河伯謾誇河。
我曾用力嗟無得, 心切還堪愧老婆。

退溪先生文集

外集　卷一

KWP0758(詩-外卷1-1)

前日, <u>綏之</u>家偶成勝事, 出門便爲陳迹. 不可無一語以記一時之
事. 昨見<u>金</u>·<u>李</u>兩公詩, 其事又頗相類, 敢和一篇, 奉呈案下, 伏
冀賡章. 庶幾他日聯寄<u>綏之</u>, 以發一笑[1]

偶然相値便成奇, 春入池亭別樣姿。
昨日獨來因我病, 今朝共會似天知。
溪頭雨暗留人夕, 墻角雲低送酒時。
好繼前賢爲勝事, 從君投轄寫襟期。

KWP0759(詩-外卷1-2)

再送詩板, 必求至精, 眞可謂好事. 但恐拙句不足以副厚望耳. 然
後篇改'難'字爲'應'字, 自謂深得意趣, 非君再送, 何得此耶? 古
人云, "得句喜於得官", 豈不信哉. 且君於文雅, 留意致精如此,
若於兵法亦能如此, 則其斫樹何止構一亭而已. 故以此戲爲絶句,
幷上博一笑【<u>濯淸</u>二律見下。】[2]

知君學劍久無成, 文雅如今要極精。
若學<u>孫</u>·<u>吳</u>能似此, 奇謀何止構溪亭?

---

1 年月未詳(46세 이전), 禮安에서 쓴 시로 추정된다.

2 甲辰年(中宗39, 1544년, 44세) 4~6월경 서울에서 쓴 시로 추정된다.

KWP0760(詩-外卷1-3~4)

濯清主人寄余書, 有假寓江皐之嘲, 戲贈二絕[3]

(詩-外卷1-3)

月瀾庵裏病閒人, 避病元非避俗塵。
可笑錯將周子比, 馳烟空擺碧蘿春。

(詩-外卷1-4)

莫向江皐嘲假寓, 吾今因病得閒時。
濯清儘有幽居味, 還恐傍人泣染絲。

KWP0761(詩-外卷1-5~6)

再次二首[4]

(詩-外卷1-5)

匹馬歸來訪故人, 素衣猶帶洛陽塵。
開樽且作花前醉, 莫負山中第一春。

(詩-外卷1-6)

花映欄干柳拂池, 溪山渾似昔年時。
只應笑我重來客, 多病顔衰鬢雪絲。

---

3 丙午年(明宗1, 1546년, 46세) 3월 禮安에서 쓴 시로 추정된다.
4 丙午年(明宗1, 1546년, 46세) 3월 禮安에서 쓴 시로 추정된다.

KWP0762〈詩-外卷1-7~8〉

濯淸亭, 贈主人金綏之。二首[5]

〈詩-外卷1-7〉

一樹梨花潑雪花[6], 東風吹動滿簾香。
十分且作留連飲, 何用花前更訴觴?

〈詩-外卷1-8〉

夜起壺觴不用揮, 一般淸景要須知。
梨花院落如銀海, 正是方塘月印時。

KWP0763〈詩-外卷1-9~11〉

戱贈金綏之。三首[7]

〈詩-外卷1-9〉

矮傾書屋面陽開, 載酒欣逢慰寂來。
水站軍鋪休更辨, 頹然一醉臥窓隈。

---

5 辛亥年(明宗6, 1551년, 51세) 3월 18일경 禮安에서 쓴 시로 추정된다. 庚本・擬
本・甲本에 〈濯淸亭, 贈主人金綏之〉으로 되어 있다. 〔編輯考〕 이 시는 別集 卷1의
〈濯淸亭, 示主人金綏之【綏】〉(KBP0675)와 합번해야 한다.

6 花 : 樊本・上本의 두주에 "雪花之'花'字, 草本作'明'字."라고 하였다. 鄭校에 "化疑
從'方'."이라고 하였다.

7 辛亥年(明宗6, 1551년, 51세) 6월 禮安에서 쓴 시로 추정된다. 庚本・擬本・甲本에
〈戱贈金綏之〉로 되어 있다.

（詩-外卷1-10）

好山多處小莊開，著眼何人賞靜來？

美句含譏還自蔽，君家亦在最深隈。

（詩-外卷1-11）

霞峯形勝得天開，漱石亭基已卜來。

莫把愚巖論勝負，從他漁父兩爭隈。

KWP0764(詩-外卷1-12～13)

挽金綏之。二首[8]

（詩-外卷-12）

投轄陳無檢，治生馬不貧。

蓮花雖小捷，楊葉竟空神。

積慶遺三子，稀年失五春。

佳城無白日，誰與樂相[9]親？

（詩-外卷-13）

壽耈吾鄉美，今年痛不任。

枕流波電謝，愛日景雲沈。

---

8 乙卯年(明宗10, 1555년, 55세) 윤11월 16～30일경, 禮安에서 쓴 시로 추정된다.
庚本·擬本·甲本에 〈挽金綏之〉로 되어 있다.

9 相 : 樊本·上本의 두주에 "相字, 一本'情'字。"라고 하였다.

索寞歡娛地，凄涼故舊心。

臨風寫薤露，老淚自盈襟。

KWP0765(詩-外卷1-14)

題江陵通判金伯榮所送遊鏡浦臺圖[10]

身非騎鶴向瀛蓬，怪底仙洲入眼中。

澹澹環臺湖拭鏡，迢迢截海岸圍虹。

誇傳競慕蘭舟戲，敕賜誰憐剡曲風？

宴罷瑤池眞一夢，急須商略付良工。

KWP0766(詩-外卷1-15)

謝伯榮送靑石硯[11]

靑石硯從遼地産，麟山遠寶寄陶山。

方知老筆如神助，鶴海天風入座[12]寒。

---

10 年月未詳(57~60세 추정)，禮安에서 쓴 시로 추정된다.

11 年月未詳，禮安에서 쓴 시로 추정된다. 定本에 〈謝送靑石硯〉으로 되어 있다.

12 座 : 定本에 "坐"로 되어 있다.

KWP0767(詩-外卷1-16)

挽金上舍可行¹³

名薦芙蓉榜，人間卅四年。

不嫌身晦約，叵耐病纏綿。

棣萼長辭樂，芝蘭未畢緣。

最傷終訣語，歷歷在人傳。

KWP0768(詩-外卷1-17)

送金惇敍¹⁴

君指望洋我刮龜，君來正¹⁵值我歸時。

丈夫事業如行遠，發軔須從正路馳。

KWP0769(詩-外卷1-18~19)

喜諸君見訪。二首¹⁶

(詩-外卷1-18)

歷險尋幽打硯門，主人驚喜失愁煩。

---

13 丙寅年(明宗10, 1566년, 66세) 10월~윤10월경 禮安에서 쓴 시로 추정된다.

14 年月未詳, 禮安에서 쓴 시로 추정된다.

15 正 : 樊本·上本의 두주에 "正字, 一本作'況'字."라고 하였다.

16 年月未詳, 禮安에서 쓴 시로 추정된다. 庚本·擬本·甲本에 〈喜諸君見訪〉으로 되

簷前負日蒲隨地，洞裏禁春雪映樽。
見事苦遲非適用，鑽書欲學是狂言。
請君聽取嚶嚶鳥，此道如今詎不存？

(詩-外卷1-19)

巖居不必爲無求，褊性從來合置幽。
已怵崎嶇勞僕馬，何妨寂寞老山丘？
旋將薄酒澆深恨，擬把長閒作勝遊。
病脚莫愁難逐景，猶能携杖與乘舟。

KWP0770(詩-外卷1-20~21)

次韻惇敍與庇遠·章仲雪後唱酬之作[17]

(詩-外卷1-20)

雪應吾君一念餘，天心仁愛信非疎。
明年麥熟徵先見，此日冬溫沴已虛。
有客尋山迷失路，知君扃戶出無驢。
履穿多病溪堂叟，猶擁熏鑪煖腹書。

(詩-外卷1-21)

淸齋遙夜耿寒燈，雪句搜尋和友朋。

어 있다.

17 年月未詳, 禮安에서 쓴 시로 추정된다.

老病欲抛鉛槧[18]事, 因君挑撥意飜興。

KWP0771(詩-外卷1-22~23)
士敬以病未遂清凉之約, 有作夾之所和韻。二首[19]

(詩-外卷1-22)

玉立千崖間碧紅, 雲遮仙賞不多重。
恐君結習餘些子, 飛步無緣閬苑中。

　　右戲惇敍

(詩-外卷1-23)

幸未相隨入軟紅, 同攀仙嶽約重重。
有他中路芙蓉主, 舉白眞堪罰一中。

　　右戲士敬

惇敍非不能獨尋, 士敬病猶可勉尋, 而皆不爾. 士敬又無
一詩, 尤不當故云. 士敬於今, 不可無言, 夾之一詩太少,
亦不可不追徵也。

---

18 鉛槧 : 柳校에 "恐與鉛槧同, 又或'槧'之誤."라고 하였다.

19 甲子年(明宗19, 1564년, 64세) 4월 17~30일경, 禮安에서 쓴 시로 추정된다.
庚本·擬本·甲本에 〈士敬以病未遂清凉之約, 有作夾之所和韻〉으로 되어 있다.

KWP0772(詩-外卷1-24)

重陽, 病中示諸君[20]

三年不作登高會, 此日兼逢未播香。
好待明年誇落帽, 莫敎玄鬢總如霜。

KWP0773(詩-外卷1-25)

出山韻[21]

矯翮同超世, 辭雲獨墮塵。
從今淸夜月, 仙夢繞山頻。

KWP0774(詩-外卷1-26)

野池[22]

露草夭夭繞碧坡[23], 小塘淸活淨無沙。
雲飛鳥過元相管, 只恐[24]時時燕蹴波。

---

20 年月未詳. 禮安에서 쓴 시로 추정된다.

21 乙卯年(明宗10, 1555년, 55세) 윤11월 14일경. 禮安에서 쓴 시로 추정된다.

22 戊寅年(中宗13, 1518년, 18세) 1~3월경. 禮安에서 쓴 시로 추정된다.

23 碧坡 : 樊本·上本의 두주에 "碧坡, 一本作'水涯'."로 되어 있다. 養校에 "碧坡, 〈年譜〉'水涯'."라고 하였다.

24 恐 : 樊本·上本의 두주에 "恐, 一本作'怕'."라고 하였다. 養校에 "恐, 〈年譜〉'怕'."

詠懷²⁵

獨愛林廬萬卷書，一般心事十年餘。
邇來似與源頭會，都把吾心看太虛。

題龍壽寺²⁶

晚過龍門醉似泥，頹然僧榻我爲誰？
覺來神骨清如許，政是東山月上時。

寄題金綏之 濯清亭【二首】²⁷

(詩-外卷1-29)

山擁溪回抱一亭，主人非是冷書生。

라고 하였다.

25 己卯年(中宗14, 1519년, 19세), 禮安에서 쓴 시로 추정된다.

26 年月未詳, 禮安에서 쓴 시로 추정된다.

27 甲辰年(中宗39, 1544년, 44세) 3월 23일, 서울에서 쓴 시로 추정된다. 庚本·擬本
에 〈寄題金綏之 濯清亭〉으로 되어 있다.

珍羞八百叱奴取，美酒十千投轄傾。

斫樹奇謀人未識，穿楊妙技客誰爭？

濯清儘有風流在，竹簟冰肌到骨清[28]。

(詩-外卷1-30)

堪笑乾坤一草亭，杜陵詩句我平生。

種來湖橘應成長，留得囊錢任倒傾。

夢裏每尋溪友約，席間行見野人爭。

何當結屋清泉上，不使君家獨占清？

KWP0778(詩-外卷1-31~34)

送金惇敍之玄風。四首[29]

(詩-外卷1-31)

嗟君與世異酸鹹，數日來從此澗庵。

愧我空虛無寸益，卻資麗澤好相參。

(詩-外卷1-32)

何忍身爲小丈夫？盛年努力指前途。

如吾病劣那容說，有志終成不滿隅。

---

28 淸：樊本‧上本의 뒤에 "斫樹奇謀人未識, 一本作戲彩深歡人共慕'."라고 하였다.

29 年月未詳, 禮安에서 쓴 시로 추정된다. 庚本‧擬本‧甲本에〈送金惇敍之玄風〉으로 되어 있다.

(詩-外卷1-33)

歲暮分携別有愁，離羣誰與事探搜？
此行正值梅花發，應對瓊枝憶共遊。

(詩-外卷1-34)

玄風見說盛儒風，邑長今同化蜀翁。
學問要須明義利[30]，他年儻得發吾蒙。

KWP0779(詩-外卷1-35)

次韻答金惇敍[31]

人情物理鮮能天，姜被知君本自連。
分樹不堪猶復合，同根何事或相煎？

KWP0780(詩-外卷1-36)

次鏡浦臺微字韻[32]

看詩看畫不熹微，鏡浦江門玉一圍。
況是君家好兄弟，蘭舟同上白鷗飛。

---

30 利 : 上本에는 "理"로 되어 있다.

31 年月未詳, 禮安에서 쓴 시로 추정된다.

32 庚申年(明宗15, 1560년, 60세), 禮安에서 쓴 시로 추정된다.

次丘山書院韻[33]

看圖知院稱嘉名，病謝鋪張愧不情。
寄語諸君好堅坐，從來出入害工程。

> 頃年在京師，咸君可中以丘山書院圖及創院首末來示，苦
> 勸作記．僕方在病中，未得應副，至今以爲恨．今見惇敍
> 訪院絶句，益令人起感．又詩中言諸生皆散去院空，故末
> 句云耳．

金惇敍和余所和琴夾之遊山諸作，就其中復和二首，卻寄二君[34]

(詩-外卷1-38)

雖云[35]萬物備吾身，老去常憂虛作人。
賴有前言[36]明此理，豈無窮巷樂餘春？
靑雲舊友多疑舊，白面新知少信新。
問子[37]隱功深策勵，忽[38]如對榻講論親。

---

33 庚申年(明宗15, 1560년, 60세), 禮安에서 쓴 시로 추정된다.

34 辛酉年(明宗16, 1561년, 61세) 5~6월경, 禮安에서 쓴 시로 추정된다.

35 云 : 樊本·上本의 두주에 "一本, 云作'知'."라고 하였다.

36 言 : 樊本·上本의 두주에 "言作'經'."이라고 하였다.

右讀書有感

（詩-外卷1-39）

長夏幽居澗水濱，一庭苔綠草生新。
詩來潛發吾心感，不是空身覓舉人。
　　右溫繹有感

KWP0783（詩-外卷1-40）

示金惇敍[39]

點樂難從且學淵，非求地底與天邊。
勸君火急添功用，莫慢追思廿載前。

KWP0784（詩-外卷1-41）

紅梅韻[40]

玉骨【骨作貌】丹砂略試裝，羣芳甘與讓韶光。
嘉栽已得來同社，不分君家獨擅香。

---

37 問子 : 樊本・上本의 두주에 "一本, 問子作'聞把'。"라고 하였다.
38 忽 : 樊本・上本의 두주에 "忽作'悅'。"이라고 하였다.
39 年月未詳, 禮安에서 쓴 시로 추정된다.
40 年月未詳, 禮安에서 쓴 시로 추정된다.

汾川紅梅，去年取接條來接，不活．今得栽於安東[41]來植，
故因見公吟賞絕句，而并及之．

KWP0785(詩-外卷1-42)

追次金惇敍西行留別諸友韻[42]

圖南君去慕鵬遊，事異行裝[43]獨倚樓。
我亦今爲天放客，回頭何奈卻生愁？

KWP0786(詩-外卷1-43~44)

次集勝亭韻。二首[44]

(詩-外卷1-43)

地平江闊畫難成，窓對仙雲海色淸。
塵世幾人能到此？滄波白鳥共閒情。

---

41 東：樊本・上本의 두주에 "東字下，草本有'人家'二字．"라고 하였다.

42 癸亥年(明宗18, 1563년, 63세) 2월 1~15일경, 禮安에서 쓴 시로 추정된나. 定本
에 〈追和金惇叙留別諸韻〉으로 되어 있다.

43 裝：定本에 "藏"으로 되어 있다.

44 年月未詳. 禮安에서 쓴 시로 추정된다. 庚本・擬本・甲本에 〈次集勝亭韻〉으로 되
어 있다.

(詩-外卷1-44)

攬秀高亭擅勝名，遙岑景物眼中生。
長江近海平逾闊，曲島縈沙逈更明。
蕩箔鎔金延月上，跳舟活玉帶烟橫。
世人豈識江湖事，飜訝吾言太不情。

KWP0787(詩-外卷1-45)

溪莊病中，喜鄭直哉來訪[45]

節飲期君善養身，君來莫怪勸頻頻。
那將五十年前面，更負逢場酒入脣。

KWP0788(詩-外卷1-46)

王母城[46]

仙符猶足禦神姦，底用城池縹緲間。
應是此鄉爲福地，故留靈壁鎭高山。

---

45 年月未詳. 禮安에서 쓴 詩로 추정된다.
46 年月未詳. 禮安에서 쓴 詩로 추정된다.

KWP0789(詩-外卷1-47)

玉堂憶梅[47]

一樹庭梅雪滿枝，風塵湖海夢差池。
玉堂坐對春宵月，鴻鴈聲中有所思。

KWP0790(詩-外卷1-48~51)

贈李叔獻。四首[48]

(詩-外卷1-48)

病我牢關不見春，公來披豁醒心神。
已知名下無虛士，堪愧年前闕敬身。
嘉穀莫容稊熟美，纖塵猶害鏡磨新。
過情詩語須刪去，努力工夫各日親。

(詩-外卷1-49)

三日霑霖變玉華，滿空飄絮地滋芽。
東君愧乏詩人賞，粧點園林替萬花。

47　壬寅年(1542, 中宗37, 42세) 3월 1~18일 서울에서 쓴 시로 추정된다. 〔資料考〕
이 시는《梅花詩》에도 실려 있다.

48　戊午年(1558, 明宗13, 58세) 2월 9일 禮安에서 쓴 시로 추정된다. 〔編輯考〕이
시는 內集 卷2의〈李秀才 叔獻，見訪溪上〉(KNP0215) 및 別集 卷1의〈李秀才【珥,
字叔獻。】見訪溪上，雨留三日〉(KBP0753)과 합편해야 한다. 庚本・擬本・甲本에는
〈贈李叔獻〉으로 되어 있다.

靄靄斯須失遠山，噪飢鴉鵲自飛還。

飜嫌不共晴妍日，綠水芳郊洗眼看。

別我雲中屋，行穿海上山。

忍心艱險際，謔俗旅遊間。

本厚華應曄，源深水自瀾。

煩君時寄札，千里慰憮閒。

KWP0791（詩-外卷1-52~53）

芝山蝸舍。二首[49]

高齋瀟灑碧山傍，祇有圖書萬軸藏。

東澗遶門西澗合，南山接翠北山長。

白雲夜宿留簷濕，清月時來滿室涼。

莫道山居無一事，平生志願更難量。

卜築芝山斷麓傍，形如蝸角祇身藏。

---

49 辛卯年（1531, 中宗26, 31세）禮安에서 쓴 詩로 추정된다. 庚本・擬本・甲本에는
〈芝山蝸舍〉로 되어 있다.

北臨墟落心非適, 南挹烟霞趣自長。

但得朝昏宜遠近, 那因向背辨炎涼?

已成看月看山計, 此外何須更較量?

KWP0792(詩-外卷1-54)

禪崚上人將遊楓岳[50]**, 再贈一絶**[51]

飄然不繫野雲蹤, 一錫將凌二萬峯。

若得無多眞法妙, 不如歸坐舊山中。

KWP0793(詩-外卷1-55)

源師曾見於鳳停寺, 今携金後凋詩來示, 次一絶云[52]

白足袖詩來見我, 五年一夢憶天燈。

坐談舊事如舟壑, 莫怪衰顏露骨層。

---

50 岳 : 上本에는 "嶽"으로 되어 있다.

51 年月未詳. 禮安에서 쓴 시이다.

52 年月未詳. 禮安에서 쓴 시이다.

KWP0794(詩-外卷1-56)

挽李上舍【克儉】[53]

玉詑連城價，鵬慾萬里期。

人皆嗟失馬，公獨哂悲絲。

一夕仍諧謔，中身遽化遺。

病□難赴葬，和淚寫哀詞。

KWP0795(詩-外卷1-57)

挽淑人金氏[54]

從來閨秀作門楣，積善陰功是福基。

柳母教兒常試膽，梁妻擧案必齊眉。

聯翩見折蟾宮桂，突兀行銘婦德碑。

唯有慈烏風樹怨，極天蟠地盡無期。

KWP0796(詩-外卷1-58)

挽朴上舍【珩】[55]

大節潘南後，冲然秀氣鍾。

---

53 年月未詳. 禮安에서 쓴 시이다.

54 戊申年(1548, 明宗3, 48세) 10~12월 丹陽 또는 豐基에서 쓴 시로 추정된다.

55 己酉年(1549, 明宗4, 49세) 6~8월 豐基에서 쓴 시로 추정된다.

斂華無慕外，守道儘安窮。
謝寶庭階列，于門駟駕通。
忽聞封馬鬣，衰淚落秋風。

KWP0797(詩-外卷1-59)

贈宗粹上人[56]

萬事終歸一指薪，勞生何用敝精神？
三杯飲酒猶通道，五斗吞蔥不耐辛。
黃卷舊聞天外樂，白雲今見意中人。
妙峯宴坐觀空處，眞覺人間一聚塵。

KWP0798(詩-外卷1-60)

寄子中[57]

我齒如君尙礪心，中間虛負好光陰。
回車自嘆迷途遠，食篸方知悅味深。
當處便行無物礙，用時雖晦絕塵侵。
檢身不及其如子？歸去工夫只在欽。

---

56 年月未詳. 禮安에서 쓴 시이다.
57 年月未詳. 禮安에서 쓴 시이다.

出山半途遇雪，寄鄭子中，兼示諸姪[58]

千巖萬壑裹瓊瑤，一色琪花亂眼飄。
獨出仙山緣一病，思君回首更迢迢。

是日宿博石村舍，夜起看月[59]

千丈瓊崖抱玉溪，夜寒霜冷月高低。
他年此地來幽伴，會闢雲窓一畝棲。

出山明日，次韻答黃仲擧。二首[60]

(詩-外卷1-63)

病人[61]聊[62]作入山謀，難與傍[63]人說[64]所由。

58　乙卯年(1555, 明宗10, 55세) 윤11월 14일 禮安에서 쓴 시로 추정된다.

59　乙卯年(1555, 明宗10, 55세) 윤11월 14일 禮安에서 쓴 시로 추정된다.

60　乙卯年(1555, 明宗10, 55세) 윤11월 15일 禮安에서 쓴 시로 추정된다. 文草에 "兩得辱贈佳篇六首, 病倦忓遽, 未及畢和, 姑以兩首少塞厚顧, 笑覽幸甚。"이라고 하였다. 庚本·擬本·甲本에 〈出山明日, 次韻答黃仲擧〉로 되어 있다.

61　人 : 文草에는 "夫"로 되어 있다.

絶境隱雲盤幾里？ 高[65]標擎漢立千秋。

瑤臺頃刻如[66]神幻，玉闕鴻荒類[67]鼇舟。

靜[68]對碧窓看《易》理[69]，平章軀體[70]更何求？

【自註，‘瑤臺’，言雪；‘玉闕’，指山城城闕故址。】

　　右，入山[71]

（詩-外卷1-64）

崔崒雲埋雪意沈，山居病客悄中心。

千崖凍合摧羚角，一室寒侵瘶佛金。

骨法尚疑餐玉屑，肩輿還愧出瓊林。

故人不有如蘭贈，窮巷何緣寫鬱襟[72]？

　　右，出山[73]

62 聊 ： 文草에는 “自”로 되어 있다.

63 難與傍 ： 文草에는 “一唉傍”으로 되어 있다.

64 說 ： 文草에는 “問”으로 되어 있다.

65 高 ： 文草에는 “孤”로 되어 있다.

66 如 ： 文草에는 “疑”로 되어 있다.

67 類 ： 文草에는 “失”로 되어 있다.

68 靜 ： 文草에는 “但”으로 되어 있다.

69 理 ： 文草에는 “象”으로 되어 있다.

70 軀體 ： 文草에는 “身外”로 되어 있다.

71 自註……入山 ： 文草에 “右，入山【瑤臺言雪，玉闕指山城城闕。】”로 되어 있다.

72 襟 ： 文草에는 “懷”로 되어 있다.

73 山 ： 文草에는 뒤에 “次錦溪韻。”이 있다.

KWP0802(詩-外卷1-65)

溪齋, 寄⁷⁴鄭子中⁷⁵

茅齋深處石溪寒, 蕭瑟金風白玉灣。
盡日待君君不到, 碧雲銜照帶屛顏。

KWP0803(詩-外卷1-66~67)

前日靜存書末, 有"嶺梅吐芬時寄一枝"之語。今年此間, 節物甚異, 四月羣芳始盛而梅發與之同時。人或以是爲梅恨, 是非眞知梅者, 乃⁷⁶所處之地, 所遇之時然耳。適答靜存書, 因寄梅片, 兼此二絶, 亦不可不示左右。願與靜存共惠瓊報, 庶幾爲梅兄解嘲也⁷⁷

(詩-外卷1-66)

梅花天惜太孤絶, 且並羣芳發素葩。
莫與國香論早晚, 眞貞元不競年華。

(詩-外卷1-67)

不將南北分先後, 肯把初終有異同?
折寄遙憐人似玉, 晦庵詩句表深衷。

---

74 寄: 樊本·上本의 두주에 "'寄', 一本'待'。"라고 하였다. 養校에 "'寄', 《目錄》'待'。"라고 하였다.

75 年月未詳. 禮安에서 쓴 시이다.

76 乃 : 養校에 "'乃', 《目錄》'脫'。"이라고 하였다.

77 辛酉年(1561, 明宗16, 61세) 4월 禮安에서 쓴 시로 추정된다.

KWP0804(詩-外卷1-68~98)

辛亥早春, 趙秀才士敬訪余於退溪, 語及具上舍景瑞、金秀才秀卿所和權景受六十絕幷景瑞五律。余懇欲見之, 士敬歸卽寄示, 因次韻遣懷[78]

(詩-外卷1-68)

三三兩兩屋成村, 日出爲朝日入昏。

莫笑山中牢落甚, 人烟猶帶太平痕。

(詩-外卷1-69)

寒谷春回尙未暄, 閉門欹枕護眞元。

今朝喜見君來訪, 繙閱遺編得共論。

(詩-外卷1-70)

嗟我生平百事遲, 自慙孤陋鬢成絲。

永嘉數子雖曾識, 今日因君更得知。

【具、金、權, 皆安東人。】

---

78 辛亥年(1551, 明宗6, 51세) 1월 하순 禮安에서 쓴 시로 추정된다. 〔編輯考〕 이 시는 內集 卷2의 〈閒居, 次趙士敬、具景瑞、金舜擧、權景受諸人唱酬韻。十四首〉 (KNP0123), 內集 卷2의 〈有嘆〉(KNP0124) 및 別集 卷1의 〈閒居, 次趙士敬【穆】、具景瑞【鳳齡】、金舜擧【八元】、權景受【大器】相唱酬韻【辛亥】〉(KBP0667)와 합편해야 한다. 〔資料考〕 이 시는 《先祖文純公遺墨〔詩草、家書〕帖》(檀國大學校 圖書館 所藏)에도 실려 있다.

(詩-外卷1-71)

愁緒如抽獨繭長, 不堪羸瘦似東陽。

吟詩可滌幽憂疾, 口角瀾飜[79]百卅章。

【景瑞、秀卿詩, 合一百三十首。】

(詩-外卷1-72)

老覺繁華意易闌, 須知淡泊是眞歡。

可憐中道倀倀甚, 不自收身及早還。

(詩-外卷1-73)

濫恩當日偶將通, 隨分如今得返窮。

自笑於人都不逮, 嘐嘐援古欲追蹤。

(詩-外卷1-74)

愚戀從來苦信書, 況逢佳友慕塵餘?

具君前後雖三見, 瞥地還分一夢如。

(詩-外卷1-75)

初見基山喜若驚, 終朝鈴閣對筵淸。

別來我亦歸田畝, 相望悠悠但係情。

【景瑞見訪於豐基。】

---

79 飜 : 上本에는 "翻"으로 되어 있다.

(詩-外卷1-76)

清凉遊歷幾多賢？ 自古流傳是洞天。

結友來攀增所養，襟靈要妙孰窺焉？

【景瑞讀書清凉山。】

(詩-外卷1-77)

蓬門何敢望來賢？ 忽見君從小有天。

滿袖風烟留不得，病夫依舊吝萌焉。

【出山，見訪於退溪。】

(詩-外卷1-78)

去作飄然鶴背人，停雲怊悵見無因。

中間萬事何容說？ 不死如今又一春。

【景瑞又遊鶴駕山，是時，余遭家禍。】

(詩-外卷1-79)

靜裏泉鳴不厭喧，試營雲屋度朝曛。

寧知衆棄還收錄，躡凍衝寒到小軒？

(詩-外卷1-80)

羣疑未析千年上，萬慮纏消數盞中。

巢拙夜床無處著，暮天歸袂恨牽風。

【溪堂草創，無溫房，景瑞冒險夜歸。】

(詩-外卷1-81)

晚入芹宮惑未開，夢魂時惹碧松苔。

聞君已作西遊計，博約應須兩極來。

【時，景瑞將入泮。】

(詩-外卷1-82)

吏職基山愧不任，一年憂與病俱深。

箇中不有羣才子，披豁何從慰此心？

【秀卿始見於豐基。】

(詩-外卷1-83)

秀卿詩似野晴春，草色山光盡眼新。

得處若非臻妙極，何能吐句便驚人？

(詩-外卷1-84)

白雲院裏憶前春，作者如林獨步新。

竟蹶霜蹄眞怪事，由天寧復更由人？

【書院諸生課藝，秀卿最優，其秋，竟失禮闈。】

(詩-外卷1-85)

草心難得報三春，得失知君恨益新。

叵耐天何滋見惑？不如堅志更修人。

【此下，兩君皆以家貧親老，不得榮養爲恨，此則正理，而詩意皆若有過求之惑，故頗述己志以解之。】

(詩-外卷1-86)

如我曾偸桂樹春，未能榮養轉憂新。
俄然宰木風悲撼，淚到重泉不補人。

(詩-外卷1-87)

孝親曾見一家春，菽水深歡彩服新。
一逐浮名終兩失，永慙烏鳥尙爲人。

(詩-外卷1-88)

荆樹天天一氣春，連枝接葉藹如新。
只今憔悴多先謝，風雨悽然每感人。
【依兩君詩，言兄弟之情。】

(詩-外卷1-89)

山林何地不王春？病骨溫存感慨新。
犬馬身疲無力展，此心難訴意中人。
【依兩君詩，言君臣之義。】

(詩-外卷1-90)

騷人從古謾悲哀，志在君親不要回。
却怪諸君徒慕此，關心得失謂何哉？
【具、金兩君詩，皆以未遂決科榮親之願爲歎。其初，皆自景受詩發此意，故
於此指諸君而合言之。】

(詩-外卷1-91)

鵲寺逢君已恨遲，離愁如草雨中滋。

只今縱未看君面，思見君詩慰拙衰。

【景受曾於鵲庵相見。】

(詩-外卷1-92)

吾雖不見兩君見，知得君詩亦爲親。

但可先修時命地，五雲曾不隔淸宸。

【余未見景受詩，因兩君詩，得景受詩中之意。】

(詩-外卷1-93)

天不容人苟速成，吾言猶可質諸經。

不貪而得眞忠孝，愷悌神明實爾聽。

(詩-外卷1-94)

儒林多是混風塵，此道今誰肯問津？

玉唱金酬相勉學，令人踊躍氣增新。

(詩-外卷1-95)

頗向巫山惱雨雲，從來此物眩人魂。

儻才杜牧何須慕？合置浮君酒一樽。

【兩君詩，言景受有所眄，故此下三絶及之。】

(詩-外卷1-96)

由來陷溺是人心，我亦追前愧莫任。

老去只今無此夢，牛山何日秀穹林？

(詩-外卷1-97)

聞君爲業不辭勞，立志非關恥縕袍。

近日門闌衰替甚，藉君行見里門高。

【景受，余再從姪濟之壻。】

(詩-外卷1-98)

一言非智頃書中，讀罷令人面發紅。

假曰非諛亦非劇，何如質慤古人風？

【頃得士敬書，有擬論非倫不敢承者，此非謹言之道、質慤之風。士敬不思之
甚，故以是責之。】

KWP0805(詩-外卷1-99~102)

《心經絶句》，次琴聞遠韻[80]

(詩-外卷1-99)

人才堪嘆壞時文，誰向遺經討一源？

---

80 癸丑年(1553, 明宗8, 53세) 12월 27~28일경 서울에서 쓴 시로 추정된다. 〔編輯
考〕 이 시의 제2수 아래 篇末註가 붙어 있고 原韻인 琴蘭秀의 시가 두 수라는 점을
감안할 때, 제3수와 제4수는 다른 제목의 작품이 이 작품으로 잘못 묶여 들어온 것이
다. 分篇해야 한다. (《退溪先生年表月日條錄》2, 퇴계학연구원, 221~222면 참조.)
여기에서는 편의상, 원 편성을 그대로 두었다. 甲本養閒堂本에는 養校에 "此詩《目
錄》見脫."이라고 하였다. 甲本 1책의 목록을 확인해 보면 과연 이 작품의 제목이 빠져
있으나 甲本 外集에는 이 작품이 실려 있다. 〔資料考〕 이 시의 앞의 두 수는 琴蘭秀의

絶喜琴生新有得，指南經理[81]爲求門。

(詩-外卷1-100)

久愧清涼勒我文，容君棲息度靈源。
何時我亦成眞隱，壑月嵒風靜鎖門？

【一來京師，兩年未歸，聞遠尋余溪堂，用其壁上詩韻，幷和余舊所贈沙門勝
天絶句見寄。讀之，使人悵[82]然起感，因次韻却寄云。嘉靖癸丑臘月晦前數
日，溪翁草草。】

(詩-外卷1-101)

濡滯京城豈我圖？夢魂長繞去歸途。
半殘溪屋空延佇，慙愧山中尺素書。

(詩-外卷1-102)

山僧卷裏吾詩句，舊日逢僧不記年。
久客蒙君追和寄，怳如同訪玉壺天。

《惺齋先生文集》卷1에도 〈讀《心經》書二絶，上退溪先生〉의 차운시로 실려 있다.

81 理 : 두주에 "'理'，一本作'裏'。"라고 하였고，樊本에도 동일한 두주가 있다. 李校에
"'理'恐'裏'。"라고 하였다. 《惺齋集》에 "裏"로 되어 있다.

82 저본에는 "㥴"으로 되어 있으나 문맥상 "悵"의 오자로 보이므로 수정하였다.

題靈川畫竹。八絶【申公潛自號靈川，善梅竹。】⁸³

(詩-外卷1-103)

溪藤一幅牋，月庭萬尺影。

已超半全形，寧論長短境？

(詩-外卷1-104)

竿摧枝亦披，烈氣凜猶在。

森森抽四三，亦有凌雲態。

(詩-外卷1-105)

苔蘚陰崖古，風霜苦節新。

寒齋資目擊，颯爽動精神。

(詩-外卷1-106)

飄蕭帶暮烟，淅瀝鳴寒雨。

更覺攪騷腸，凄風動湘浦。

(詩-外卷1-107)

舊竹短而勁，饕風猶力戰。

新竹挺未成，何以當撼顚？

---

83 年月未詳. 禮安에서 쓴 시이다.

(詩-外卷1-108)

嘗笑老杜錯，竹多安有惡？

滿地盡風霜，看看久愈樂。

(詩-外卷1-109)

自有堅貞節，何妨偃蹇身？

子陵逢漢帝，橫足動星辰。

(詩-外卷1-110)

綠竹何太瘦？亭亭歲寒姿。

捐生餐雪日，讓國食薇時。

KWP0807(詩-外卷1-111)

將遊清凉，馬上作[84]

王母城前問葛仙，丹崖青壁玉壺天。

不應口腹資烟火，莫占人間有稅田。

　　右，過丹砂峽

---

84 甲子年(1564, 明宗19, 64세) 4월 14일 禮安에서 쓴 시로 추정된다.〔資料考〕
이 시는 柳仲淹의《巴山逸稿》에도〈次退溪先生過丹砂峽韻〉의 原韻으로 실려 있다.

KWP0808(詩-外卷1-112)

渡彌川望山[85]

曲折屢渡清清灘，突兀始見高高山。
清清高高隱復見，無窮變態供吟鞍。

KWP0809(詩-外卷1-113～114)

和愼仲所次夾之、泰和之韻[86]

(詩-外卷1-113)

皎潔千嵒白，虛明一室凉。
思君不可見，對月恨何量？

(詩-外卷1-114)

諸君慕名山，好友期同陟。
悵望終不來，苦被何纏縛。

KWP0810(詩-外卷1-115)

奉懷景靜城主[87]

前約我自停，後約公有掣。

---

85 甲子年(1564, 明宗19, 64세) 4월 14일 禮安에서 쓴 시로 추정된다.
86 甲子年(1564, 明宗19, 64세) 4월 14～17일 禮安에서 쓴 시로 추정된다.

三日遊山中，思君心不歇。

KWP0811(詩-外卷1-116)

懷士敬[88]

若人期不來，應坐無驢僕。
愛君莫資窮，愧負心蘭馥。

KWP0812(詩-外卷1-117)

屬朴生【枝[89]華】[90]

客從遠方來，遊山値變食。
獨留山舍中，看書應不輟。

KWP0813(詩-外卷1-118)

次惇叙《遊山約》韻[91]

塊居難遣鬱懷濃，作意登山一盪胸。

---

87 甲子年(1564, 明宗19, 64세) 4월 14~17일 禮安에서 쓴 시로 추정된다.
88 甲子年(1564, 明宗19, 64세) 4월 14~17일 禮安에서 쓴 시로 추정된다.
89 枝：저본에는 "之"로 되어 있는데, 《眉叟記言》에 근거하여 수정하였다. 李校에 "按文集草本, '之'作'枝', 《眉叟記言》亦作'枝'。"라고 하였다.
90 甲子年(1564, 明宗19, 64세) 4월 14~17일 禮安에서 쓴 시로 추정된다.

況有好朋相赴約，凌雲豪氣跨千峯。

KWP0814(詩-外卷1-119)
次聞余先行作韻[92]

火急尋山入紫烟，遲君相逐故無緣。
只應當日相迎笑，後著何嫌先著鞭？

KWP0815(詩-外卷1-120)
次《般若臺》韻[93]

諸勝終須讓一頭，山僧指點勸人留。
多君善學能知戒，履谷因思少過尤。

KWP0816(詩-外卷1-121)
周景遊《遊山》韻[94]

武陵遊錄筆奔騰，要學莊周說鷃鵬.

---

91 甲子年(1564, 明宗19, 64세) 4월 14~17일 禮安에서 쓴 시로 추정된다.
92 甲子年(1564, 明宗19, 64세) 4월 14~17일 禮安에서 쓴 시로 추정된다.
93 甲子年(1564, 明宗19, 64세) 4월 14~17일 禮安에서 쓴 시로 추정된다.
94 甲子年(1564, 明宗19, 64세) 4월 14~17일 禮安에서 쓴 시로 추정된다.

還道朗吟<u>南嶽</u>日，肯因豪氣說無憑？

KWP0817(詩-外卷1-122~123)

庭梅，二絕[95]

(詩-外卷1-122)

手種庭前小小梅，今年初見一枝開。
疎英不嗣芳菲節，桃李何須與作猜？

(詩-外卷1-123)

剪冰裁玉歲寒姿，開向青春欲暮時。
自是天香無早晚，不應因地有遷移。

KWP0818(詩-外卷1-124~126)

寄<u>趙士敬</u>。三首[96]

(詩-外卷1-124)[97]

踏破瓊瑤詩使來，長吟三復掩還開。

---

95 丙辰年(1556, 明宗11, 56세) 3월 禮安에서 쓴 시이다.

96 이 시는 丙辰年(1556년, 56세) 12월 9일에 지어서 보낸 第1~2首와 丁巳年(1557년, 57세) 2월 13일에 지어서 부친 第3首를 편의상 〈寄<u>趙士敬</u>〉이라는 한 제목으로 묶어놓은 것이다. 分篇해야 한다. (《退溪先生年譜月日條錄》2, 퇴계학연구원, 421면 참조) 여기에서는 원 편성 그대로 두었다. 初本(19책, 書簡)에 〈十二月九日答書〉로

箇中有趣無人共, 起向簷前笑索梅。

(詩-外卷1-125)[98]

歲暮山中冰雪明, 閉門孤坐憶君情。

書中有味如玄酒, 悅口何須大鼎烹?[99]

(詩-外卷1-126)[100]

筒製初看好, 江珍復餉鮮。

琴君何病甚, 使我劇憂煎?

KWP0819(詩-外卷1-127)

酬趙士敬明字韻[101]

白雲深處一庵淸, 庵下長江萬古聲。

되어 있고. 추기 "答趙士敬."이 있다. 庚本·甲本에는 〈寄趙士敬〉으로 되어 있다. 初本(19책, 書簡)에는 제1~2수만 실려 있다.

97 丙辰年(1556, 明宗11, 56세) 12월 9일 禮安에서 쓴 시이다.

98 丙辰年(1556, 明宗11, 56세) 12월 9일 禮安에서 쓴 시이다.

99 烹: 初本(19책, 書簡)에는 뒤에 "【此一絶, 近所寄金秀卿者。但秀卿處, '須'字誤作'殊'字, 旣送後覺之。失專句意味, 可恨。今以示君耳。】"가 있다.

100 丁巳年(1557, 明宗12, 57세) 2월 13일 禮安에서 쓴 시이다.

101 戊午年(1558, 明宗13, 58세) 6월 9일 禮安에서 쓴 시이다. 〔編輯考〕이 시는 內集 卷2의 〈和趙上舍士敬。五首〉(KNP0217)와 합편해야 한다. 〔資料考〕이 시는 《師門手簡》(第8冊, 張7)에 6首 중 다섯 번째로 실려 있다. 初本(19책, 書簡)에는 〈十七日, 酬明字韻〉으로 되어 있다.

近日君能知我樂? 七臺三曲玩分明。

答李仁仲明字韻[102]

山愛崟崟水愛清, 我曾題詠發新聲。
不知寫取君何用? 只恐來譏識者明。

題士敬幽居。九絕[103]

(詩-外卷1-129)

月川霜冷水如空, 浩蕩羣鷗楓葉紅。
知是鶴龜棲息處, 蒼苔一徑入雲中。

---

102 戊午年(1558, 明宗13, 58세) 6월 9일경 禮安에서 쓴 시로 추정된다. 〔編輯考〕
이 시는 內集 卷2의 〈答李仁仲〉(KNP0218) 및 別集 卷1의 〈和仁仲〉(KBP0754)과
합편해야 한다. 初本(19책, 書簡)에는 〈答李仁仲明字韻【在仁仲所。】〉라고 되어 있다.
103 己未年(1559, 明宗14, 59세) 9월 29일 禮安에서 쓴 시이다. 〔資料考〕 이 시는
《師門手簡》(第2冊, 張15~16)에도 실려 있다. 〔年代考〕 이 시가 실려 있는 初本(19
책, 書簡) 본 편지 초두에 "二十二日來臨草堂, 二十三進謝, 二十九答書。"라고 쓰여
있다. 初本(19책, 書簡)에는 〈題幽居〉라고 되어 있다. 庚本・擬本・甲本에는 〈題士敬
幽居〉라고 되어 있다. 《師門手簡》에는 〈趙士敬幽居〉라고 되어 있다.

(詩-外卷1-130)

一間茅舍好風烟, 黃葉紛紛落酒筵。

誰道天公多戲劇, 拔貧爲富更晴妍?[104]

(詩-外卷1-131)

杯盤猶自學人間, 云被名參大[105]學關。

若到他年攀[106]桂窟, 學人間事更多端。

(詩-外卷1-132)

多端人事競相誇, 挾舊侵新轉益訛。

簞食萬鍾應有辨, 滔滔擧世混同波。

(詩-外卷1-133)

菽水歡餘飽古書, 婆娑歲月樂無如。

欲知窮達皆緣命, 看取晴雲在太虛。

(詩-外卷1-134)

嗟我平生不量斟, 謾將身去試升沈。

至[107]今衰白漳濱臥, 慙負君恩似海深。

---

104 妍 : 初本(19책, 書簡)에는 뒤에 "【穆以設許參諸友, 多有故不至, 前日又雨作, 天憎吾拔貧爲富之態, 故爲作此多魔云。故此詩及之, 是日天日甚淸。】"이 있다.

105 大 : 初本(19책, 書簡)·《師門手簡》에는 "太"로 되어 있다.

106 攀 : 初本(19책, 書簡)·庚本·《師門手簡》에는 "登"으로 되어 있다.

107 至 : 初本(19책, 書簡)·《師門手簡》에는 "只"로 되어 있다.

(詩-外卷1-135)

毌多酌我我能狂，若不狂時怕近鄉。
可可難追成左左，休休眞覺勝遑遑。

(詩-外卷1-136)

聞說芙蓉出半天，一川如掌四無邊。
欲尋箇裏無窮樂，結舍研經了百年。

(詩-外卷1-137)

秋風吹我返寒溪，曠野蒼茫日向西。
醉裏不知身遠近，亂峯多處碧雲低。[108]

KWP0822(詩-外卷1-138~139)

次謝士敬相訪。二絶[109]

(詩-外卷1-138)

有酒君家滿意斟，茅齋[110]逈絶亦平臨。
知君儘有閒居趣，況復山川愜素心？

---

108 低：《師門手簡》에는 뒤에 "嘉靖己未季秋，陶山。"이 있다.

109 己未年(1559, 明宗14, 59세) 10월 9일 禮安에서 쓴 시이다.〔資料考〕初本(19
책, 書簡)의 부전지에 "原詩二首。"라고 하였다.〔資料考〕이 시는《師門手簡》(第2冊,
張17)에도 실려 있다. 初本(19책, 書簡)에는〈十月九日來，次謝相訪。二絶〉로 되어
있다.《師門手簡》에는〈次韻士敬謝相訪。二絶〉로 되어 있다.

110 齋：初本(19책, 書簡)·《師門手簡》에는 "茨"로 되어 있다.

(詩-外卷1-139)

知音何幸[111]世間稀? 玉蘊山中草木輝。

若使吾儕虛送老, 恐孤山水巧呈奇。

KWP0823(詩-外卷1-140~146)

次韻士敬芙蓉峯諸作[112]

(詩-外卷1-140)

樂在雲山詎有窮? 非關擊鼓與撞鐘[113]。

幽人準[114]擬營茅棟, 俗士應難躡徑蹤。

(詩-外卷1-141)

誰將太華玉芙蓉, 化作仙峯峭秀容?

好向雲間開碧沼, 坐看花友淨通中。

(詩-外卷1-142)

遊觀非是詫亭臺, 每上山頭忘却回。[115]

---

111 幸 : 初本(19책, 書簡)·《師門手簡》에는 "恨"으로 되어 있다.

112 己未年(1559, 明宗14, 59세) 10월 9일 禮安에서 쓴 시로 추정된다. 〔資料考〕이 시는 《師門手簡》(第2冊, 張17~18)에도 실려 있다. 初本(19책, 書簡)·《師門手簡》에는 〈次韻芙蓉峯諸作〉으로 되어 있다.

113 鐘 : 庚本·擬本·甲本·上本에는 "鍾"으로 되어 있다.

114 準 : 初本(19책, 書簡)·《師門手簡》에는 "准"으로 되어 있다.

115 回 : 初本(19책, 書簡)·《師門手簡》에는 "迴"으로 되어 있다.

試作寒棲庇風雨, 水光山色爲君開。

(詩-外卷1-143)
平生爲¹¹⁶慕漆雕開, 誤落塵埃誰所催?
晚得山中同社友, 風流非爲事罇¹¹⁷杯。

(詩-外卷1-144)
芙蓉山翠接陶山, 兩處終同物外歡。
矧是瑤琴餘韻在, 不應絃絕坐經殘。

(詩-外卷1-145)
近水常耽玩水禽, 居山偏愛對山岑。
爲人性癖誠如許, 朝市何論逐逐心?

(詩-外卷1-146)
山追竹杖水烟篷, 不使佳期竟墮空。
我亦明年辦漁艇, 飄然來往月明中。
【士¹¹⁸敬與景受約尋芙蓉峯¹¹⁹, 屢違而竟得同遊, 又會江頭云。余於天淵,
當辦小艇, 已與溪友約¹²⁰明春矣。】¹²¹

---

116 爲 : 初本(19책, 書簡)·《師門手簡》에는 "有"로 되어 있다. 樊本·上本의 두주
에 "'爲', 一本作'有'。"라고 하였다.

117 罇 : 初本(19책, 書簡)·《師門手簡》에는 "樽"으로 되어 있다.

118 士 : 初本(19책, 書簡)에는 앞에 "自註"가 있다.

119 峯 : 《師門手簡》에는 없다.

120 約 : 初本(19책, 書簡)·《師門手簡》에는 뒤에 "俟"가 있다.

KWP0824(詩-外卷1-147~148)

頃以兩絶寄子中, 幸蒙酬和, 每韻每一絶。不可闕然無報, 復用兩絶追寄云[122]

(詩-外卷1-147)

尺紙論心幾往還? 回頭猶恨隔雲山。

但能不廢乾乾意, 何異交修對案間?

(詩-外卷1-148)

獨抱孱憂不出鄉, 窮陰積雪掩山堂。

何時滿目陽春景, 洛水同君泛小航?

KWP0825(詩-外卷1-149)

題柳而得畫二牛圖[123]

穿鼻隨人遠服車, 何如天放臥眠餘?

---

121 矣: 《師門手簡》에는 뒤에 "嘉靖己未陽月, 陶山。"이 있다.

122 年月未詳. 禮安에서 쓴 시이다.

123 丙辰年(1556, 明宗11, 56세) 7월 禮安에서 쓴 시로 추정된다. 〔年代考〕定草本의 부전지에 "丙寅"으로 되어 있다. 定草本에서는 이 작품의 창작연대를 丙寅年(1566, 明宗21, 66세)으로 추정한 것이다. 이는 內集 卷4의 〈題畫二牛。二絶〉이 이 시기에 창작되었기 때문인 듯하다. 하지만 〈謙菴年譜〉《謙菴集》卷7, 亞細亞文化社, 356면)를 살펴보면 丙辰年에 창작되었다는 것을 알 수 있다. 定草本에는 〈題柳應見畫二牛圖〉로 되어 있다.

可憐解事梁天子，不致茅山陶隱居。[124]

KWP0826(詩-外卷1-150~151)

次韻答士炯、時甫[125]

(詩-外卷1-150)

立脚能堅不轉機，借虛喩實未爲非。

恐君未到程、朱域，欲攻異端終誤歸。

【僕曾規時甫論學，累引《南華》說爲證。今來書云，"老、莊造理之言，程、朱
所不諱。"故云。】

(詩-外卷1-151)

筆追九曲徒勤了，詩詫雙淸亦謾迴。

何似西湖凌萬景，笑看千點綠螺排？

【來詩，"武夷山似終南蠹，漢水波如九曲迴。風月滿天供活畫，不須描寫著
安排。"且云，"有人描寫《武夷圖》，殫極機巧，書此戲贈，未知此意如何？"時
李而盛，以書來約明日西湖之遊，而來詩適至，似非偶然。故和句如右，欲奉
邀同賞遊。嘉靖甲寅孟夏，淸涼山人稿。】

---

124 居 ： 定草本에는 뒤에 "【眠餘，一作'郊墟'。】"가 있다.

125 甲寅年(1554, 明宗9, 54세) 4월 서울에서 쓴 시로 추정된다.

次時甫韻。八絕¹²⁶

(詩-外卷1-152)

擾擾馳名利，南君夙抱幽。

得吾倂兩鳥，行世若虛舟。

夢去輕千里，書來失百憂。

何當同此隱，麗澤討源流？

(詩-外卷1-153)

遊陟窮遐峻，探思極顯幽。

觀時鵬出海，得處水浮舟。

起我衰仍懶，欣君病去憂。

他年雞黍約，長願共臨流。

(詩-外卷1-154)

憶曾見君日，如入芝蘭室。

驩會未可搏，君西我東出。

(詩-外卷1-155)

千巖復萬壑，林下開書室。

安得益者三，研劘¹²⁷道義出？

---

126 戊午年(1558, 明宗13, 58세) 1~2월 禮安에서 쓴 시로 추정된다. 庚本·擬本·甲本에 〈次時甫韻〉으로 되어 있다.

(詩-外卷1-156)

同人言亦同，千里應居室。

義理寧論命？眞如吾口出。

(詩-外卷1-157)

沖漠雖無眹，日見在家室。

眞知古所難，鮮能由新出。

(詩-外卷1-158)

佛、老談極致，空色與虛室。

未識實理源，焉能免橫出？

(詩-外卷1-159)

孔明王佐才，纓冠救同室。

誤出豈隆中？商山眞誤出。

KWP0828(詩-外卷1-160~161)

陶山，送鄭子中赴關東幕【時，子中，以眞寶縣監陞除。】[128]

(詩-外卷1-160)

枳棘棲何病？專城本爲親。

---

127 劘：李校에 "'劘'音磨，剴也，切也。又摩註研也，《記》相觀而善謂之摩，恐'劘'是 '摩'字。"라고 하였다.

128 乙丑年(1565，明宗20，65세) 6월 2일 禮安에서 쓴 시로 추정된다.

朝家急才用，幕職要英掄。

嶺海仙遊好，雲巖別恨新。

驅馳愼原隰[129]，到處莫輕身。

(詩-外卷1-161)

憶忝搜災史，關東只傍西.

瀛洲無夙分，魂夢奈長迷？

雪嶽臨瑤海，銀湖帶玉溪.

臥遊吾晚興，憑子好評題.

【往在壬寅歲，奉命檢災于關道，所檢五邑，皆在嶺西，遂使羲之長抱岷嶺之

恨，故云。乙丑季夏，陶山病逸叟書。】

KWP0829(詩-外卷1-162)

題子中《關東行錄》[130]

觀海登山聞[131]孔、孟，一生長願在關東.

因君筆下森融結，發我胸中浩壯雄.

神遠三臺遊縹緲，氣凌雙嶽[132]跨鴻濛.

---

129 隰 : 上本에는 "濕"으로 되어 있다.

130 乙丑年(1565, 明宗20, 65세) 10월 8일 禮安에서 쓴 시이나. 〔資料考〕이 詩는
《師門手簡》(第5冊, 張10)에도 실려 있다. 初本(19책, 書簡)에는 〈十月八日○題鄭子中
《關東行錄》〉으로 되어 있다. 《師門手簡》에는 〈題鄭子中《關東行錄》〉으로 되어 있다.

131 聞 : 初本(19책, 書簡)에는 "問"으로 되어 있다.

132 嶽 : 初本(19책, 書簡)·《師門手簡》에는 "岳"으로 되어 있다.

從今壽樂應眞得，肯爲薑鹽嘆道窮？[133]

KWP0830(詩-外卷1-163~164)

示金而精。二首[134]

(詩-外卷1-163)

溪上重逢意若何？ 君顔如渥我顛華。
幾年魂夢傷迢遞，今日相看亦已多。

(詩-外卷1-164)

對山那復說人間？ 問疾唯輸藥裹看。
舊學正須重理緒，新知還與更求端。

KWP0831(詩-外卷1-165)

余病去陶山，秋涉冬矣。今察日溫，與而精來尋，頗有羲之"俛仰陳迹"之歎，得一絶以示而精云[135]

病來驅我入溪莊，雲掩山房鳥下堂。

---

133 窮：《師門手簡》에는 뒤에 "【鏡浦、許李、凌波爲三臺，楓岳、雉岳爲雙岳。】右詩封送，驛吏來取《行錄》時，再付送何如？ 且欲考見君之《心經》，今去僅附送，亦可。右告士敬足下。"가 있다.

134 庚申年(1560, 明宗15, 60세) 12월경 禮安에서 쓴 시로 추정된다. 庚本·擬本·甲本에는 〈示金而精〉으로 되어 있다.

今日與君來寓目，山增嶷嶷水洋洋。

KWP0832(詩-外卷1-166)

次韻<u>而精</u>《書齋偶吟》[136]

君來如濯我神淸，警切何須座右銘？
不怕溪寒侵病骨，聯床日夕聽溪聲。

KWP0833(詩-外卷1-167)

<u>東厓</u><u>許相公</u>有嗣子，素聞其志行高峻。今[137]<u>而精</u>誦其絶句，又知其文雅如此，嘉歎之餘，用其韻見意云[138]

人去堂空帶玉淵，嗣賢佳句想江山。
典刑不受<u>東華</u>沒，肯負當年物外閒？

---

135 庚申年(1560, 明宗15, 60세) 12월경 禮安에서 쓴 시로 추정된다.
136 庚申年(1560, 明宗15, 60세) 12월경 禮安에서 쓴 시로 추정된다.
137 今：庚本·擬本·甲本에는 "令"으로 되어 있다. 甲本의 두주에 "'令', 一本作'今'."이라고 하였다.
138 庚申年(1560, 明宗15, 60세) 12월경 禮安에서 쓴 시로 추정된다.

KWP0834(詩-外卷1-168)

病中, 承惠慶歲佳句, 次韻謝意, 冀一唅[139]賜笑覽[140]

誤君千里學求全, 愧我鄰非合孟遷。
莫把瓊章來賀歲, 病過六十枉增年。

KWP0835(詩-外卷1-169)

寄子中[141]

得罷歸來好, 因閒事業新。
白頭迷去就, 唯覺病添身。

KWP0836(詩-外卷1-170)

寄汾川 李大成[142]

野色千般媚, 山花百態濃。
良朋偶然集, 佳雨尙餘[143]濛。

---

139 唅：擬本·甲本에는 "念"으로 되어 있다. 養校에 "'念',《目錄》'唅'。"이라고 하였다.

140 庚申年(1560, 明宗15, 60세) 12월 30일 禮安에서 쓴 시로 추정된다.

141 年月未詳. 禮安에서 쓴 시이다.

142 年月未詳. 禮安에서 쓴 시이다.

143 餘 : 庚本에는 "濛"으로 되어 있다.

老去諳時事，愁來得酒功。

莫敎風作惡，明日詠殘紅。

KWP0837(詩-外卷1-171)

竹閣曾有二刻，已不勝愧，今又索題，恐或重泓，故前者辭之。書來再督，只以一絶塞責，千萬勿掛他眼，幸甚[144]

二黃相繼政如神，溪閣曾新又一新。

遙想碧圍千挺玉，鳴琴坐見物皆春。

【黃仲擧、黃任老】

KWP0838(詩-外卷1-172~176)

次韻李庇遠見寄。五首[145]

(詩-外卷1-172)

昨訪茅廬退澗濱，歸來依舊在風塵。

偶過見憶尋眞路，佳句相投愧故人。

---

144 年月未詳. 禮安에서 쓴 시이다.

145 己酉年(1549, 明宗4, 49세) 12월 豐基에서 쓴 시로 추정된다. 〔編輯考〕 이 시는 別集 卷1의 〈次韻李上舍 庇遠【國樑】見寄韻〉(KBP0652)과 합편해야 한다. 庚本・擬本・甲本에는 〈次韻李庇遠見寄〉로 되어 있다. 養校에 "《目錄》云六首, 而此爲五首."라고 하였다.

(詩-外卷1-173)

野興山情自愜人, 此間長願葆清眞。

聞君又卜孤山勝, 鄰契同期寂寞濱。

【右, 過退溪見憶。】

(詩-外卷1-174)

蒼蒼竹嶺似函關, 作吏東西兩載間。

忽有飛鴻傳尺素, 遙憐孤鶴入仙山。

碧窓味道偏宜靜, 黃卷尋人最在閒。

若使箇中眞得樂, 一匡應不羨齊桓。

【右, 喜聞入淸凉山淸凉寺讀書。】

(詩-外卷1-175)

但覺行吟句轉奇, 不妨驢脚傍山遲。

誰能畫出孤山境, 迎得騷人作主時?

【右,〈尋孤山遇雨〉韻。】

(詩-外卷1-176)

長憶彌川可鑑心, 月明潭洞更幽深。

人間絕境應難得, 物外唯君獨去尋。

手把犁鋤爲活計, 園挑[146]參朮養靈襟。

鏡中白髮催歸興, 臘雪寒燈到曉吟。

【右, 自白雲洞之上, 有長潭, 俗呼其地曰彌川, 可泛舟, 又其上月明潭, 尤

---

146 挑 : 養校에는 "'挑'恐'排'。"라고 하였다.

爲異境云。】

KWP0839(詩-外卷1-177)

次李公幹韻[147]

壬戌初秋月旣望，將遊赤壁恨乖逢。

高情我豈眞多讓？ 好事天應惜再容。

劇雨狂瀾遽如許，淸風明月坐成空。

終令鞅掌西州牧，牢落漁樵却笑東。

KWP0840(詩-外卷1-178~179)

康將軍池亭，次權士遇韻。二首[148]【康希哲】

(詩-外卷1-178)

淸明時節欲花村，會賞將軍絶勝園。

月榭敞明臨水竹，雲關迢遞隔塵喧。

---

147 壬戌年(1562, 明宗17, 62세) 7월 하순 禮安에서 쓴 시로 추정된다.〔編輯考〕
甲本養閑堂本에는 養校 "《目錄》見脫。"이 있다. 甲本 1책의 목록을 확인해 보면 과연
이 작품의 제목이 빠져 있지만 甲本 外集에는 이 작품이 실려 있다.

148 甲子年(1564, 明宗19, 64세) 윤2월 15일경 安東에서 쓴 시로 추정된다.〔資料
考〕이 시는 權應仁의 《松溪集》 卷5에도 실려 있다. 庚本·擬本·甲本에는 〈康將軍池
亭, 次權士遇韻【康希哲】〉로 되어 있다. 養校에 "《目錄》云三首, 而此爲二首。"라고 하
였다.

窓間影動魚游¹⁴⁹沼，座上春融酒滿樽。

老我强吟追盛作，愧將名字傍楣門。

    涵鏡堂

(詩-外卷1-179)

亭在山阿窈復深，亭前脩¹⁵⁰竹玉成林。

清池小島相縈勢，嫩柳夭桃自接陰。

樽酒向人堪荷意，烟霞入眼更關心。

何年重作名園客，徧和〈南塘十五吟〉？

    棲隱庵

KWP0841(詩-外卷1-180)

奉和聾巖送靈秀之楓嶽韻¹⁵¹

釋子道其道，冰炭於彛訓。

在門吾當麾，贈言匪¹⁵²夙分。

祇云遊名山，吾筆已可奮。

況我老巖仙，瑰辭先不靳？

安得攜汝去，丹梯躡天近，

---

149 游：上本에는 "遊"로 되어 있다.

150 脩：上本에는 "修"로 되어 있다.

151 辛亥年(1551, 明宗6, 51세) 禮安에서 쓴 시로 추정된다.

152 匪：樊本・上本에는 "非"로 되어 있다.

海中三神山，羣仙笑相問？

題雄師詩卷[153]

幽棲二月風光好，溪上靑山欲杜鵑。
借問禪房何所有？千峯影裏綠蘿烟。[154]

KWP0843(詩-外卷1-182~185)

溪莊，喜伯强見訪。四首[155]

(詩-外卷1-182)

客來無傘又無廳，堪愧靴泥蹋雨庭。
半壁寒燈聯榻話，不知冬夜已深更。

(詩-外卷1-183)

境僻山深少軼輪，感君來訪病陳人。
悲歡聚散那堪說？白酒黃雞意更眞。

---

153 辛亥年(1551, 明宗6, 51세) 2월 16일 禮安에서 쓴 시로 추정된다. 〔編輯考〕
이 시는 遺集外篇 卷1의 〈題雄師詩卷〉과 합편해야 한다.
154 '烟'：樊本·上本에는 뒤에 【時師住淸凉山 滿月庵。】이 있다.
155 年月未詳. 禮安에서 쓴 시로 추정된다.

竹溪書院盛絃歌，知是朝家振德多。
若把明經圖拾芥，菁莪長育意如何？

武陵當日望君深，龜玉寧無恐毀心？
更願宏樠[156]常飭厲，高山千古使人欽。

KWP0844(詩-外卷1-186)

寄龜巖[157]

縮曳先生意若何？ 能全至樂在泥沙。
丹山老守眞堪笑，作吏求仙病更加。
【杜門閒居之樂，其無窮矣。豈如老拙爲病求郡，而又困於作郡耶？ 信病人
自山巖外無可置之地也。秋來，與大任、重甫惠然，則朝發夕至，幸甚。】

KWP0845(詩-外卷1-187)

寄南溪[158]

卜築南溪三十年，龜城閒臥雪欹顚。

---

156 樠 : 庚本·擬本에는 "撫"로 되어 있다.
157 戊申年(1548, 明宗3, 48세) 4~6월 丹陽에서 쓴 시로 추정된다.

我心苦待無消息，山月如今幾缺圓？

【中原之行，當在何時？聞將見過，寒眼久矣。但迎喪之來，計不從容，初秋，

與敬甫、重甫偕枉，企幸之尤也。】

KWP0846(詩-外卷1-188)

寄鐵津[159]

聞君墜馬臥經旬，能健憂應輟子春。

妙處想多閒裏得，新詩須警老衰人。

【李仲任[160]過談君墜馬殊苦，今已復常。[161] 僕憂病碌碌，無可言者，未審閒

中作何工夫？并與近作，垂示警發爲幸。《晦庵年譜》亦望。】

KWP0847(詩-外卷1-189)

黃小牋寄龜巖、南溪、鐵津各四十枚，并呈一絕求和[162]

小作黃牋效薛牋，寄君賭取裹風烟。

---

158 戊申年(1548, 明宗3, 48세) 4~6월 丹陽에서 쓴 시로 추정된다.

159 戊申年(1548, 明宗3, 48세) 4~6월 丹陽에서 쓴 시로 추정된다.

160 任：樊本·上本에는 뒤에 "嚮"이 있다.

161 常：樊本·上本에는 뒤에 "否"가 있다.

162 戊申年(1548, 明宗3, 48세) 4~6월 丹陽에서 쓴 시로 추정된다. 〔資料考〕이
시는 朴承任의 《嘯皐先生文集附錄》下에도 〈黃小牋寄鐵津并呈一絕求和【同年】〉이
라는 제목으로 실려 있다.

只今我老情鍾甚，陶寫憑茲替管絃。

【今春喪兒，其前又多喪患，所以有末二句之云，幸勿見訝。】

KWP0848(詩-外卷1-190)

寄題仙夢臺[163]

松老高臺挿翠虛，白沙靑壁畫難如。

吾今夜夜憑仙夢，莫恨前時趁賞疎。

【遇巖之勝，多魔不遇，至今夢想不已。聊以一絶寄意，因以名臺云。】

KWP0849(詩-外卷1-191~192)

西麓黃花盛開，琴壎之、柳應見要余共見[164]

(詩-外卷1-191)

西麓黃花別樣開，兩君呼取賞心杯。

老聰[165]縱使佳期誤，轉賞何妨玉樹頹？

---

163 癸亥年(1563, 明宗18, 63세) 禮安에서 쓴 시로 추정된다. 〔資料考〕 이 시는
李重華의《仙夢臺志【乾】》에도 실려 있다.《退溪先生全書目錄外集【逸】》에는 〈仙夢
臺〉로 되어 있다.

164 年月未詳. 禮安에서 쓴 시이다.

165 老聰 : 養校에 "'老聰'當攷。"라고 하였다.

（詩-外卷1-192）

老病愁懷撥不開，憑君來勸菊花杯。

冷雲欲雪飜爲雨，歸馬何須策日頹？

KWP0850（詩-外卷1-193）

遊枕流亭，次亭韻【幷序】[166]

故丹城縣監金公【萬鈞】當家食日，作亭於愚巖，東臨洛水，
有佳致。名之曰‘枕流’，以見素志，一時名士，多詠其事。
歲久頹圮，公之養嗣上舍君綏之，撤而重新，比舊益敞。
見召家兄及滉，觴酒于其上，上舍諸子弟皆從之遊。良辰
樂事，不期兩全，撫古攬今，令人感慨不歇。既歸，追和前
述五言二律、七言一律，奉呈寄上舍君，以紀[167]一時之情
境云。【五言一律、七言一律，見《別集》。】

愚巖形勝地，曾作隱君家。

喜子能重奐【一作煥】，招余尙不遐。

川光迎眼發，山意得春誇。

物色今猶古，登臨足賞嗟。

---

166 壬子年(1552, 明宗7, 52세) 2월 2일 禮安에서 쓴 시이다. 〔編輯考〕이 시는
別集 卷1의 〈遊枕流亭，次亭韻【二月初二日○亭在烏川下洛水上。】〉(KBP0696)과 합
편해야 한다.

167 紀 : 上本에는 "記"로 되어 있다.

KWP0851(詩-外卷1-194)

寄示重新雙碧亭詩，謹次韻奉呈[168]

病夫閒臥一溪濱，邑政欣聞次第新。
客舍煥成曾賀燕，江亭飛構更驚人。
風流康樂顏如玉，寂寞文園鬢欲銀。
夢草詩情眞起我，何時蠟屐問山民？

KWP0852(詩-外卷1-195~196)

甲子六月望日，陪郭明府，與諸人避暑月川亭，因泛風月潭[169]

(詩-外卷1-195)

宿雨朝晴洗旱塵，青山邀我出溪濱。
水鄉先已雙鳧颺，江檻何辭累爵巡？
松籟滿襟人爽韻，火雲歸岫月生輪。
更教扶醉湖船上，萬頃涵空玉鏡新。
【是日，明府先至，故用東坡"水雲先已颺雙鳧"之語。酒器之'爵'卽'雀'字，故
韓詩以'數爵'對'雙魚'。】

(詩-外卷1-196)

天上冰輪水底懸，扁舟一葉任洄旋。

---

168 丁未年(1547，明宗2，47세) 9월 10~14일 禮安에서 쓴 시로 추정된다.
169 甲子年(1564，明宗19，64세) 6월 15일 禮安에서 쓴 시이다.

三杯吸盡烟光減，一笛[170]吹殘夜色鮮。

雨罷勝遊前歲恨，天酬佳賞此宵眠。

流頭故事何須問？只合吾儕好事傳。

KWP0853(詩-外卷1-197~198)

曾和洪上舍 應吉《東遊錄》中二律，今錄呈以博笑[171]

(詩-外卷1-197)

麗澤深情在琢磨，清遊論說互崇加。

吾儕萬理須探極，異學千歧自擅家。

天待人修方合一，道從時否幾成差？

老夫不及聞餘緒，空愧賡詩損至和。

【右，天道人事異同之論。】

(詩-外卷1-198)

瞿曇當日亦勤修，禍劇懷襄億萬秋。

尚有桑門慕精苦，如何縫掖事輕浮？

渠功極處彝倫滅，此道成時物我優。

寄語韓公須自得，由來稊穀本非侔。

---

170 笛：樊本의 두주에 "'笛', 一本'篴'."이라고 하였고, 上本의 두주에 "'笛', 一作'篴'."
이라고 하였다.

171 癸丑年(1553, 明宗8, 53세) 9월 서울에서 쓴 시로 추정된다. 〔資料考〕이 시는
洪仁祐의 《耻齋先生遺稿》卷3에도 실려 있다.

【右, 譬山僧"稊稗有秋"之句。】

KWP0854(詩-外卷1-199)

挽洪上舍應吉[172]

美質仍資學力强, 芝蘭不采自芬芳。
百年我友期三益, 一歲君家有六喪。
鬼惡天高難究詰, 兒啼慈哭太冤傷。
那知舊擬驪江約, 永隔修文地下郎?

---

172 甲寅年(1554, 明宗9, 54세) 11월 서울에서 쓴 시로 추정된다. 〔資料考〕이 시는
《耻齋先生遺稿附錄》에도 〈挽詩〉라는 제목으로 실려 있다.

退溪先生文集

續集　卷一

SNP0855(詩-續卷1-1)

次吳仁遠偶吟韻[1]

雲山隨處樂無邊，卜築何須待暮年？
已辦衡門藏澗底，豈無良土背山前？
塵機絶處方眞得，道味多時莫謾傳。
更有風流相識者，時從三徑醉陶然。

SNP0856(詩-續卷1-2)

石蟹【十五歲作】[2]

負石穿沙自有家，前行却走足偏多。
生涯一掬山泉裏，不問江湖水幾何。

SNP0857(詩-續卷1-3)

登尙州 觀水樓【樓在洛東江東岸。○癸巳】[3]

鑿道緣崖北，飛樓翼岸東。
試登槎上漢，久立腋生風。

---

1 年月未詳. 禮安에서 쓴 시이다.
2 乙亥年(1515, 中宗10, 15세) 禮安에서 쓴 시이다.
3 癸巳年(1533, 中宗28, 33세) 1월 30일 尙州에서 쓴 시로 추정된다.

野帶浮嵐逈，江含落照紅。

方知塵世苦[4]，回首羨漁翁。

SNP0858(詩-續卷1-4)

白巖東軒，濯纓 金公韻[5]

萬古英雄逝，追思淚滿裳。

當時留醉墨，此日媚韶陽。

爲國腸如鐵，誅奸刃似霜。

花明駁川上，慷慨一揮觴。

SNP0859(詩-續卷1-5)

過梨浦[6]

欲將身世付鷗波，細和滄浪一曲歌。

世事箏來憂思[7]集，雲林別去夢魂多。

船牕倒射溶溶日，水渚輕搖點點荷。

---

4 苦 : 저본에는 "【缺】"로 되어 있으나 養校에 의거하여 수정하였다. 養校에 "'缺', 手本作'苦'."라고 하였다.

5 癸巳年(1533, 中宗28, 33세) 2월 17~20일 宜寧에서 쓴 시로 추정된다.〔編輯考〕이 시는 遺集 外篇 卷2의 〈白巖東軒濯纓 金公韻〉과 합편해야 한다.

6 癸巳年(1533, 中宗28, 33세) 4월 24~30일 驪州에서 쓴 시로 추정된다.

7 思 : 續草本의 추기에 "'思'可考."라고 하였다.

常愧未能渾脫略，每逢佳處等閒過。

SNP0860(詩-續卷1-6)

漁人[8]

峽裏風波萬頃寒，扁舟一葉宿蒼灣。
得鮮來賣西行客，笑入雲烟杳靄間。

SNP0861(詩-續卷1-7)

舟中偶吟[9]

兀坐舟中何所思，漁人多了一竿絲。
可憐白鳥滄江裏，飛去飛來自得時。

SNP0862(詩-續卷1-8)

次韻琴大任【在[10]沜。】[11]

南國佳人體弱纖，生平只許燕窺簾。

---

8 癸巳年(1533, 中宗28, 33세) 4월 24~30일 漢江上流에서 쓴 시로 추정된다.
9 癸巳年(1533, 中宗28, 33세) 4월 24~30일 漢江上流에서 쓴 시로 추정된다.
10 在 : 樊本, 上本 앞에 "軸○"이 있다.
11 癸巳年(1533, 中宗28, 33세) 5~6월 서울에서 쓴 시로 추정된다. 이 시는 遺集 外篇 卷1의 〈次韻琴大任〉과 합편해야 한다.

宜儲金屋千重最，合實牙牀七寶兼。
舊恨易將新恨積，容華難與歲華添。
但知遇合皆緣命，莫爲銀釵露指尖。

泮宮[12]

泮宮隨例亦何爲，日日公堂得飽嬉。
擧業生疎憑竄抹，陳編寥落付唔咿。
多將問事供調笑，豈有懷材可設施。
昨夜夢中蝴蝶意，曉牕[13]和露寫新詩。

葵花[14]

物物誰非天地精，憐渠偏得一團誠。
莫嫌近日連陰雨，唯向高高盡意傾。

---

12 癸巳年(1533，中宗28，33세) 5~6월 서울에서 쓴 시로 추정된다.

13 牕 : 續草本에는 "窗"으로，樊本에는 "囪"으로 되어 있다.

14 癸巳年(1533，中宗28，33세) 5~6월 서울에서 쓴 시로 추정된다.

詠松【甲午】[15]

石上千年不老松, 蒼鱗蹙蹙勢騰龍。
生當絕壑臨無底, 氣拂層霄壓峻峯。
不願靑紅[16]戕本性, 肯隨桃李媚芳容。
深根養得龜蛇骨, 霜雪終敎貫大冬。

咸陽, 與主人金仲晬[17]話舊, 次東軒韻, 贈之[18]

(詩-續卷1-12)

天嶺逢春氣已酣, 故人喜作故鄕談。
我今多病君猶甚, 歸夢同懸小白南。

(詩-續卷1-13)

方丈山高接翠烟, 荒城喬木不知年。
割雞妙術君應得, 詩老淸芬與共傳。【仲晬與余俱禮安人, 而家在榮
川, 榮、禮皆小白山之南。詩老, 指金季珤。】

---

15 甲午年(1534, 中宗29, 34세) 1월 禮安에서 쓴 시로 추정된다.
16 紅 : 續草本의 추기에 "'紅'恐作'黃'。漱石▣"이라고 하였다.
17 晬 : 續草本에는 "晬"로, 上本에는 "晬"로 되어 있다.
18 甲午年(1534, 中宗29, 34세) 1월에 咸陽에서 쓴 시로 추정된다.

有儒生數人，讀書于江亭，以詩索酒，次其韻送酒【丙申[19]】[20]

晚日憑高閣，無心賞素秋。

那知鄰有客，能解笑臨流。

寄句紓吾悶，傳瓶慰子愁。

風流聊爾耳。都勝博涼州。

早起[21]

日出雲開野，霜寒葉滿池。

松絃彈院盡，菊鈿釘叢差。

寥落與心愜，荒涼惟性宜。

尋師黃卷裏，此志未應衰。

答朴豫叔，時爲忠淸監司【庚午】[22]

竹嶺巉天翠欲流，遙知玉節望中留。

---

19 丙申 ： 樊本에는 없다.

20 丙申年(1536, 中宗31, 36세) 9월 하순 서울에서 쓴 시로 추정된다.

21 丙申年(1536, 中宗31, 36세) 9월 하순 서울에서 쓴 시로 추정된다.

詩來說著東湖別，無限新愁帶舊愁。

SNP0870(詩-續卷1-17)

三月十六日，謁權判書江亭【亭在桂谷，上洛公 金方慶舊游[23]處。】[24]

小舟橫渡一江天，草屋中間[25]謁退賢。
上洛巖前千丈水，從今喚作判書淵。

SNP0871(詩-續卷1-18)

次韻晚翠堂【李承孝號思謙堂，又晚翠堂。】[26]

城郭囂塵匪雅栖，鉢山松麓占東西。
風號一院濤聲殷，柏悅千霜翠色迷。
歌頌魯邦聞作廟，盤桓陶徑見攜藜。
澗中山上皆天賦，百尺何妨徑寸齊。【一本，'邦'作'郊'，'廟'作'瑟'而'聞'
下，闕一字。】

22 庚午年(1570, 宣祖3, 70세) 禮安에서 쓴 시로 추정된다.〔編輯考〕續集에서는
이 시 제목 끝에 庚子라는 주석을 붙여 1540년 40세 첫 작품으로 편집해놓고 있으나,
恥齋 朴素立(1514~1582)이 충청감사를 지낸 것은 庚午年(1570)이므로 70세 때 지
은 작품으로 보아야 한다. 즉 주석의 "庚子"는 "庚午"의 誤記로 바로잡았다.

23 游 : 樊本, 上本에는 "遊"로 되어 있다.

24 丙午年(1546, 明宗원년, 46세) 3월 16일경 豊山에서 지은 시로 추정된다.

25 間 : 續草本의 추기에 "'聞'恐'間', 更考。"라고 하였다.

26 庚子年(1540, 中宗35, 40세) 1~9월 이전 서울에서 지은 시로 추정된다.

SNP0872(詩-續卷1-19~21)

宣醞應製[27]

(詩-續卷1-19)

春到離宮日豔陽，仙桃自發占年芳。

香飄甲煎圍朱帕，色奪丹霞暎繡房。

帶笑故能消舊恨，爭嬌還欲鬪新粧。

他時□□□□□，莫遣殘紅結子忙。

　　右上陽紅桃

(詩-續卷1-20)

萬條宮柳御溝邊，濯濯風流儘可憐。

舞榭腰枝爭嫋娜，粧臺眉葉競嬋娟。

低垂輦路搖金線，吹送天杯裛雪綿。

莫向隋堤問消息，千春長帶太平烟。

　　右未央垂柳

(詩-續卷1-21)

瑤池淸禁裏，滿眼白□看。

翠蓋龍舟拂，明粧玉鏡團。

迎風香霧噀，帶月水晶寒。

自可宸遊樂，何須步試潘。

27　庚子年(1540, 中宗35, 40세) 9월경 서울에서 지은 시로 추정된다. 樊本에는 시
제목 뒤에 "【三首】"가 있다.

右太液芙蓉

SNP0873(詩-續卷1-22~23)
奉次[28]

(詩-續卷1-22)

幽居縹緲暎林端，藥圃分明對釣灘。
解紱言歸尋舊約，任他人羨畫中看。

(詩-續卷1-23)

黃雲日日捲郊端，霜落寒魚下石灘。
畫裏不堪鄉思發，扁舟東去爲重看。

SNP0874(詩-續卷1-24)
題蓮花白鷺圖，尹彥久要予同賦[29]

菡萏紅交白，春鋤立並窺。
馨香眞可挹，脩潔正堪儀。
韻妙濂溪說，名高魯泮詩。
上屏長寓目，非爲欠淸池。

---

28 庚子年(1540，中宗35，40세) 9월 서울에서 지은 시로 추정된다.
29 庚子年(1540，中宗35，40세) 9월 서울에서 지은 시로 추정된다.

題畫屛。八絶[30]

(詩-續卷1-25)

渚沙白於雪，鳧毛嫩成花。
汝曹閒似我，焉用□[31]鷗波。

(詩-續卷1-26)

雨後山水綠，光風吹岸草。
小灣集沙禽，和鳴意更好。

(詩-續卷1-27)

野塘春水淺，窺魚來雪客。
安得物無求，生生各自適。

(詩-續卷1-28)

江洲乘鴈下，非有稻粱意。
不逐冥飛羣，□□銜蘆避。

(詩-續卷1-29)

水木[32]樂禽性，天機活無撓。

---

30 庚子年(1540, 中宗35, 40세) 9월 서울에서 지은 시로 추정된다.

31 □ ： 續草本의 추기에 "'缺', 栢堂大父曰'隨'字。"라고 하였다.

32 木 ： 續草本의 추기에 "考次。'木'恐作'本'。"이라고 하였다.

不有意通神，毫端能幻巧。

蒼然老樹枝，高下鵲查查。
由來事前定，報喜向人誇。

白鷹白雪毛，顧視空萬里。
峷立秋峯尖，江風撼石髓。

黑鷹北極來，劍翎馳殺氣。
何須灑血毛，已覺羣狐畏。

對月[33]

萬井烟收露氣凄，飛空銀闕瑞光迷。
樓臺幾處催歌管，戍役□□聽鼓鼙。
故國音塵愁結夢，寒衣消息怨□啼。
沈吟坐到孤輪側，寂歷梧桐小院西。

---

33 庚子年(1540, 中宗35, 40세) 9월 서울에서 지은 시로 추정된다.

陽智縣 清鑑堂 南景霖韻【辛丑○堂乃故相金慕齋先生所名，堂後引溪注
池，爲流觴曲水。】[34]

小水之玄曲，方塘玉鑑淸。
淨添元自活，虛受本無聲。
明在丈尋定，物來千萬更。
名堂知妙意，感古益傷情。

戲答李伯喜[35]

江亭寥落坐新晴，忽見飛書到野扃。
報罷明朝湖上約，白鷗無限笑塵纓。

暮春偶作[36]

杏花落已空，桃花參差開。

---

34 시기는 미상이고, 장소는 龍仁으로 추정된다. 〔編輯考〕續集에서는 이 시를 辛丑年
(1541년) 41세 작품으로 편집해놓고 있으나, 그 原註에서 慕齋 金安國(1478~1543)을
'故相'으로 칭하고 있는 것을 볼 때, 金安國 사후, 즉 1543년 1월 이후 작임이 분명하다.
주석에서 辛丑年 작품이라고 한 것은 誤記로 보여 年月未詳으로 처리하였다.
35 甲辰年(中宗39, 1544년, 44세) 7월 24일경 서울에서 지은 시로 추정된다.

空庭三日雨，草積生莓苔。

憑欄眺新霽，春愁浩難裁。

狂風動地起，亂眼飛雪催。

飄翻難具知，散漫倏往回。

我疑媵六逞，變幻頃刻來。

掀髯吟雪句，煖寒呼酒杯。

傍人笑我癡，指我鄰墻限。

兩條梨花樹，擺落吁可哀。

枝上已無多，隨風委塵埃。

吹香滿一院，門徑堆皚皚。

混眞一餉閒，悟處令人欸。

SNP0880(詩-續卷1-37)

次韻吳敬夫 栗亭³⁷

聞說高亭對碧流，風煙臨眺愜襟幽。

他時笑我營三徑，此去知君詫萬休。

竹樹淸陰宜素玩，田園眞樂果前謀。

□□京洛成何事，吟望南雲祇³⁸足憂。

---

36 辛丑年(1541, 中宗36, 41세) 3월경 서울에서 지은 시로 추정된다.

37 辛丑年(1541, 中宗36, 41세) 3~4월 서울에서 지은 시로 추정된다.

38 祇 : 樊本에는 '祇', 上本에는 '秪'로 되어 있다.

SNP0881(詩-續卷1-38~45)

肅寧館阻雨, 次書屛八絶韻, 奉呈尹使君鈴齋[39]

(詩-續卷1-38)

來從鴨塞愁長路, 去指箕城阻漲流。
卻喜炎蒸三伏月, 一軒風雨爽如秋。

(詩-續卷1-39)

風驅雷雨勢爭雄, 壯觀時時忽滿空。
誰秉機關爲此戲, 瞥然無跡笑談中。

(詩-續卷1-40)

微臣奔命奈洪波, 太守憂民儉歲何。
一日對罇聊共賀, 稍聞田野有農歌。

(詩-續卷1-41)

大地焦時羣望絶, 故人逢處百憂空。
淸遊絳雪虛前計, 擧酒傳君笑向東。

(詩-續卷1-42)

爲州孰比關西樂, 俗厚民淳雀鼠空。
撫字不煩謀野獲, 淸齋新闢小軒東。

---

39 辛丑年(1541, 中宗36, 41세) 6월 10일경 肅川에서 지은 시로 추정된다.

(詩-續卷1-43)

日暮城頭注眼波，城中齋閣問如何。
鳴琴箇裏偸閒處，花作佳賓鳥當歌。

(詩-續卷1-44)

鬧鬧蛙鳴五夜風，愁邊聽雨睡魔窮。
知余此夕無衣枕，已似同君臥閣中。

(詩-續卷1-45)

呼燈起坐浮天白，簷溜泠泠雜曙色。
想得鈴齋報曉雞，依然念我難行客。

SNP0882(詩-續卷1-46)

讀書堂內賜仙桃銀杯，與林士遂、鄭吉元、金應霖，泛舟東湖，
以侈寵錫，士遂有詩，次韻示諸公[40]

湖船靑眼□□橫，錫寶新看下紫淸。
冶就朱提天與巧，桃成玄圃世稀榮。
斟霞玉手娟娟淨，把露金莖的的明。
共荷殊恩來作會，滿簪黃菊醉華纓。

---

40 壬寅年(1542, 中宗37, 42세) 9월경 서울에서 지은 시로 추정된다.

SNP0883(詩-續卷1-47)

秋夜疾風驟雨有感[41]

山館夜如何。隔窓風雨聲。
洶洶如波濤，怵惕魂夢驚。
萬竅號未已，巖泉助悲鳴。
飄蕭雜澎湃，浙瀝還訇轟。
攪我傷秋懷，起坐感歎生。
上天嚴號令，一氣有生成。
摧殘斂華實，擺落歸根莖。
庭中有衆樹，一一訴不平。
此理物我同，誰能獨無情。
可愛松與竹，倔强猶力爭。
抵死香不減，亦有黃金英。

SNP0884(詩-續卷1-48)

遠山[42]

日暮長江外，秋陰曠野頭。
庚橫非有意，□立政無求。
候鴈回高陣，歸雲駐倦遊。

---

41 辛丑年(1541, 中宗36, 41세) 7~8월 서울에서 지은 시로 추정된다.
42 辛丑年(1541, 中宗36, 41세) 7~8월 서울에서 지은 시로 추정된다.

重遮望鄕眼，添得子山愁。

SNP0885(詩-續卷1-49)

東湖梨花亭上對雨[43]

黯黯長江細雨昏，微微平野樹林渾。
秋聲入處碎虛閣，晚水來時翻厚坤。
遠勢欲無孤去艇，幽懷頗愜久荒園。
如何咫尺紅塵外，千頃都無一點痕。

SNP0886(詩-續卷1-50)

侍講院壁上，□[44]青山白雲圖，趙季任有五言絕句，次韻[45]

中歲晦蹤跡，山林深復深。
雲烟忽依舊，便欲恣幽尋。

---

43 辛丑年(1541, 中宗36, 41세) 7~8월 서울에서 지은 시로 추정된다.

44 □ : 樊本、上本에는 "畵"로 되어 있다.

45 辛丑年(1541, 中宗36, 41세) 10월 서울에서 지은 시로 추정된다.

SNP0887(詩-續卷1-51)

偶吟[46]

舊業鳩巢拙，京師但賃居。
避喧猶喜客，移病亦看書。
小砌兒澆竹，閒園婢摘蔬。
鳳池稱吏隱，何似返耕鋤。

SNP0888(詩-續卷1-52~54)

吳仁遠和余去年朔寧等處九日途中作三首見寄，復次韻呈似[47]

(詩-續卷1-52)

閒眠閒起任朝昇，不似名途日畏兢。
短屋深依青澗曲，小池新鑿碧雲層。
攜壺偶逐尋山客，對局時□乞米僧。
老我風塵空遠想，村家樂事趁春興。

(詩-續卷1-53)

每憶春風花亂發，間關百鳥山爭碧。
穿林陟巘忘東西，醉倒罇[48]前花露滴。

---

46 辛丑年(1541, 中宗36, 41세) 6월 11~29일 서울에서 지은 시로 추정된다.

47 壬寅年(1542, 中宗37, 42세) 3월경 서울에서 지은 시로 추정된다.

48 罇 : 樊本에는 "樽"으로 되어 있다.

(詩-續卷1-54)

去歲吟秋景，來詩說舊山。

乾坤繫匏外，日月轉頭閒。

忽忽愁中過，頻頻夢裏還。

淸池好相待[49]，容我鑑塵顏。

SNP0889(詩-續卷1-55~56)

**聞慶 慶雲樓西閣，對山臨池極淸絕。金貳相【國卿】、李貳相【復古】
皆題詠，主人趙良弼導余以登眺。二首[50]**

(詩-續卷1-55)

小作看山閣，仍開竹下池。

不因賢宰語，孤負兩公詩。

(詩-續卷1-56)

春深花暎竹，風細雨斜池。

靜裏泉聲咽，渾疑說我詩。

---

49 待 : 上本에는 "對"로 되어 있다.

50 시기는 미상이고, 장소는 禮安으로 추정된다.

又和擬古[51]

(詩-續卷1-57)

我思在何許，巖花開處開。
故園非不好，春色摠心灰。

(詩-續卷1-58)

我思在何許，巖泉鳴處鳴。
故林非不好，寒瀨自愁聲。

(詩-續卷1-59)

我思在何許，松岡秋月圓。
故溪清夜景，怊悵露華鮮。

(詩-續卷1-60)

我思在何許，終南春色靑。
故山虛翠積，倚杖望玲瓏。

---

51 壬寅年(1542, 中宗37, 42세) 3월 1~18일 서울에서 지은 시로 추정된다.

雨夜[52]

春晚東湖病客心, 一庭風雨夜悄悄[53]。
明朝莫上高樓望, 紅紫吹殘綠暗林。

陪權三宰仲虛相公, 與林士遂·洪和仲, 舟泛東湖, 暮還書堂, 憑欄獨吟[54]

一水廻舟滿路香, 斜陽歸客馬蹄忙。
無人畫我憑高閣, 浩唱江南送鴈行。

病中, 贈別洪同知太虛謝恩赴京[55]

東海病人須藥物, 玉皇聘使達詩書。
春風不及都門別, 悵望星槎指紫虛。

---

52 壬寅年(1542, 中宗37, 42세) 3월 1~18일 서울에서 지은 시로 추정된다.

53 悄悄 : 樊本、上本의 두주에 "一本'悄悄'作'還深'。"이라고 하였다.

54 시기는 미상이고, 장소는 서울로 추정된다.

55 乙卯年(1555, 明宗10, 55세) 2월 12일경 서울에서 지은 시로 추정된다.

SNP0894(詩-續卷1-64)

季夏, 林士遂見訪[56]

疎懶病相因, 空庭碧草新。
敲門驚睡鶴, 延榻喜詞人。
自覺吟搖膝, 難成醉墮巾。
東湖近秋約, 燈火佇深親。

SNP0895(詩-續卷1-65)

初秋有感[57]

日暮蟬聲忽罷休, 誰家寒杵擣新秋。
小軒獨坐看新月, 不照塵編照客愁。

SNP0896(詩-續卷1-66~67)

漾碧亭, 次趙季任韻[58]

(詩-續卷1-66)

高作亭闌小作塘, 座中猶可數魚行。

---

56 壬寅年(1542, 中宗37, 42세) 6월경 서울에서 지은 시로 추정된다.

57 壬寅年(1542, 中宗37, 42세) 7월경 서울에서 지은 시로 추정된다.

58 壬寅年(1542, 中宗37, 42세) 7월 龍仁에서 지은 시로 추정된다. 이 시는 遺集
外篇 卷1의 〈漾碧亭, 次趙季任韻【二首見續集。】〉과 합편해야 한다.

藕根不被年災盡，稀葉田田尙帶香。

(詩-續卷1-67)

細泉飛雪灑橫塘，苦竹依林未著行。

水鳥不知官事在，往來長占白蘋香。

SNP0897(詩-續卷1-68)

又亭韻[59]

暮禽栖樹定，秋月動烟清。

祇[60]可留心賞，何須寄姓名。

SNP0898(詩-續卷1-69)

水口門外松下，與李公幹，餞別金承旨 子裕令公歸覲禮安[61]

節近中秋日，天高候鴈時。

龍墀承雨露，鶴髮奉恩私。

驛路楓迎錦，家山菊溢巵。

59 壬寅年(1542, 中宗37, 42세) 7월경 龍仁에서 지은 시로 추정된다.

60 祇 : 樊本에는 "祇", 上本에는 "祗"로 되어 있다.

61 壬寅年(1542, 中宗37, 42세) 8월 10일경 서울에서 지은 시로 추정된다. 이 시는
金緣의 《雲巖逸稿》卷2 《附錄》에도 실려 있다.

獨留今日意，矯首悵臨歧。

SNP0899(詩-續卷1-70~71)

次明農堂韻[62]

(詩-續卷1-70)

投冠歸醉□□[63]壺，彭澤千年此路蕪。
想得幽居增絶勝，風流應入御前圖。

(詩-續卷1-71)

流俗滔滔士鮮奇，中鉤魚困不能離。
聾巖晚節休官去，自有淸風擧世知。

---

62 壬寅年(1542, 中宗37, 42세) 7월 17일경 서울에서 지은 시로 추정된다. 〔編輯考〕
이 시 제1수는 李賢輔의 《聾巖集》 卷5에 〈濟川亭, 送李參判辭還〉이라는 제목으로
실려 있다. 따라서 제2수와 분편해야 한다. 이 시 제2수는 遺集 外篇 卷2의 〈濟川亭,
次昌寧韻, 送李參判辭還【壬寅】〉과 합편해야 한다. 이 시 제2수는 卷5에도 〈次昌寧
韻〉 제2수로 실려 있다.

63 □□ : 續草本의 '故山'에 대한 추기에 "醉下二字, 印本缺, 此有故山二字, 似有考
據處, 考出《聾巖集‧附錄》."이라고 하였다. 樊本‧上本에는 "故山"으로 되어 있다.

再次呈舟中[64]

(詩-續卷1-72)

方丈何如食斷壺，甌塵淸節似萊蕪。
自緣知足能無累，不必因看范蠡圖。

(詩-續卷1-73)

汾川一曲最淸奇，赤葉黃花暎陸離。
歸去莫嫌無二仲，淸歡魚鳥作深知。

奉餞李先生，是夜獨宿書堂。曉起，風雨淒然，有感而作，示竹窗[65]

(詩-續卷1-74)

昨日江東送季鷹，扁舟何處伴漁燈。
我來獨宿蓬山館，風雨蕭蕭撼曉興。

---

64 壬寅年(1542, 中宗37, 42세) 7월 17일경 서울에서 지은 시로 추정된다. 이 시는
遺集 外篇 卷1의 《再次呈舟中》과 합편해야 한다. 卷5 《附錄》에도 실려 있다.

65 壬寅年(1542, 中宗37, 42세) 7월 18일 서울에서 지은 시로 추정된다. 이 시는
《聾巖集》 卷5 《附錄》에도 실려 있다.

秋風猶作絆韝鷹，心事湖堂夜雨燈。

昨日冥鴻和淚送，爲牽歸思向<u>吳興</u>。

SNP0902(詩-續卷1-76~79)

寄題<u>四樂亭</u>【并序】[66]

　　<u>安陰縣</u>，有村曰<u>迎送</u>，山水淸麗，土地沃饒，有<u>全</u>氏世居
　　之舊，構亭溪上，頗幽絶。外舅<u>權</u>公自謫所歸，攜家南往，
　　寓居是村，得是亭而說之，晨往而夕忘歸，以書抵京，求
　　亭名與詩。余飽聞勝槩，欲一往而不得者今十年矣。顧以
　　村居之中，可樂者非一，求其可與衆樂者，又可以獨樂者，
　　惟農・桑・漁・樵四者爲然，故名亭曰<u>四樂</u>，而係以詩。

(詩-續卷1-76)

我識田家樂，春耕破土烟。

苗生時雨後，禾熟晚霜前。

玉粒充官稅，陶盆會俗筵。

何如金印客，憂患送流年。

　　　右農

---

66 庚子年(1540, 中宗35, 40세) 서울에서 지은 시로 추정된다. 이 시는《嶠南誌》
<u>安義郡</u> 卷60에도 실려 있다.

我識蠶家樂，年前曲薄修。
光陰催種浴，眠起趁桑柔。
已喜全[67]家煖，無憂欠債酬。
何如紈綺子，嬌豔妒閒愁。

　　右桑

我識漁家樂，柴門住岸傍。
禽魚慣情性，雲月老滄浪。
喚酒村酤美，烹鮮澗茞香。
何如萬錢客，覆餗禍難量。

　　右漁

我識樵人樂，生居洞裏村。
相呼入雲遠，高擔出山昏。
愛伴心同鹿，忘形貌似猿。
何如名利子，平地見波翻。

　　右樵

---

67 全 : 上本에는 "田"으로 되어 있다.

SNP0903(詩-續卷1-80~81)

次韻[68]

(詩-續卷1-80)

古柏知誰植，官居翠影中。
微微穿竹日，摵摵落梧風。
浪作苦吟客，多慚同學翁。
泉聲長在耳。佳興屬軒東。

(詩-續卷1-81)

丹楓閒[69]翠柏，相暎一池中。
瀉落雲門水，泂淪竹院風。
霜寒聚魚隊，人靜戲鳧翁。
昨夜秋溪月，相期又到東。【秋溪，陽智也。】

SNP0904(詩-續卷1-82~83)

次韻，謝南景霖送竹栽二本【癸卯】[70]

(詩-續卷1-82)

滿城桃李爭春後，多病衰翁閉戶時。

---

68 壬寅年(1542, 中宗37, 42세) 9월경 陽智에서 지은 시로 추정된다.

69 閒 : 續草本의 추기에 "續集例通'閒'間, 而印本作'閒'。"이라고 하였다. 上本에는 "閑"으로 되어 있다.

70 癸卯年(1543, 中宗38, 43세) 3월경 서울에서 지은 시로 추정된다.

宿契二君來作慰，小軒風雨索題辭。

(詩-續卷1-83)

傳神託友非無意，何似承君本面時。
說與樂山齋裏客，風流來往豈容辭。【余近從柳叔春·申元亮，求墨竹。】

SNP0905(詩-續卷1-84)

三月病中言志【晦菴詩韻】[71]

晴鳩喚屋角，勸我開新扉。
策杖步西園，花木爭芬菲。
城中春霧籠，樓閣映丹暉[72]。
覽物撫幽懷，所慕豈輕肥。
田園春事作，野興濃於茲。
向來樗散質，平生丘壑期。
悵望青山郭，目送□雲歸。

SNP0906(詩-續卷1-85)

燈花[73]

焚膏繼頹暑，破暗謝籠紗。

---

71 癸卯年(1543，中宗38，43세) 3월경 서울에서 지은 시로 추정된다.
72 暉 : 續草本의 추기에 "'暉'更考草本次。"라고 하였다.

爽透移牀近，更深伴影斜。

始看生絢暈，漸覺吐靈華。

縹緲從何有，輕明忽已加。

排金工綴蘂，刻玉巧粧葩。

色未施研粉，香非借甲螺。

鉤春眞有地，引蝶見來蛾。

爲感吹噓力，眞成頃刻花。

盡心將喜兆，代臆報公家。

耿耿非無意，茫茫獨自嗟。

淸班曾玷極，吉卜更要何。

玉府房櫳靜，琅函竹帛多。

得官那比此，佳處氣凌霞。

SNP0907(詩-續卷1-86~87)

次大樹韻【時大樹奉命宣慰日本國使臣，中途聞使臣未至，往遊伽倻，旣而，以事罷歸。僕昨往訪其家，得見遊山諸詩，旣歸追次呈上。】[74]

(詩-續卷1-86)

□□簇簇幾烟巒，長記南行一望閒。

昨日喜看眞面目，緣君詩裏畫仙山。

---

73 癸卯年(1543, 中宗38, 43세) 2~8월 서울에서 지은 시로 추정된다.

74 壬寅年(1542, 中宗37, 42세) 윤5월 서울에서 지은 시로 추정된다.

(詩-續卷1-87)

星軺餘事訪雲巒，碧嶂丹崖在袖閒。
讀罷令人倍惆悵，夜來歸夢繞千山。

SNP0908(詩-續卷1-88)

林大樹讀徐花潭遺藁見寄，次韻[75]

隱士眞功業，遺言似葠甘。
閒窩慕康樂，捷徑笑終南。
理數非無議，幽貞信不慚。
君能知此意，恨未對牀談。

SNP0909(詩-續卷1-89)

奉酬靈芝精舍詩[76]

雲閒精舍聞新構，物外禪房憶舊遊。
去國何妨緣老退，買山聊作爲閒謀。
攜鑱屬藥芝田杳，拾桂烹茶竹院幽。
幾日牀前拜鳩杖，玲瓏窗戶看銀鉤。

---

75 癸丑年(1553, 明宗8, 53세) 11~12월 서울에서 지은 시로 추정된다.
76 癸卯年(1543, 中宗38, 43세) 2~8월 서울에서 지은 시로 추정된다.

SNP0910(詩-續卷1-90)

夜起[77]

窓雨打蕭蕭，砌蛩鳴切切。
悠悠夜館寂，悄悄秋氣徹。
黃卷在牀頭，孤燈照明滅。
夢回枕不安，起坐伴影子。
中歲負初心，當年慕前轍。
榮途眞竊吹，世故動遭掣。
時光不我延，得失空屢閱。
自嗜□糟粕，眞源非口舌。
塵編苦乞靈，果能補所缺。
我誠愧古人，蓬廬意未輟。

SNP0911(詩-續卷1-91~96)

絕句[78]

(詩-續卷1-91)

冰紈一道湛秋江，江上樓臺碧玉窓。
何處孤帆飛遠影，無心鷗鳥自雙雙。

---

77 癸卯年(1543, 中宗38, 43세) 7~8월 서울에서 지은 시로 추정된다.
78 癸卯年(1543, 中宗38, 43세) 7~8월 서울에서 지은 시로 추정된다.

(詩-續卷1-92)

庭草荒涼梧葉衰, 種花今日幾人移。

偶呼一枕支頭臥, 身世渾忘蝶夢時。

(詩-續卷1-93)

爐烟淡淡日暉暉, 庭院無人雀自飛。

畢竟<u>何曾</u>堪一笑, 悠悠千古摠成非。

(詩-續卷1-94)

汀洲姸日晚烟孤, 雪色蘆花亂遠鳧。

自是江村多樂事, 販鮮回處酒能沽。

(詩-續卷1-95)

風窗無紙怵淒淒, 蛛網空梁舊燕泥。

徑棘時時山鼠竄, 庭松夜夜野烏栖。

(詩-續卷1-96)

舟泊當年憶計偕, 一身從此落天街。

只[79]今空羨南飛鴈, 秋滿江鄉有所懷。

---

79 只 : 樊本에는 "至"로 되어 있다.

SNP0912(詩-續卷1-97~98)

九日, 同林大樹、朴和叔、曹雲伯, 登蕩春臺。二首[80]

(詩-續卷1-97)

絶壑三秋末, 高臺一氣傍。

共君來占勝, 落日進風凉。

(詩-續卷1-98)

削玉千層巘, 鎔銀幾曲灘。

西風任吹帽, 叵耐白頭寒。

SNP0913(詩-續卷1-99~100)

次韻, 答林士遂·金應霖【甲辰】[81]

(詩-續卷1-99)

故人書信逐春溫, 喚我窮村梅柳魂。

愈病已同因檄手, 披肝何用更牋闈。

湖州日暖迷烟景, 仙舘花明絶世煩。

---

80 甲寅年(1554, 明宗9, 54세) 9월 9일경 서울에서 지은 시로 추정된다. 中本(卷9,
《外集目錄》)에는 〈九日, 同(林大樹)·朴和叔·曹雲伯, 登蕩春臺。三首〉로 되어 있다.
樊本, 上本(卷9,《逸目錄》)에는 "九日, 同(林大樹)·朴和叔·曹雲伯, 登蕩春臺。三首
【二首見續】"으로 되어 있다.

81 甲辰年(1544, 中宗39, 44세) 2월 17일경 禮安에서 지은 시로 추정된다. 〔編輯
考〕이 시는 內集 卷1의 〈次韻, 答金應霖·林士遂在東湖見寄, 二首【甲辰○余癸卯冬,
下鄕, 病未還朝, 春, 兩君寄詩來。】〉와 합편해야 한다.

爲感二君多古義，相思千里要同論。

(詩-續卷1-100)

脫卻綿裘贈別時，慇懃相念折膠威。
豈知物色生湖館，猶抱沈綿鎖潤扉。
早放霜蹄君用戒，初收風纜我無違。
湖邊苦負尋梅約，何似楊州何遜歸。

SNP0914(詩-續卷1-101)

朴正字重甫，攜詩見過[82]

役役名場步武聯，光陰瞥眼送流川。
君如俊鶻橫雲外，我似羸驂跼道邊。
已荷蓬門映玉一，更留瓊韻抵金千。
妙齡志業無輕讓，深備親承雨露天。

SNP0915(詩-續卷1-102)

寄閔景說[83]

昔在城塵夢亦驚，林居今日樂全生。

---

82 甲辰年(1544，中宗39，44세) 2월 17~26일 禮安에서 지은 시로 추정된다. 上本
에는 〈朴正字重甫，攜詩來見〉으로 되어 있다.

83 甲辰年(1544，中宗39，44세) 2월 17~26일 禮安에서 지은 시로 추정된다.

睡開翠牖迎風至，歌擊瓠尊答鳥鳴。

豹隱不嫌山霧重，龍蟠自喜石潭清。

松筠一壑藏身世，肯向人間道姓名。

SNP0916(詩-續卷1-103~104)

丹陽東軒書懷[84]

(詩-續卷1-103)

扶病經行蜀道難，主人留客洗辛酸。

春風似欲欺霜鬢，吹送殘花去又還。

(詩-續卷1-104)

丹陽佳節□重三，滿目烟華氣政醺。

莫唱新詞勸歸去，客心元自繞江南。

SNP0917(詩-續卷1-105)

甲辰季夏，病解臺務，求補高城郡不得，悶[85]中作此。擬從安挺然
借看武夷志，適金博士質夫與同鄉諸友，要余遊南山中，余往赴
之，過挺然家，令人叩門，投詩而去【挺然，名珽。】[86]

匡廬頭白不能歸，欲乞溫、台計亦違。

---

84 甲辰年(1544, 中宗39, 44세) 3월 1일경 丹陽에서 지은 시로 추정된다.

85 悶 : 上本에는 "閑"이라고 되어 있다.

願借《山經》尋九曲，洗空塵土十年非。

SNP0918(詩-續卷1-106~109)

次圭庵韻[87]

(詩-續卷1-106)

異趣如水火，同心如蘭臭。
願得出世人，襟期終宇宙。

(詩-續卷1-107)

我過竹溪門，短章投所好。
寧知主人翁，花徑爲公掃。

(詩-續卷1-108)

相望自貽阻，還如隔山嶽。
坐想玉雪標，猶能洗炎濁。

(詩-續卷1-109)

作詩招我來，銀鉤耀彩景。

---

86 甲辰年(1544, 中宗39, 44세) 6월 23일경 서울에서 시은 시로 추정된다.

87 甲辰年(1544, 中宗39, 44세) 6월 23일경 서울에서 지은 시로 추정된다. 〔編輯考〕
이 시는 續集 卷1의 〈次竹囪韻〉 및 遺集 內篇 卷1의 〈甲辰季夏, 病解臺務, 求補高城
郡不得. 間中作此, 擬從安挺然, 借看《武夷志》, 是日圭庵宋眉叟, 訪挺然留飮, 見拙
詩, 因與挺然同和見寄, 追此奉呈〉과 합편해야 한다.

忽覺萬竅號, 蕭蕭風泉冷。

SNP0919(詩-續卷1-110~111)

次竹𡩋韻[88]

(詩-續卷1-110)

我酖[89]山野靜, 塵勞汨其天。
南山有佳處, 招我入雲烟。
過門君不嗔, 詩來還憮然。

(詩-續卷1-111)

君家花竹秀, 圖書揷滿壁。
門多長者轍, 知音一夔足。
共作招我詩, 詩淸書少肉。
達人無畦町, 法士守繩尺。
我病不飮酒, 翛然臥松石。
淸賞各相阻, 贈懷那更惜。

---

88 甲辰年(1544, 中宗39, 44세) 6월 23일경 서울에서 지은 시로 추정된다. 〔編輯考〕
이 시는 續集 卷1의 〈次圭庵韻〉및 遺集 內篇 卷1의 〈甲辰季夏, 病解臺務, 求補高城
郡不得。閒中作此, 擬從安挺然, 借看《武夷志》, 是日圭庵宋眉叟, 訪挺然留飮, 見拙
詩, 因與挺然同和見寄, 追此奉呈〉과 합편해야 한다.

89 酖 : 續草本의 추기에 "'酖'當'耽'。"이라고 하였고, 樊本에는 "耽"으로 되어 있고,
養校、柳校에 "'酖'恐'耽'之誤。"라고 하였다.

SNP0920(詩-續卷1-112)

次甓寺住持信覺詩軸韻[90]

神勒前朝寺, 高僧普濟居。
烟雲暮帆落, 水月夜牕[91]虛。
名利身猶縛, 山林跡若疎。
孤懷感泡沫, 萬事付澆書。

SNP0921(詩-續卷1-113~115)

士遂自書堂攜印上人來, 請題詩卷。三首[92]

(詩-續卷1-113)

十載茫茫走路歧, 故園閒卻一筇枝。
山僧可是都無事, 又向風塵苦乞詩。

(詩-續卷1-114)

夢魂夜夜繞蒼藤, 塵裏依然有髮僧。

---

90 甲辰年(1544, 中宗39, 44세) 6~7월 서울에서 지은 시로 추정된다.

91 牕 : 續草本에는 "窓"으로, 上本에는 "窻"으로 되어 있다.

92 癸卯年(1543, 中宗38, 43세) 7~8월 서울에서 지은 시로 추정된다.《退溪先生至書目錄外集【逸】》에 제목이 〈癸卯秋, 余久在病告, 將歸鄉, 不果。悄然獨居, 錦湖林士遂, 自東湖攜印上人見過, 口誦上人卷中詩, 苦索和贈, 余固肯之。旣而余與士遂同在書堂, 上人袖詩來請, 遂因書以贈之。四首〉로 되어 있는데, 지금 살펴보건대, 이 시는 원래 4수였는데 일실되었다가 한 수를 제외하고 다시 수집된 것이다.

鶴錫何山堪住著，他時同汝一龕燈。

(詩-續卷1-115)

落落高懷肯自低，來尋蓬戶伴雲鞋。
爲憐滿袖皆虹月，行遍千山夜不迷。

SNP0922(詩-續卷1-116)

**乘曉出城，路由書堂後山谷，開抵書堂，應霖獨在，已而，士遂
亦至**[93]

晨興罷梳盥，出門仍跨馬。
我友在湖堂，相期不可舍。
厭從轂擊路，行尋草沒野。
繚繞入谷裏，詰曲穿松下。
空翠裛衣衫，礨石礙行踝。
坡[94]陀上峻岡，眼界驚谺谽。
西望萬雉城，瑞烟籠碧瓦。
東臨百頃湖，霧捲羣山嚲。
中藏小有洞，窈窕堪結社。
宿雨值初收，清泉競寒瀉。
還如故山中，芒鞵潤苔惹。

---

93 甲辰年(1544, 中宗39, 44세) 6~7월 서울에서 지은 시로 추정된다.
94 坡 : 續草本의 추기에 "'坡'更考草本次。"라고 하였다.

境絶塵事遠，意愜幽襟寫。
微蹊屢欲無，清景眞堪把。
吟鞍迷遠邇，忽見渠渠厦。
入門似禪家，松梧碧蕭灑。
相看一笑粲，我輩本高雅。

SNP0923(詩-續卷1-117)
病中李子發求藥[95]

靑山入夢覺難尋，舊雨來人不到今。
與子隔鄰同抱病，不妨分藥共愁吟。

SNP0924(詩-續卷1-118)
又吟[96]

雨餘雲態欲何尋，來往空中自在今。
滿院蒼苔映疎竹，風輕時有一蟬吟。

---

95 甲辰年(1544, 中宗39, 44세) 7월 1~25일 서울에서 지은 시로 추정된다.
96 甲辰年(1544, 中宗39, 44세) 7월 1~25일 서울에서 지은 시로 추정된다.

景說〈夜坐〉韻[97]

今夜身如到湖寺，向時性本愛林泉。
愁根欲拔三千丈，騷興難窮一百篇。
塞鴈佇回霜近信，砌蛩催送客增年。
無人共對南樓月，坐看星河落曉巓。

次韻士遂[98]

秋入西溪響玉舂，雲飛夕霽露天容。
那堪景物供詩瘦，欲遣愁懷到酒濃。
化國光陰閒裏度，道山書籍病來慵。
令人苦憶平居日，萬事忘機只一筇。

寄謝友人寄巨勝[99]

故人在南國，書信有巨勝。

---

97 甲辰年(1544, 中宗39, 44세) 7월 1~25일 서울에서 지은 시로 추정된다.
98 甲辰年(1544, 中宗39, 44세) 7월 1~25일 서울에서 지은 시로 추정된다.
99 甲辰年(1544, 中宗39, 44세) 7월 25일경 서울에서 지은 시로 추정된다.

知我抱沈痾，爲我養生贈。
君有發硎刀，時命頗蹭蹬。
分符古伽倻，齊民室縣罄。
斂惠施一方，嘉政實傾聽。
況今島夷釁，南徼事方絚。
天城截海築，州府多酬應。
蠻畫脫肆毒，要衝急緯經。
胸中六韜策，制勝在膽定。
屹然作干城，黎氓著袵暝。
何妨燕子月，時寄不淺興。
顧我謬君恩，自愧誠不佞。
東觀屋渠渠，太官供餕飣。
架挿千萬卷，欲讀難聽瑩。
幺[100]螢慕太陽，寸莛發古磬。
此道不下帶，力微誰與證。
區區用心末，魚魯互參訂。
鹵莽適疲神，焉能續鳧脛。
徒然厠諸彦，魚目混照乘。
時光水滔滔，往者如墮甑。
塞鴈近南翔，離君月幾恆。
悠悠我之思，鬱鬱度晨暝。
行當買歸舟，故山尋雲磴。

---

100 幺：續草本의 추기에 "'幺'更考韻書次。"라고 하였다.

養眞臥衡茅，君來問三徑。

SNP0928(詩-續卷1-122~123)

和景說，次友人見寄韻[101]

(詩-續卷1-122)

雲斂西風玉宇清，鄉愁日夜鬢邊生。
幼輿自可專丘壑，何得恩波誤聖明。

(詩-續卷1-123)

縱橫散帙擁樓清，吟骨秋來覺瘦生。
鴈過空中心共遠，山臨湖上眼雙明。

SNP0929(詩-續卷1-124)

次韻山中大雪[102]

雪後奇觀日照天，琪花璀璨落繽然。
清詩□□雖今歲，絶景遙知似去年。
寂寞寒栖依凍瀑，槎牙哀壑阻冰川。
蹇驢載我吟肩去，收拾何緣付一鞭。

---

101 甲辰年(1544, 中宗39, 44세) 7월 25일~9월 20일 서울에서 지은 시로 추정된다.

102 甲辰年(1544, 中宗39, 44세) 10~12월 서울에서 지은 시로 추정된다.

次韻[103]

學嫌徒博不精微, 黃鵠摩天自習飛。
爲問一生長逆旅, 何如仁宅早來歸。

中宗大王挽詞[104]

晉水龍飛赫御天, 中興國祚事光前。
民方飢渴功仍倍, 政譬陽春物自甄。
慕古意深興禮樂, 求賢心切斷遊畋。
爲君不易如臨谷, 受諫無難若轉圜。
孝理推明光下上, 人材鼓舞感魚鳶。
生成覆載同無憾, 舒慘陰陽合自然。
事大積誠恩沓至, 懷夷修德款爭先。
波安東海經三紀, 慍解南風屬五絃。
聖壽擬添籌滿屋, 宸憂還減夢增年。
丹成軒鼎舟移壑, 奠落堯階日捲淵。
慟哭臣工同淚雨, 悲號士女盡情田。
無緣返駕雲重隔, 已迫閟山月五弦。

---

103 甲辰年(1544, 中宗39, 44세) 10~12월 서울에서 지은 시로 추정된다.
104 乙巳年(1545, 仁宗1, 45세) 윤1월 서울에서 지은 만사로 추정된다.

千仗出城虛紫禁，百靈陪衛送黃泉。

金莖詎有長生訣，玉几猶存末命傳。

象設園陵非鴈海，貽謨宗社等坤乾。

他時苦憶庚橫兆，後世深憑《石鼓篇》。

幄座纔停宣政侍，葵心叵耐《儺歌編》。

哀吟一曲頭渾雪，欲和春山口血鵑。

SNP0932(詩-續卷1-127)

月下散步北園花樹下，用肥仙韻，寄南景霖，病中聊以遣懷〔時景
霖留行〕[105]

柳條烟暝不勝垂，街裏稀聞響轂蹏。

我逐暗香來樹下，君吟明月隔墻西。

病中詩律嗟成障，身外榮名覺似泥。

每憶田家春欲暮，青山白水繞陂隄。

SNP0933(詩-續卷1-128)

再用前韻，答樂山齋主人[106]

□□佳箭但增悲，誰遣風花入馬蹏。

---

105 乙巳年(1545, 仁宗1, 45세) 3월경 서울에서 지은 시로 추정된다.
106 乙巳年(1545, 仁宗1, 45세) 3월 서울에서 지은 시로 추정된다.

一院自籠香世界，三春都閣玉東西。
遊蜂柱隙閒成溜，新燕牀頭故落泥。
正似維摩方丈室，波濤無復壞金隄。

SNP0934(詩-續卷1-129)

寄呈圭庵 宋先生【乙巳】[107]

圭庵昔在風塵中，蕭灑[108]不作風塵容。
今歸清城[109]學耕稼，清城□□[110]如姑射。
肯將榮辱入靈臺，一簞一瓢師顏回。
吾聞天下有至樂，非金非石非絲竹。
同志之人與我違，獨抱塵編荒是非。

SNP0935(詩-續卷1-130)

奉送同知兄聖節使朝京[111]

東方使節擁煒煌，五雲北闕朝帝鄉。

---

107 乙巳年(1545, 仁宗1, 45세) 10~12월 서울에서 지은 시로 추정된다. 〔資料考〕
이 시는 宋麟壽의《圭菴集》卷4,《乙巳傳聞錄》〈宋麟壽傳〉,《海東雜錄》卷1 및《燃
藜室記述》卷10에도 실려 있다.

108 灑 :《乙巳傳聞錄》에는 "洒"로,《海東雜錄》에는 "洒"로 되어 있다.

109 城 :《乙巳傳聞錄》,《燃藜室記述》에 "州"로 되어 있다.

110 □□ : 續草本의 추기에 "'穀熟'. 漱石■"이라고 하였고, 樊本에는 "穀熟"으로,
《圭菴集》,《乙巳傳聞錄》,《海東雜錄》,《燃藜室記述》에는 "穀熟"이라고 되어 있다.

帝鄉遙望幾千里，風餐露宿愁關梁。

玉皇大庭賀聖節，衣冠萬國同趨蹌。

桑弧壯志粗可酬，何用臨歧涕泗滂？

憶我家在古宣城，少小失怙門祚涼。

教嚴慈母斷織機，誨感叔父焚香囊。

辛勤尙須微祿養，翰墨場中聯鴈行。

阿奴碌碌遽嬰疾，中道輟業思深藏。

賴兄湔拔策駑蹇，接武青雲期立揚。

豈知三釜與五鼎，國恩不暨慈恩償？

仲由空懷負米痛，皋魚不盡風木傷。

去年不得同上壠，今年心事又乖張。

抱弓方在哭鼎湖，乘槎已戒超銀潢。

由來公義奪家私，怵惕雨露凄風霜。

夙夜惟當念無忝，賢勞肯憚懷靡遑？

當今嗣王仁且孝，自天鳳詔頒龍章。

虔修侯度禮無違，太平日月昭重光。

吾君誠意使所將，多儀及物玄與黃。

自昔華人重我國，如今束縛同胡羌。

秖緣規利不自貴，犧身辱國甘披猖。

其閒豈無季子賢？遂以濁河溷淸漳。

男兒大節自不撓，鼠輩微奸須峻防。

宓也嶄然出頭角，要堅志氣艱難嘗。

---

111 乙巳年(仁宗1, 1545년, 45세) 4월 22일 서울에서 쓴 시로 추정된다. 이 시는
《溫溪逸稿》 卷3에도 실려 있다.

辛甥小道亦可觀，朴郎絕藝誇穿楊。

去時朱光遍炎宇，歸來白雪欺行裝。

將神莫受寒暑侵，訪古盍發磊塊腸。

嗟我區區百無用，生涯長付養病坊。

離筵一篇意不盡，恨未決起參翱翔。

【去年秋，吾兄弟同受由，埽墳于禮安，臨發，兄因事停行旆，滉往還。兄更
以今春謀行，而弟亦有外舅之喪，將歸葬于安東，庶可同時埽奠矣。國恤與
詔使事相繼遷延，而兄有此行，弟又患病遂不果。人事之不可料每如是，因
別撫事，不勝感歎[112]，詩中略見，以寓昔人風雨對牀之懷云。】

SNP0936(詩-續卷1-131)

觀音院避雨【丙午】[113]

主屹山頭雲漠漠，觀音院裏雨浪浪。

卻憐關嶺雖重蔽，不隔思君一寸腸。

SNP0937(詩-續卷1-132)

雞聲[114]

雞聲催起趁農蠶，終歲無休婦共男。

112 歎 : 上本에는 "嘆"으로 되어 있다.

113 丙午年(明宗1, 1546년, 46세) 3월 4~10일 聞慶에서 쓴 시로 추정된다.

獨我閒忙隨地換，日高枕上憶朝參。

SNP0938(詩-續卷1-133~135)

四印居士盧仁父見訪，用前韻[115]

(詩-續卷1-133)

楊柳春溪弄麴塵，君來披豁見天眞。

林居意趣君休問，自是淸時隴畝人。

(詩-續卷1-134)

醞藉君同鄒律風，能令寒谷變春融。

更聞誦說崔文憲，絶歎[116]斯文昉海東。

【仁父，海州人，爲談崔文憲事，文憲亦州人也。】

(詩-續卷1-135)

寂寥林下邵杯盤，窮鬼何須欲去韓？

萬事人閒都信《易》，一生隨處我生觀。

【康節詩"林下杯盤太寂寥云云。"是日，乃正月晦日也。】

----

114 丙午年(明宗1, 1546년, 46세) 3~6월 禮安에서 쓴 시로 추정된다.

115 年月未詳, 禮安에서 쓴 시이다.

116 歎 : 上本에는 "嘆"으로 되어 있다.

溪莊偶書[117]

(詩-續卷1-136)

爲卜幽栖地, 先栽小圃蔬。

靑山當對戶, 碧澗擬鳴除。

卄載方爲社, 三椽尙未廬。

但無違素志, 貧窶我焉如?

(詩-續卷1-137)

又

苦雨傷嘉穀, 端居養道心。

晚雲生遠壑, 歸鳥傍深林。

隙地堪開徑, 幽巖可散襟。

手中烏竹杖, 與我最知音。

東巖言志[118]

剔蔚搜奇得古巖, 幽居從此更非凡。

---

117 丙午年(明宗1, 1546년, 46세) 5~6월 禮安에서 쓴 시로 추정된다.

118 丙午年(明宗1, 1546년, 46세) 5~6월 禮安에서 쓴 시로 추정된다. 이 시는 內集 卷1의 〈東巖言志〉와 합편해야 한다.

休論費力開堂宇，且待成陰植檜杉。
已著幼輿安用畫？可藏商浩[119]不應饞。
天開眞樂無涯地，築室優游思莫緘。
【邵康節詩"築此巖邊小書室，樂吾眞樂樂無涯。"】

SNP0941(詩-續卷1-139)

觀物[120]

天理生生未可名，幽居觀物樂襟靈。
請君來看東流水，晝夜如斯不暫停。

SNP0942(詩-續卷1-140)

次韻黃仲擧見寄[121]

偶來坐溪陰，詩至一長吟。
我病君亦病，奈此碧山岑？
溪鳥自相樂，溪雲本無心。
安得如二物，終年保幽襟？
【時仲擧與重甫約同遊淸凉，而不果。】

---

119 浩：續草本의 추기에 "'浩'恐'皓'。漱石▣。"이라고 하였다. 樊本에는 "皓"로 되어
있다. 柳校에 "恐指商山四皓, 而'皓'作'浩', 可疑。"라고 하였다.
120 丙午年(明宗1, 1546년, 46세) 5월 禮安에서 쓴 시로 추정된다.
121 丙午年(明宗1, 1546년, 46세) 5월 禮安에서 쓴 시로 추정된다.

修泉[122]

昨日修泉也潔清, 今朝一半見泥生。
始知澈淨由人力, 莫遣治功一日停。

修溪[123]

浩劫溪中亂石稠, 我求遷盡看平流。
但令一段精誠在, 寧見愚公志未酬?

九日梳髮[124]

甕牖能生斗室明, 千梳稀髮一簪輕。
柴扉寂歷無人到, 臥聽黃鸝百囀聲。

---

122 丙午年(明宗1, 1546년, 46세) 5~9월 禮安에서 쓴 시로 추정된다.
123 丙午年(明宗1, 1546년, 46세) 5~9월 禮安에서 쓴 시로 추정된다.
124 丙午年(明宗1, 1546년, 46세) 9월 9일 禮安에서 쓴 시이다.

SNP0946(詩-續卷1-144)

絶句¹²⁵

坐睡茅齋晝揜¹²⁶關，翛然無夢到槐安。
覺來忽得瞪然喜，疏飯藜羹意自閒。

SNP0947(詩-續卷1-145)

次韻答季珍¹²⁷

作別已三歲，秋風又颯如。
君今返京國，我本愛林居。
夢想衰猶甚，交情病豈疎？
關河數千里，賴有一封書。

SNP0948(詩-續卷1-146)

養眞庵得吳仁遠書，有‘養眞’字，因寄一絶¹²⁸

草草開庵號養眞，依山臨水足頤神。
故人千里如相識，書面先題兩字新。

---

125 丙午年(明宗1, 1546년, 46세) 9월 10~29일 禮安에서 쓴 시로 추정된다.
126 揜 : 上本에는 "掩"으로 되어 있다.
127 丙午年(明宗1, 1546년, 46세) 9월 10~29일 禮安에서 쓴 시로 추정된다.
128 丙午年(明宗1, 1546년, 46세) 11~12월 禮安에서 쓴 시로 추정된다.

去冬無雪而雨，立春日寒甚，書事【丁未】[129]

無雪經冬雨臘天，新正何事始冰堅？

孤衾到曉偏知冷，百物迎春未放妍。

臥疾漳濱粗償債，卜居瀍岸且隨緣。

何當共結金蘭友，討論遺經畢暮年？

人日[130]

人日無人叩我廬，閉門且讀古人書。

羸形豈合嬰塵累？褊性從來愛靜居。

雀噪林閒烟漠漠，牛眠籬下日舒舒。

敢論志業非愚分，離索長憂惑未袪。

聾巖先生約於山中相見，往候未至，遂下山，至魚箭川上[131]

袖拂輕嵐滴翠寒，芒鞋苔徑踏潺湲。

---

129 丁未年(明宗2, 1547년, 47세) 1월 5일 禮安에서 쓴 시이다.

130 丁未年(明宗2, 1547년, 47세) 1월 7일 禮安에서 쓴 시이다.

日斜未遇芝仙伯，行盡山閒抵水干。

SNP0952(詩-續卷1-150)

又賦寄黃仲擧、李大用，是日兩君陪來[132]

病起能穿屐，荒尋遂度岑。

有時休石上，隨意坐松陰。

擬問屛庵址，相迎箭水潯。

清泠一勺飮，何用酒杯深？

【僕以病戒飮，惟飮水。仲擧云：“周景遊來此，輒飮水數瓢，曰：‘此淸泠之水，何可不飮耶?’”俗謂‘魚梁’爲‘箭’。】

SNP0953(詩-續卷1-151)

次〈汾川續九老會〉韻[133]

五百年纔八十年，鄉耈高會慶追前。

萊衣昔奉靈椿樹，毛橄今供不老仙。

闔境儘餐潭菊露，全家應飮井砂泉。

---

131 丁未年(明宗2, 1547년, 47세) 3월 禮安에서 쓴 시로 추정된다.

132 丁未年(明宗2, 1547년, 47세) 3월 禮安에서 쓴 시로 추정된다.

133 丁未年(明宗2, 1547년, 47세) 9월 10~14일 禮安에서 쓴 시로 추정된다. 이시는 《聾巖集》 卷1에도 실려 있다.

和詩獨抱無涯感, 奇事何妨萬口傳?

【知事致政相公閤下, 會鄕老七十以上十人, 以續癸巳九老之會, 仲胤永川倅公幹氏, 旣以專城之奉來設壽筵, 作詩頌禱, 拳拳愛敬之意溢於言表。不肖無狀, 夙抱皐魚之悲, 捧詩誦詠之餘, 不勝感歎[134]。謹奉和再拜呈上, 非敢言詩, 庶爲屬[135]和者先驅, 以廣盛事云。】

SNP0954(詩-續卷1-152~153)
次韻[136]

(詩-續卷1-152)

疾風驅雨望中橫, 頃刻雲收列綵屛。

忽有瓊章來入眼, 水聲山色助餘淸。

【右, 卽景敍意。】

(詩-續卷1-153)

躑躅偏承顧眄榮, 小園深處得栽成。

含情日日如相待, 春去猶能照眼明。

【右, 躑躅移栽日, 相公適臨爲花之幸, 故此句專及之。】

---

134 歎 : 上本에는 "嘆"으로 되어 있다.

135 屬 : 樊本에는 "續"으로 되어 있다.

136 丁未年(明宗2, 1547년, 47세) 4월 禮安에서 쓴 시로 추정된다.

SNP0955(詩-續卷1-154)

辛卯秋，龜巖 黃敬甫赴燕京，余有詩一首贈別，至今十有七年，
而余被召，道經龜城，敬甫出詩示之，且次韻見贈，余亦和之[137]

握手重看月一周，龜溪樓上菊殘秋。
社樗未必思充棟，海蚌何須願綴旒？
萬事已妨雲外想，一罇難解客中愁。
魚肥稻熟江村樂，輸與君閒臥僻陬。

SNP0956(詩-續卷1-155～161)

臘月二十日，景清兄將行，風雨盡日，仍出安西客舍夜話，及涵虛
堂話別詩七首，謹次韻敘感[138]

(詩-續卷1-155)

安西城裏月周天，應似[139]飛鴻踏雪連。
去住更分千里影，從知心事兩茫然。

---

137 丁未年(明宗2, 1547년, 47세) 9월 16일경 榮州에서 쓴 시로 추정된다. "秋"는
養校에 "《目錄》'秋'字脫。"이라고 하였다.

138 丁未年(明宗2, 1547년, 47세) 12월 20일 서울에서 쓴 시이다. 이 시는《溫溪逸
稿》卷1에도 〈次韻〉이라는 제목으로 실려 있다.《退溪先生年表月日條錄》에는 "榮州"
라고 하였다.《溫溪先生年譜》에 根據하여 修正하였다.

139 似 : 樊本의 두주에는 "'似', 一本作'侶'。"이라고 하였다.

（詩-續卷1-156）

天涯離抱故難強, 此別還經幾燠涼？

卻到漢城同旅榻[140], 愁陰三日助凄傷。

（詩-續卷1-157）

風雨聲中住別期, 黯然相對念行時。

鄉關此隔猶千里, 跋涉何如馬僕疲？

（詩-續卷1-158）

客中離別已悽[141]然, 病裏思鄉覺又偏。

牕[142]外雨聲工碎恨, 自然霜雪點頭邊。

（詩-續卷1-159）

苦雨盲風歲欲闌, 鴒原情緒太多端。

凶年故國[143]多窮餓, 河潤無由但眼漙。

（詩-續卷1-160）

身外榮枯竟何有？ 世間歧路恐終迷。

那堪更遣萍蓬跡, 一逐東歸一在西？

---

140 榻 : 樊本의 두주에는 "'榻', 一本作'枕'。"이라고 하였다.

141 悽 : 上本에는 "凄"로 되어 있다.

142 牕 : 樊本, 上本에는 "窓"으로 되어 있다.

143 國 : 樊本의 두주에는 "'國', 一本作'里'。"라고 하였다.

(詩-續卷1-161)

逍遙風雨兩蘇公, 黃髮靑山宿願同。
此志未酬眞可惜, 令人長憶畝南東[144]。

SNP0957(詩-續卷1-162)

路上次士推韻【時赴丹陽。】[145]

曠野山銜月, 長途馬蹣泥。
渡江回我首, 京闕意都迷。

SNP0958(詩-續卷1-163)

次二樂樓韻【戊申】[146]

大水雄吞小水流, 四山嵐翠撲紅樓。
風生絶壁凉虛簟, 雨罷歸雲豁遠洲。
坐久不知簷日側[147], 吟餘更覺洞天幽。
舊聞動靜皆天理, 莫遣胸中著許愁。

---

144 東：樊本, 上本에는 뒤에 별행하여 "兄弟久不相見, 正緣遊宦四方之故, 雖人事
之所不免, 亦古人所深歎也。故坡翁贈子由詩, '等是新年不相見, 此身應坐不歸田。'
然兩蘇終未遂此約, 爲可惜也。末篇欲述此意, 而辭有未達, 故跋云。"이 있다.

145 戊申年(明宗3, 1548년, 48세) 1월 10일경 廣州에서 쓴 시로 추정된다.

146 戊申年(明宗3, 1548년, 48세) 4~5월 丹陽에서 쓴 시로 추정된다.

147 側：續草本의 추기에 "'側', 更考艸本次。"라고 하였다.

SNP0959(詩-續卷1-164)

寄贈李季眞之燕[148]

侵撓可驗堅貞在，乖隔猶能臭味同。
萬里迢迢[149]槎上漢，歸來不必問嚴公。

SNP0960(詩-續卷1-165~167)

秋日書懷[150]

(詩-續卷1-165)

我是山中拙滯蹤，如今百計墮虛空。
求醫浪試千方驗，作吏難酬一寸功。
鴈引愁心天共遠，風牽歸思水無窮。
重陽屈指催家釀，莫負煌煌滿鈿叢。

(詩-續卷1-166)

荏苒年光劇駏馳，秋來先覺鬢霜欺。
早知得鹿非眞境，寧信亡羊有衆歧？
菊院亂蛩風勃窣，梧林翻鵲月參差。
平生自哂詞郊苦，此日人驚貌沈羸。

---

148 戊申年(明宗3, 1548년, 48세) 7~9월 丹陽에서 쓴 시로 추정된다.

149 迢迢 : 上本에는 "超超"로 되어 있다.

150 戊申年(明宗3, 1548년, 48세) 7~9월 丹陽에서 쓴 시로 추정된다.

（詩-續卷1-167）

可憐病後人岑寂，粗識年來事嶮巇。

種竹當軒塵已淨，裁蔬替肉口堪賫。

幽花晚節空多思，獨鳥寒栖亦不欺。

昨夜燈前作鄉信，爲言收拾□童兒[151]。

SNP0961（詩-續卷1-168）

挽權貳相[152]

戇直寧容智巧營？ 此心要不負平生。

惟傷戴德危機迫，豈料連兒巨禍嬰？

故里放歸方念咎，窮邊謫去竟含情。

病中垂涕緣何事？ 觀過知仁恐未明。

---

151 童兒 : 저본에는 "兒童"으로 되어 있다. 續草本의 추기, 樊本의 두주, 柳校에 根據하여 修正하였다. 續草本의 추기에 "'兒童' 疑乙。漱。"라고 하였다. 樊本의 두주에 "'兒童,' 恐當乙。"이라고 하였다. 柳校에 "音不叶, 當乙。"이라고 하였다.

152 戊申年（明宗3, 1548년, 48세） 10월 丹陽에서 쓴 시로 추정된다. 이 시는 權橃의 《冲齋集》 卷9《附錄》에도 실려 있다.

退溪先生文集

續集　卷二

SNP0962(詩-續卷2-1)

沿牒到尙州, 主牧金季珍歸鄉未返【己酉】[1]

沙伐雄州擅至今, 虹橋過了度長林。
樓臺眩日糚新畫, 楊柳迎春擺嫩金。
一念易陳千古跡, 重來依舊十年心。
那知主牧天涯去, 不作罇[2]前對醉吟?

SNP0963(詩-續卷2-2)

次風詠樓韻[3]

我來君不在, 城郭月猶明。
夢裏山重阻, 愁邊草欲生。
餘寒春尙峭, 病骨夜還淸。
細和州樓句, 家亭賞共名。

---

1 己酉年(明宗4, 1549년, 49세) 1월 尙州에서 쓴 시로 추정된다. 이 시는 續集 卷2
의 〈次風詠樓韻〉, 遺集 外篇 卷1의 〈僕往星州, 當留十日, 其還意可見君之還, 今得星
吏報, 已罷都會。明將遂還, 夜坐書所感, 留奉云【己酉○在豊基時, 爲星州都會考官,
行到尙州, 州牧金公季珍歸鄉未返, 留詩三首而還。二首見續集。○手帖藏十三代孫
綱鎬家, 十二代孫中業追輯】〉과 합편해야 한다.

2 罇 : 樊本에는 "樽"으로 되어 있다.

3 己酉年(明宗4, 1549년, 49세) 1월 尙州에서 쓴 시로 추정된다. 이 시는 續集 卷2
의 《次風詠樓韻》, 遺集 外篇 卷1의 《僕往星州, 當留十日, 其還意可見君之還, 今得星
吏報, 已罷都會。明將遂還, 夜坐書所感, 留奉云【己酉○在豊基時, 爲星州都會考官,
行到尙州, 州牧金公季珍歸鄉未返, 留詩三首而還。二首見續集。○手帖藏十三代孫
綱鎬家, 十二代孫中業追輯】》과 합편해야 한다.

SNP0964(詩-續卷2-3)

四月二十二日，將見諸生於白雲書院，馬上卽事[4]

錦水寒添夜雨淸[5]，朝雲新捲衆山靑。
野棠滿路吹香霧，角角時聞雄雉鳴[6]。

SNP0965(詩-續卷2-4)

過順興鄉校舊址【有紙筆峯、硯墨池。】[7]

蕭條籬落數家村，雞犬桑麻晝掩門。
紙筆峯前池水涸，當時絃誦更誰論？

SNP0966(詩-續卷2-5)

光風臺【在石崙寺西，景遊名之，有詩。】[8]

美名感余衷，策杖尋古臺。

---

4 己酉年(明宗4, 1549년, 49세) 4월 22일 豐基에서 쓴 시이다. 初本(3책, 別集)의 부전지에 “小白山之行。”이라고 하고, 그 추기에 “已見《遊小白錄》。”이라고 하였다.
5 淸：續草本의 추기에 “淸，考草本次。”라고 하였다. 上本에는 “晴”으로 되어 있다.
6 鳴：初本(3책, 別集)에는 뒤에 “【至下□□□遊小白山時作。】”이 있다.
7 己酉年(明宗4, 1549년, 49세) 4월 23일 豐基에서 쓴 시이다. 初本(3책, 別集)에는 “池” 뒤에 “自註”가 있다.
8 己酉年(明宗4, 1549년, 49세) 4월 23일 豐基에서 쓴 시이다. 初本(3책, 別集)에는 “詩” 뒤에 “自註”가 있다.

僧言周去後，遊人莫往來。

絶壁梯可升，荒榛翳可開。

秪⁹恐光霽處，不在南溟杯。

欲問無極翁，眞知竟誰哉？

SNP0967(詩-續卷2-6)

紫蓋峯【景遊詩"峯頭生樹盡青楓，七月來看楓半紅。直到深秋如紫蓋，我來揮筆彩雲中。"】¹⁰

肩輿橫度半天中，照眼無邊躑躅紅。

寄語詩翁吟紫蓋，清秋何必爛霜楓？

SNP0968(詩-續卷2-7)

上伽陁【希善長老、普照國師住處。】¹¹

俯瞰千崖雲一頃，蕭條板屋依巖靜。

---

9 秪 : 樊本·上本에는 "秖"로 되어 있다.

10 己酉年(明宗4, 1549년, 49세) 4월 24일 豐基에서 쓴 시이다. 이 시는 內集 卷1
〈紫蓋峯〉과 합편해야 한다. "半"이 저본에는 "□"로 되어 있다. 周世鵬의《武陵雜稿》
原集 卷3의 〈紫盖峯〉 시에 根據하여 修正하였다. 初本(3책, 別集), 樊本에는 "半"으
로 되어 있다. 續草本의 추기에 "'楓'下'缺'字,《愼齋集》作'半'字。"라고 하였다. 初本(3
책, 別集)에는 "中" 뒤에 "自註"가 있다.

11 己酉年(明宗4, 1549년, 49세) 4월 25일 豐基에서 쓴 시이다.

云是高僧入定處, 道力猶堪服頑猛。

九年宴坐不出山, 至今洗鉢餘寒井。

不須心法問如何, 苦行令人發深省。

SNP0969(詩-續卷2-8~15)

妙峯庵八景【庚戌】[12]

(詩-續卷2-8)

巖巒遠屏

鐵削蓮敷詭狀姿, 高高蘭若作屏圍。

不知宴坐觀空妙, 傳得渠家幾祖衣。

(詩-續卷2-9)

溪澗漱玉

巖泉虛馱[13]下雲巓, 日夕鏘鳴玉玦縣[14]。

靜坐山窓心自悅, 何須認作廣長禪?

(詩-續卷2-10)

洩霧漲海

煙騰霧鴻忽吞幷, 眼底山川渺渤溟。

---

12 庚戌年(明宗5, 1550년, 50세) 5~6월 禮安에서 쓴 시로 추정된다.

13 馱 : 續草本, 樊本에는 "駄"로 되어 있다.

14 縣 : 續草本의 추기에 "'縣', 考次。"라고 하였다.

一笑臨風俄變滅，<u>蓬萊</u>清淺詎須驚？

(詩-續卷2-11)

歸雲拖雨

遠勢橫拖帶樣雲，一方猶作雨乾坤。

龍公倦罷歸深洞，卻羨僧閒長閉門。

(詩-續卷2-12)

隱見濃蛾

浮嵐積翠自重重，抹畫愁眉抵死濃。

只爲人心枉生惱，高山寧作女兒容？

(詩-續卷2-13)

平遠落照

入望歸鴉背閃紅，雲山迢遞水無窮。

箇中物色詩人在，莫詫丹靑幻掃空。

(詩-續卷2-14)

月星掛簷

招提種種白榆邊，銀闕低空千里圓。

未必山高天便近，只疑身化已騰天。

(詩-續卷2-15)

鍾磬響空

上方鍾磬夏雲空，塵界人人摠若聾。

響空皐禽清夜唳, 風吹同入廣寒宮。

【宗粹上人結庵於小白山高處, 名曰妙峯。求題八景, 聊書此贈之, 以擬他日

尋遊之面目云。庚戌長至後有日, 退溪病叟書。】

SNP0970(詩-續卷2-16~23)

移竹, 次韻康節《高竹八首》[15]

(詩-續卷2-16)

穉竹兩三叢, 移來見其生。

且喜新萌抽, 何妨逸鞭行?

物遇人之幽, 人荷時之明。

山園一畝內, 幸矣相娛情。

(詩-續卷2-17)

穉竹種前庭, 我囟清且幽。

猗猗見長夏, 凜凜期高秋。

入而對此君, 出而漱溪流。

清寒[16]不厭多, 遇境恣所收。

(詩-續卷2-18)

穉竹種我庭, 亦在幽巖下。

---

15 庚戌年(明宗5, 1550년, 50세) 6월~윤6월 禮安에서 쓴 시로 추정된다.

16 寒 : 樊本에는 "閑"으로 되어 있다.

有松倂有梅，三節足成詫。

畸人有時來，俗駕寧對謝？

誠堪老此閒，肉食久已罷。

(詩-續卷2-19)

穉竹始成行，已似伯夷淸。

挺然衆卉中，自可樹風聲。

讓國一時義，恥粟百世情[17]。

長歌《採薇曲》，孰云鳴不平？

(詩-續卷2-20)

穉竹移難活，日夕勤灌蓋[18]。

托地如有欣，植立儼相對。

蕭灑淸眞意，忽與我心會。

譬德詠《淇澳》，詩人眞知愛。

(詩-續卷2-21)

穉竹有美姿，尖新脫綳初。

遷地醉來忘，舞梢笑時舒。

重露淸晨後，微涼小雨餘。

何須鳳鳴管，長短箏分銖？

---

17 情 : 上本에는 "淸"으로 되어 있다.

18 蓋 : 續草本의 추기에 "'蓋', 考出次."라고 하였다.

(詩-續卷2-22)

穉竹拔地生，意欲干雲上。

丹穴五色禽，離離去何向？

蕭蕭伴幽居，柴門日淸曠。

足明溪上翁，不願封侯相。

(詩-續卷2-23)

穉竹自成林，爽籟生寒葉。

樊川豈爾知？比之萬夫甲。

亦恐道太孤，栽菊繞成匝。

除害不可無，時時親操鍤。

SNP0971(詩-續卷2-24)

庚戌閏六月望，陪相公泛舟賞月[19]

夕陽催送牛江陰，攜酒登船傍碧潯。

炎氣忽收秋節警，暮雲俄散月光臨。

欣嘗異味壺公[20]宴，醉挾飛仙《赤壁》吟。

安得聯拳長水宿，十分淸景共沙禽？

【是日，立秋。】

---

19 庚戌年(明宗5, 1550년, 50세) 윤6월 15일 禮安에서 쓴 시이다. 中本(卷9,《外集目錄》)·樊本·上本(卷9,《逸目錄》)에는 〈汾川陪相公, 泛舟賞月〉로 되어 있다.

20 壺公 : 저본에는 "□□"로 되어 있다. 樊本에 根據하여 修正하였다.

SNP0972(詩-續卷2-25~26)

昨拜聾巖先生，退而有感作詩。二首[21]

(詩-續卷2-25)

林間高閣小如舟，晚上平臺俯碧流。

木落始知松節勁，霜寒更覺菊香稠。

山童解辨茶湯眼，琴婢能歌《水調頭》。

自媿[22]塵心渾未斷，商巖仙境得陪遊。

(詩-續卷2-26)

罇酒相攜許入舟，仍於高座笑臨流。

玲瓏玉界囪櫳靜，縹緲仙娥鼓笛稠。

世路向時眞失脚，菊花今日滿簪頭。

何因得脱浮名繫，日日來從物外遊？

SNP0973(詩-續卷2-27)

次韻答黃錦溪奉使到長鬐見寄【辛亥○一首見別集。】[23]

並海靑驄客，栖雲白髮翁。

---

21 甲辰年(中宗39, 1544년, 44세) 10월 3일 禮安에서 쓴 시로 추정된다.

22 媿 : 樊本에는 "愧"로 되어 있다.

23 辛亥年(明宗6, 1551년, 51세) 3월 3일 禮安에서 쓴 시이다. 이 시는 別集 卷2의 〈三月三日對雨, 次韻答黃仲擧。仲擧時奉使到長鬐〉, 遺集 內篇 卷1의 〈踏靑日, 對雨次黃仲擧〉와 합편해야 한다. 文草에는 〈次韻答黃錦溪奉使到長鬐見寄〉로 되어 있다.

相思惟[24]見月，有信忽傳風。

萬景雙眸裏，三春一病中。

由來男子事，不識有窮通。

SNP0974(詩-續卷2-28)

陪聾巖相公，遊月瀾菴[25]

閒居人事尙遭牽，適赴佳期又未全。

潭上坐吟花落岸，臺□登眺雨昏天。

談今說古襟逾豁，煮蕨烹魚興亦圓。

造物戲人猶足樂，穿雲歸袂更超然。

SNP0975(詩-續卷2-29)

崇默詩軸次觀物韻[26]

卷中觀物如逢面，物外遙憐仗節遊。

我爲此翁題和句，可能持去示翁不？

---

24 惟：文草에는 "唯"로 되어 있다.

25 辛亥年(明宗6, 1551년, 51세) 3월 禮安에서 쓴 시로 추정된다.

26 辛亥年(明宗6, 1551년, 51세) 4~6월 禮安에서 쓴 시로 추정된다.

讀《金華集》, 用〈秋夜觀書詩〉韻[27]

古聖獨何心？捄世無遺功。
斯文煥簡策, 大道垂無窮。
遭秦滅六籍, 及宋崇儒風。
大雅世不乏, 炳炳開羣蒙。
金華發幽憤, 學邃名亦隆。
獨登風騷壇, 偏壘未易攻。
唯言合同異, 此論頗未通。
同歸固無異, 異趣焉能同？
但當明此理, 百家自嗇豐。
秋風撼夜幌, 孤燈萬卷中。
沈吟和短章, 聊欲語鴻濛。

送琴聞遠讀書淸涼山, 用前韻。蓋聞遠乃敬仲之甥, 而澤卿、敬仲今皆下世, 因聞遠之行, 而有懷其人, 故次前韻以贈云[28]

故人今作墜泉人, 送子遊山復此巡。

---

27 辛亥年(明宗6, 1551년, 51세) 7~9월 禮安에서 쓴 시로 추정된다.
28 辛亥年(明宗6, 1551년, 51세) 7월 禮安에서 쓴 시로 추정된다. 이 시는 琴蘭秀의 《惺齋先生文集》卷1에도 실려 있다.

好向壺天藏世界，要從學海究源濱。

流光不與吾相待，往蹰無非已所親。

正是槐黃爭走日，愛君堅坐翫[29]書塵。

【聞遠以學未成，不赴鄉擧，攜經入山，其志可嘉云。】

SNP0978(詩-續卷2-32~33)

送朴子悅正郎赴湖南監軍御史【壬子】[30]

(詩-續卷2-32)

貪夫贏卒鰐吞鮮，衣繡君同鶡擊天。

海寇卽今多警急，可無防戍十分堅？

(詩-續卷2-33)

剛柔眞係萬夫望，察見淵中又不祥。

最是自身無點染，撫軍誅暴始知方。

---

29 翫 : 樊本에는 "玩"으로 되어 있다.

30 壬子年(明宗7, 1552년, 52세) 서울에서 쓴 시이다. "監"이 저본에는 "鹽"으로 되어 있다. 手本, 樊本에 根據하여 修正하였다. 續草本의 추기에 "'鹽'當'監'."이라고 하였다. 養校, 柳校에 "'鹽', 疑'監'之誤."라고 하였다.

SNP0979(詩-續卷2-34)

次韻趙松岡, 寄題伴鷗亭[31]

千點蛾鬟大野頭, 一圍虹玉抱城流。
平郊莽蒼天逾逈, 極浦霏微樹更稠。
眺望幾時償宿債? 繁華終古帶閒愁。
箇中自有風流伴, 浩蕩難馴萬里鷗。

SNP0980(詩-續卷2-35)

喜還亭【星山 權士遇、景遇兩侯, 名亭以志喜也。】[32]

已識藏舟壑, 休談失馬翁。
閒愁餘鬢雪, 眞樂當襟風。
桃柳光陰好, 梅笻節韻同。
每於遙想處, 雲際送飛鴻。

---

31 辛亥年(明宗6, 1551년, 51세) 5월 25일 禮安에서 쓴 시로 추정된다. "亭"이 저본
에는 "堂"으로 되어 있다. 中本(卷5,《外集日錄》)·樊本·上本(卷5,《逸月錄》)에 根據
하여 修正하였다. 續草本의 추기에 "'堂', 手本'亭', 當改."라고 하였다. 樊本의 두주에
"'堂', 手本'亭'."이라고 하였다. 養校에 "揭板手本, '堂'作'亭'. 伴鷗臨淸板同."이라고
하였다.

32 癸丑年(明宗8, 1553년, 53세) 서울에서 쓴 시로 추정된다.

SNP0981(詩-續卷2-36)

南軒[33]

道同千里志交修，言必相符過不留。
義、利曉人如白日，始知湘派卽閩流。

SNP0982(詩-續卷2-37)

東萊[34]

呂公麗澤亦資深，極處猶嫌異賞音。
博史豈知差路陌，竟看功利醉羣心？

SNP0983(詩-續卷2-38)

西山[35]

西山高義脫塵煙，氣味如蘭妙契天。
一自寒泉[36]丘灑淚，恨深同抱隔重泉。

33 癸丑年(明宗8, 1553년, 53세) 서울에서 쓴 시로 추정된다.
34 癸丑年(明宗8, 1553년, 53세) 서울에서 쓴 시로 추정된다.
35 癸丑年(明宗8, 1553년, 53세) 서울에서 쓴 시로 추정된다.
36 寒泉 : 柳校에 "案餞別于淨安, 而此云寒泉, 當更考。"라고 하였다.

象山³⁷

象山凌跨自鵝湖, 狠執逾深極論餘。
痛惻無如洪水患, 只今天下盡爲魚。

許順之³⁸

許生資美早從遊, 正似遷喬出谷幽。
活水天光胡不管, 枉從蔥嶺覓涓流?

龍川³⁹

龍川豪氣隘乾坤, 卻自投身利欲盆。
幾下頂門針不受, 枉將抱膝懇求言。

---

37 癸丑年(明宗8, 1553년, 53세) 서울에서 쓴 시로 추정된다.
38 癸丑年(明宗8, 1553년, 53세) 서울에서 쓴 시로 추정된다.
39 癸丑年(明宗8, 1553년, 53세) 서울에서 쓴 시로 추정된다.

SNP0987(詩-續卷2-42)

梅巖[40]

可惜梅巖《易》學愆，諄諄[41]妙湛執逾堅。
一聲雷處如驚起，千古何難快覩天？

SNP0988(詩-續卷2-43)

送金邦寶按黃海道[42]

公今去按海西節，我正思歸嶺外州。
自古人生易南北，如今身計各沈浮。
首陽謬說名猶美，棠樹清陰愛正留。
歲晚相期俱努力，春風離袂恨悠悠。

SNP0989(詩-續卷2-44~45)

次韻[43]

(詩-續卷2-44)

風作松濤殷，人成蟻陣奔。

---

40 癸丑年(明宗8, 1553년, 53세) 서울에서 쓴 시로 추정된다.
41 諄諄 ： 上本에는 "淳淳"으로 되어 있다.
42 癸丑年(明宗8, 1553년, 53세) 1월 24일 서울에서 쓴 시로 추정된다.
43 癸丑年(明宗8, 1553년, 53세) 7~9월 서울에서 쓴 시로 추정된다.

老懷難作別, 病語重臨分。
鴈叫長空侶, 羊隨一阪羣。
罇前看物態, 伐木果□聞。

(詩-續卷2-45)

黯黯悲秋思, 悠悠送遠情。
中京辭鳳闕, 西海殿鵬程。
畏影持身戒, 矜疲報國誠。
何妨漆溪上, 暫緩白鷗盟?

SNP0990(詩-續卷2-46)

釜潭【在龍門山下, 魯典籍延齡, 棄官卜居于此。】[44]

聞說攜家向釜潭, 釜潭形勝夢曾探。
山環水繞工粧點, 土沃魚肥可哺含。
極意林臯諳蕙路, 盡情雲月伴茅庵。
塵中日日成何事? 回首龍門思不堪。

---

44 癸丑年(明宗8, 1553년, 53세) 서울에서 쓴 시로 추정된다.

至月十六日雪[45]

朔雲奄四合，玄關閟不啓。

茫茫不見垠，莽莽靡有底。

霏霏者維霰，先集若有傒[46]。

俄頃雪花作，倏忽勢相遞。

漫空乍晻靄，蓋地已瑳玼。

素鸞飄羽毛，玉妃紛姪娣。

萬樹攢寂寂，千街[47]渾瀰瀰。

銀闕裹觚稜，瑤城裝埤堄。

豈唯淨溝塗？漸覺平隴坁。

古來臘前白，豐徵賀天陛。

今茲幸及時，汔可潤麥薺。

念彼湖與嶺，二年遭凶癘。

赤子在焚溺，聖心軫一體。

德意與天同，推行法《周禮》。

去年尙有蓄，猶多賴以濟。

今年蓄已竭，何處得饘米？

未免責飢民，補末戕其柢。

此亦無奈何，何由弭怨詆？

---

45 癸丑年(明宗8, 1553년, 53세) 11월 16일 서울에서 쓴 시로 추정된다.

46 傒 : 續草本에는 "徯"로 되어 있다.

47 街 : 上本에는 "家"로 되어 있다.

但願天覆閔，嘉祥終不抵。

穰穰百穀登，我民兄保弟。

閭閻歌《鴻鴈》，鬼神享酒醴。

一飽亦君恩，萬壽咸拜稽。

力疾坐獨謠，潸然下雙涕。

SNP0992(詩-續卷2-48)

雪月夜吟[48]

雪和明月皎無風，霽色寒光也併空。

一榻似安冰窖裏，萬家如在玉壺中。

雞驚曉漏催□□，婢撥鑪灰覓火紅。

向老極知虛白妄，靜中眞箇有新功。

SNP0993(詩-續卷2-49~50)

集勝亭[49]

(詩-續卷2-49)

山水休將遠討奇，天慳斯境爲君披。

墟烟堁盡溪鋪練，郡角吹殘月上眉。

48 癸丑年(明宗8, 1553년, 53세) 11~12월 서울에서 쓴 시로 추정된다.

49 癸丑年(明宗8, 1553년, 53세) 7~9월 서울에서 쓴 시로 추정된다.

酩酊難成習池醉，風流先賦峴山詩。
因思聚散浮生理，每憶聯牀野寺時。

曾過亭前恨亦深，無因一上爲探尋。
豈知山色迎人眼？聊喜溪光照客心。
香土趨榮身役役，名區入夢意沈沈。
秋來未辦東行計，鴻鴈歸時謾寄吟。

SNP0994(詩-續卷2-51)

送金伯純赴洪原【克一】[50]

嶺南擧擧後來英，文藝飛騰早播名。
館閣久宜供袞職，閭閻暫試輟愁聲。
看雲叵耐三春戀，叱馭何辭九折行。
邇日邊烽頗警急，濡袘莫慢戒孤城。

---

50 甲寅年(明宗9, 1554년, 54세) 10~12월 서울에서 쓴 시로 추정된다.《退溪先生
年表月日條錄》에는 1월 19일에 쓴 시라고 추정했는데,《鶴峯集》附錄 卷1《年譜》에
의거하여 수정하였다.

贈別趙龍門 昱赴長水縣任[51]

(詩-續卷2-52)

聞說君曾物外栖, 龍門山下白雲溪。

當年幾欲追君去, 坐對蓬囱出共犁?

(詩-續卷2-53)

我本田翁有好懷, 半生深願苦成乖。

君今束帶同吾輩, 爲問人間底事諧?

(詩-續卷2-54)

塵世紛紛好議譏, 古來處士是兼非。

歲寒看取心如鏡, 莫把行藏[52]困一麾。

孫兒阿蒙, 命名曰安道, 示二絶云[53]

(詩-續卷2-55)

失教今當大學年, 命名爲道若欺然。

---

51 甲寅年(明宗9, 1554년, 54세) 1월 19일 서울에서 쓴 시로 추정된다. 이 시는 趙昱의 《龍門集》卷6에도 실려 있는데, 제목이 〈贈別趙景陽赴長水縣任〉으로 되어 있다.

52 藏 : 樊本에는 "裝"으로 되어 있다.

他時見此如裘葛[54]，始信吾非濫託[55]賢。

(詩-續卷2-56)

記誦工夫在幼年，從今格致政宜然。

但知學問由專力，莫道難攀古聖賢。

【嘉靖甲寅臘月初八日，在漢京書寄。】

SNP0997(詩-續卷2-57)

次聽松〈坡山〉四言詩韻[56]

髮之求解，毋漆以沐。

山之郊國，乃成濯濯。

睠彼碩人，離索是憂。

結蘭延佇，思與同遊。

附聽松詩

坡山之下，可以休沐。

古澗淸泠，我纓斯濯。

---

53 甲寅年(明宗9, 1554년, 54세) 12월 8일 서울에서 쓴 시이다. 이 시는 宗宅所藏
《先祖遺墨》에도 실려 있다.

54 葛：《先祖遺墨》에는 "褐"로 되어 있다.

55 託：樊本, 上本에는 "訛"로 되어 있다.

56 乙卯年(明宗10, 1555년, 55세) 2월 15일 서울에서 쓴 시이다. 이 시는 成守琛의
《聽松集》卷1, 尙震의 《泛虛亭集》卷1, 趙昱의 《龍門集》卷4에도 실려 있다.

飲之食之，無喜無憂。
奧乎茲山，孰從我遊？

SNP0998(詩-續卷2-58)

伏呈案右[57]

常怪東方少隱淪，半生吾已落風塵。
聽松高義那輕說？元亮今爲我輩人。
【申公潛，字元亮，退居峨嵯山，晚復從宦，故落句云。】

SNP0999(詩-續卷2-59)

出東湖留一日，丁上舍景錫雪中來別[58]

欲將古學驗諸書，嘗笑君愚劇似余。
共對湖山看春雪，離愁何[59]用酒驅除？

57 乙卯年(明宗10, 1555년, 55세) 2월 15일 서울에서 쓴 시로 추정된다. 이 시는
成守琛의 《聽松集》 卷3에도 실려 있다.

58 乙卯年(明宗10, 1555년, 55세) 2월 12일 서울에서 쓴 시로 추정된다. "留"는 養校
에 "'留'，《目錄》'遊'."라고 하였다.

59 何 : 〈答丁景錫〉(卷33)에는 "不"로 되어 있다.

次韻答趙景陽【景陽時爲長水縣監。】[60]

(詩-續卷2-60)

知[61]君縣裏清山水，得助詩成比玉金。

說我前嘲聊自解，《崑洋》眞覺豁幽襟。

【'君'，一本作'公'；'清'，一本作'佳'；'助'，一本作'照'；'說'，一本作'復'。】[62]

(詩-續卷2-61)

貪榮浪慕陶元亮，何異將栀假作金？

病臥城中多歲月，詩來令我[63]媿生襟。

【'令我'，一本作'不奈'。】[64]

顯卿載酒，送余至楮子島下，次贈別韻[65]

東湖舊遊處，春水一帆天。

---

60 乙卯年(明宗10, 1555년, 55세) 1월 서울에서 쓴 시로 추정된다. 이 시는 趙昱의 《龍門集》卷4에도 〈送扇于李退溪 景浩〉의 차운시로 실려 있다.

61 知 :《龍門集》에는 앞에 별행으로 "病中承垂問, 感慰無量。頃見李同年世純, 聞曾與公同賞溪山之勝, 令人羨慕不已, 情見兩絶之和。"라는 詩序가 있다.

62 君一本……作復 : "助一本作照"를 제외하고는 《龍門集》의 시어와 비교한 내용이다.

63 媿 : 上本에는 "愧"로 되어 있다.

64 令我……不奈 :《龍門集》의 시어와 비교한 내용이다.

夢裏常悠爾, 罇前已杳然。

酒傳霞闔苑, 詩出玉藍田。

去住情無限, 分舟楮子邊。

SNP1002(詩-續卷2-63~64)

復用前韻[66]

(詩-續卷2-63)

雪消春動鳳城塵, 窮巷欣迎長者輪。

說病論詩仍細酌, 明囱疏席摠天眞。

(詩-續卷2-64)

日斜牕裏見游塵, 迭唱頻題似轉輪。

莫笑文章爲小技, 胸中妙處狀來眞。

SNP1003(詩-續卷2-65~67)

金遷遇松岡蒼頭, 寄贈三絶[67]

(詩-續卷2-65)

莫道吾行不告歸, 泮冰時節索盆期。

---

65 乙卯年(明宗10, 1555년, 55세) 2월 18일 서울에서 쓴 시로 추정된다. 이 시는 金貴榮의 《東園集》 卷1에도 실려 있다. "子"는 養校에 "'子', 《目錄》脫。"이라고 하였다.
66 乙卯年(明宗10, 1555년, 55세) 1월 서울에서 쓴 시로 추정된다.

如何款曲松岡老，不寄離情一首詩？

(詩-續卷2-66)

回首松岡別恨新，一盆花種又無因。

遙知洞裏花時節，憶我同遊白鬢人。

(詩-續卷2-67)

巖洞仙遊憶去年，百篇行篋裏雲烟。

春風無限東來意，付與歸鴻一紙傳。

【去年余乞菊種於松岡，詩曰：“篛中第一銀黃品，安得移根向故園？”松岡許

以全盆相贈，且問何以遠致。余答云：“泮冰舟載，何遠不致？”至今余簡松

岡，有‘泮冰’、‘索盆’之語，松岡不悟余行之速，不及敘別故云。】

SNP1004(詩-續卷2-68)

次聾巖先生韻[68]

花發仙壇麗日華，千春光景此時多。

玉罇瀲灩流霞液，雲幔依俙[69]薄霧紗。

閬苑瑤池追勝賞[70]，童顏鶴髮帶微酡。

---

67 乙卯年(明宗10, 1555년, 55세) 2월 20~21일 忠州에서 쓴 시로 추정된다.

68 乙卯年(明宗10, 1555년, 55세) 4월 10일 禮安에서 쓴 시로 추정된다.

69 俙 ：上本에는 “稀”로 되어 있다.

70 追勝賞 ：저본에는 “□□□”로 되어 있다. 上本에 根據하여 補充하였다. 樊本의

我今卻笑桃源客，一返無由再到何？

次韻趙松岡見寄【松岡時任天官，累擬澠職，殊非相識之意。】[71]

千里關河信苦遲，一封書到慰相思。

微臣去國都緣病，宿契論心正賴詩。

致石羅中猶可怨，留鯤巖裏乃眞知。

祝公聽我平生臆，免使鷄鶩魯饗悲。

【石洪、謝鯤】

書南時甫遊香山錄後[72]

造物雄豪辦神嶽，病夫孤僻[73]隱深林。

非君決去搜[74]靈境，顧我何由豁[75]遠襟？

두주에 "'池'字下三空，一本作'追勝賞'。"이라고 하였다. 上本에는 "追勝賞"으로 되어 있고, 그 두주에 "'池'下，一本作'追勝賞'，仍書空。"이라고 하였다.

71 乙卯年(明宗10, 1555년, 55세) 4월 28일 禮安에서 쓴 시로 추정된다.

72 戊午年(明宗13, 1558년, 58세) 1~2월 禮安에서 쓴 시로 추정된다.

73 僻 : 上本에는 "癖"으로 되어 있다.

74 搜 : 上本에는 "探"으로 되어 있다.

75 豁 : 上本에는 "脫"로 되어 있다.

衆皺南山欣副願，小看東魯想□心。

編成許續金剛錄，首尾尤須用意深。

【時甫曾與洪應吉同遊金剛山，洪有遊錄，今見時甫此錄，但首尾未具耳。】

SNP1007(詩-續卷2-71)

次韻[76]

蠆毒干天紀，湖南痛震如。

挫鋒雖暫息，衽革豈寧居？

廟筭應神妙，書生本闊疎。

但令長晏[77]謐，巖下讀殘書。

SNP1008(詩-續卷2-72~73)

溪上與金愼仲·惇敍、金士純、琴壎之、禹景善同讀《啓蒙》，二絶 示意，兼示安道孫兒[78]

(詩-續卷2-72)

邵闢乾坤傳我朱，《易》中心髓洞茲書。

---

76 年月未詳，장소 未詳.

77 晏：樊本, 上本에는 "安"으로 되어 있다.

78 乙丑年(明宗20, 1565년, 65세) 8월 15일 禮安에서 쓴 시이다. 이 시는《退溪雜 詠》에도 실려 있다.

幾加硏索兼咨訪？ 到老猶嫌術業疎。

(詩-續卷2-73)

無倫無外縱難言， 尙愜幽居翫[79]化原。

此日況同諸子讀， 環中心法妙尋論？

SNP1009(詩-續卷2-74~77)

觀聽洞瀑沛[80]

(詩-續卷2-74)

高崖巨壁鑿何年？ 怒瀉千尋白練縣。

響振巖林山鬼遁， 一區雲物屬靈仙。

(詩-續卷2-75)

崩雲瀉雪鬪轟霆， 下作泓澄一鑑明。

後谷奇觀定何似？ 高尋他日較雄爭。

(詩-續卷2-76)

翠壁高寒玉一圍， 白龍飛下挾雷威。

不知萬古鑪峯下， 誰似靑蓮巨筆揮。

---

79 翫 ： 初本(13책,《退溪雜詠》), 上本에는 "玩"으로 되어 있다.

80 丁巳年(明宗12, 1557년, 57세) 4월 9일 禮安에서 쓴 시로 추정된다. "沛"는 續草本에 "布"로 되어 있다.

(詩-續卷2-77)

珍重山靈喜我來，更憐多病忌寒酷。

不緣坼[81]石爲窪臼，今日何□擧一杯？

【曰千尋、曰鱸峯，未免有誇張過實之病，無異於士敬作夢中竆[82]語，可笑。
清凉後谷有瀑沛[83]，甚壯急勝此，而未及往觀，故有'高尋他日'之語。余病不
飮冷酒，是日僮奴借煖器於山民家，以疫忌不得而返，余且令隨僧與奴輩喫
酒而已。俄聞有坼裂聲甚異，而僮奴擎煖酒來呈，問之，云：“謾擬燒石煖
酒，石旣熱，以水投之，不意石面坼迸作窪，其中可注水，容湯器，所以能煖
酒來。”余就視之，曰：“是可以當元結所謂'石臼抔飮'者歟！”令謹置之，以待
後日之來。】

SNP1010(詩-續卷2-78)

古里店下得泉石佳處，名曰靑溪，戲題[84]

巨壁入靑天，寒流走翠石。

綠蘿[85]擁成帷，蒼苔踏無迹。

藍衣一道士，偶來便終夕。

---

81 坼：上本에는 "柝"으로 되어 있다.

82 竆：柳校에 "案竆，當從宀，音豫，寐語也。"라고 하였다.

83 沛：續草本의 추기에 "'沛'當作'布'。"라고 하였다. 樊本에는 "布"로 되어 있다.

84 丁巳年(明宗12, 1557년, 57세) 4月 9일 禮安에서 쓴 시로 추정된다. 이 시는
遺集 外篇 卷2의 〈古里岾下, 得泉石佳處, 名曰靑溪, 戲題【以下先生十代孫彙寅家
藏。】〉와 합편해야 한다.

85 蘿：上本에는 "羅"로 되어 있다.

笑寫青溪詩，還騎鶴一隻。

SNP1011(詩-續卷2-79~83)

琴聞遠東溪惺惺齋[86]

(詩-續卷2-79)

精一心傳敬是要，儘惺惺地自昭昭。
但加日用工夫在，莫學芒芒[87]去揠苗。

(詩-續卷2-80)

活水源源止更清，端如明鏡寫[88]羣形。
可憐妙應[89]能如許，物去依然湛一呈。

　　活源塘[90]

(詩-續卷2-81)

上臺眞覺洗心腸，對此虛明一鏡光。

---

86 乙卯年(明宗10, 1555년, 55세) 7~9월 禮安에서 쓴 시로 추정된다. 이 시는 內集 卷2의 〈琴聞遠東溪惺惺齋二首〉, 別集 卷1의 〈琴聞遠【蘭秀】東溪惺惺齋〉와 合편해야 한다. 이 시는 琴蘭秀의 《惺齋集》 卷1에도 실려 있다.

87 芒芒 : 樊本, 上本에는 "茫茫"으로 되어 있다.

88 寫 : 琴蘭秀의 《性齋集》에는 "瀉"로 되어 있다.

89 應 : 琴蘭秀의 《性齋集》에는 "用"으로 되어 있다.

90 塘 : 저본에는 "臺"로 되어 있다. 琴蘭秀의 《性齋集》에 根據하여 修正하였다. 續草本의 추기에 "'臺', 手本'塘', 當改。"라고 하였다.

若使襟靈干物累，天雲那得似方塘？

   臨鏡臺

(詩-續卷2-82)

灼爍中臺照一春，淺深紅白總宜人。

莫言開落渾閒事，造化乾坤色色新。

   總春臺

(詩-續卷2-83)

濯清來上喜追隨，吹面光風泛袂衣。

底是鳳凰千仞象，長吟終日共忘歸。

   風乎臺

SNP1012(詩-續卷2-84~85)

題金禔畫牛帖【丙辰】[91]

(詩-續卷2-84)

野外放閒牧，舉踶自摩痒。

千載陶公意，令人感歎長。

(詩-續卷2-85)

桃林春草長，飽食臥呵時。

---

91 丙辰年(明宗11, 1556년, 56세) 1~2월 禮安에서 쓴 시로 추정된다.

從今眠不動，無夢逐戎衣。

SNP1013(詩-續卷2-86)

次李宏仲韻[92]

融融生意滿溪濱，柳色花光日日新。
若識當年近上樂，胸中信有一般春。

SNP1014(詩-續卷2-87~89)

題慶流亭。三首[93]

(詩-續卷2-87)

善積由來福慶滋，幾傳仁厚衍宗支？
勸君更勉持門戶，花樹韋家歲歲追。

(詩-續卷2-88)

山下高亭勢入冥，合宗筵席盡歡情。
更憐明月中秋夜，虛檻方池分外清。

---

92 丙辰年(明宗11, 1556년, 56세) 3월 禮安에서 쓴 시로 추정된다.〔資料考〕이
시는 李德弘의《艮齋集》卷1에도 실려 있다.
93 丙辰年(明宗11, 1556년, 56세) 8월 15일 禮安에서 쓴 시로 추정된다.

退溪先生文集 續集 卷二 347

(詩-續卷2-89)

美酒高亭月正臨，何須一斗百篇吟？

小塘灑落如寒鏡，眞覺幽人善喩心。

SNP1015(詩-續卷2-90)

白蠟⁹⁴靑紙作梅竹，間以翦綵紅桃，友人作詩示之，次韻⁹⁵

妙發天機竹併梅，端令几案辟纖埃。

何心更有工夫在，枉把虆桃費翦裁？

SNP1016(詩-續卷2-91)

淸吟石。次完韻【丁巳】⁹⁶

溪水潔淸堪樂泌，谷林環繞可名盤。

---

94 蠟 : 底本에는 "臘"으로 되어 있다.《先祖文純公遺墨【詩草·家書】》에는 "蠟"으로
되어 있고, 柳校에 "'臘'恐'蠟'之誤。"라고 하였다. 이에 根據하여 修正하였다.

95 丁未年(明宗2, 1547년, 47세) 9월 하순 서울에서 쓴 시로 추정된다.《退溪先生全
書目錄 外集【逸】》(卷第三)에는《白蠟靑紙作梅竹, 間以翦綵紅桃, 友人作詩示之, 次
韻。二首。》로 되어 있다. 〔資料考〕이 시는《先祖文純公遺墨【詩草·家書】》(단국대학
교 도서관 소장) 帖에도 실려 있다. 〔今按〕이 목록들에 실린 제목을 보면 이 작품은
원래 두 수였는데 한 수가 逸失되었다는 것을 알 수 있다.

96 丁巳年(明宗12, 1557년, 57세) 禮安에서 쓴 시로 추정된다. 〔今按〕정석태의
《退溪先生年表月日條錄》1(2005, 퇴계학연구원, 333~334쪽)에서는 이황이 乙丑年
(明宗10, 1555년, 55세) 7월 5일에 형 李澄 및 조카들과 淸陰石에서 노닐 때 權好文
도 함께 시를 지었는데, 이때 權好文이 지은〈七月五日, 先生乘黃墨之暇, 溯溪上釣

風塵幾歲思寒翠？罇酒如今對咽潺。

往事傷心雲共杳，流光瞥眼石長閒。

每來不禁追前韻，遼鶴千年不復還。

SNP1017(詩-續卷2-92)

鄭直哉寄示權使君贈渠近體詩一首，索和甚勤，效顰呈似，可發一笑[97]

五十年前竹馬同，如今同作白頭翁。

君爲愛酒鄭博士，我是閉門馮敬通。

每歎乖逢塵冗裏，常思開抱笑談中。

馳書許欲來相訪，莫待山花亂落風。

SNP1018(詩-續卷2-93)

謝鄭直哉庚長見訪，縱筆戲奉博粲云[98]

同庚同志□□同，白髮蒼顏兩老翁。

於淸吟石。呼好文等擧網而漁，得一盤，或膾或羹，邀察訪及溫溪四五人共餉。時夕陽
滿林，山影倒溪，風乎詠歸，杖屨婆娑，眞仙會也。恭次閑字韻〉시와 이 시의 운자가
같은 것에 근거하여, 이 시 역시 乙丑年에 지은 것이라 추정했다. 하지만 퇴계집 다른
이본에 이를 증명할 만한 자료가 없고, 나중에 이황이 乙丑年의 일을 떠올리며 같은
운자로 지었을 가능성도 있기 때문에, 《退溪先生年表月日條錄》의 추정에 따라 창작
연도를 수정하지 않고 底本의 原註의 연도를 그대로 두었다.

97 丁巳年(明宗12, 1557년, 57세) 2월 禮安에서 쓴 시로 추정된다.

交契但當明信義, 功名何必較窮通?

莫辭大□杯罇裏, 須識浮生夢寐中。

待得淸明花爛熳[99], 劍池松院舞春風。

SNP1019(詩-續卷2-94)

廣瀨[100]

廣瀨橋邊白石多, 鳴鷗來往碧波斜。

春風日日尋遊屐, 烟雨時時理釣簑。

SNP1020(詩-續卷2-95~96)

次韻[101]

(詩-續卷2-95)

病夫期月臥頹然, 陡覺詞源等涸泉。

先德揄揚吾豈敢? 願求當世盛文傳。

---

98 丁巳年(明宗12, 1557년, 57세) 2월 禮安에서 쓴 시로 추정된다.

99 熳 : 上本에는 "漫"으로 되어 있다.

100 丁巳年(明宗12, 1557년, 57세) 3월 禮安에서 쓴 시로 추정된다.

101 癸亥年(明宗18, 1563년, 63세) 8월 禮安에서 쓴 시이다. 추기 "李君浩。"가 있다.
文草에는 추기 "次贈李君浩見寄。"가 있다. 樊本·上本에는 〈次韻李君浩〉로 되어 있
다.〔資料考〕 이 시는 李源의《淸香堂先生實紀》卷2에도 실려 있다.

(詩-續卷2-96)

宦[102]途隱處雙輪轉, 紫陌靑山一夢醒。
聖世端居古所恥, 只緣多病自藏聲。[103]

SNP1021(詩-續卷2-97)

趙士敬、李仁仲、琴聞遠, 讀書瀾寺[104]

雨罷雲歸巖壑淸, 溪邊閒臥聽溪聲。
遙知鼎坐瀾臺客, 水色山光照眼明。[105]

SNP1022(詩-續卷2-98)

次韻黃仲擧【仲擧時爲丹陽, 蓋選授救凋弊[106]也。】[107]

聞說桃源化棘榛, 天敎江夏撫顰呻。
但將苛虎能除暴, 誰道離鴻不集仁?

---

102 宦 : 文草에는 앞에 別行으로 "又"가 있다.

103 聲 : 文草에는 뒤에 別行으로 "嘉靖癸亥中秋, 陶山。"이 있다.

104 戊午年(明宗13, 1558년, 58세) 5월 29일 禮安에서 쓴 시로 추정된다. 《退溪先生全書目錄 外集【逸】》(卷第六)에는 〈趙士敬、李仁仲、琴聞遠, 栖月瀾菴, 寄示一絶〉로 되어 있다. 〔資料考〕 이 시는 《師門手簡》(第2冊, 張8)에 〈僉奉問月瀾菴〉이라는 제목으로 실려 있다.

105 明 : 《師門手簡》에는 뒤에 "溪叟"가 있다.

106 弊 : 上本에는 "敝"로 되어 있다.

107 丁巳年(明宗12, 1557년, 57세) 7~9월 禮安에서 쓴 시로 추정된다.

精飯丹砂今可驗，碧溪靑嶂頓應新。

憑君寄語龜潭主，會向三花共掛巾。【李而盛】

SNP1023(詩-續卷2-99~104)

次韻權生 應仁〈山居〉[108]

(詩-續卷2-99)

學士終非負碧山，陶門雖設亦常關。

雨餘庭院無人迹，鳥雀蓬蒿永日閒。

(詩-續卷2-100)

誰無窮巷一簞瓢？樂處如今歎獨遙。

錯信睎[109]顔前古訓，心齊[110]終日坐寥寥。

(詩-續卷2-101)

經籍兒孫日課程，自慚身業老凋零。

只今那得烏川子，函丈親承說豎橫？【'承'，一作'聞'。】

(詩-續卷2-102)

霧藏文豹地藏龍，一片閒雲萬丈峯。

物象與人皆可警，蒼蒼不獨歲寒松。

---

108 丁巳年(明宗12, 1557년, 57세) 4월 禮安에서 쓴 시로 추정된다.

109 睎 : 續草本에는 "希"로 되어 있고, 樊本·上本에는 "晞"로 되어 있다.

110 齊 : 續草本의 추기에 "'齊'考次。"라고 하였다.

(詩-續卷2-103)

疾病侵尋奈老何？ 隨緣猶自樂無涯。
地偏心遠吾何敢？ 免向人閒逐浪波。

(詩-續卷2-104)

首夏園林白日長， 蔥瓏草木盡生香。
無端記得前修語， 圓鑿從來不入方。

SNP1024(詩-續卷2-105)

贈李秀才 叔獻【戊午**】**[111]

歸來自歎久迷方， 靜處纔窺隙裏光。
勸子及時追正軌， 莫嗟行脚入窮鄉。

SNP1025(詩-續卷2-106)

贈沙門法蓮【并序**】**[112]

> 余於陶山南谷， 欲搆精廬， 令龍壽寺僧法蓮幹其事。 蓮不
> 以余不能資給而有難色， 其志可嘉。 拘迫世故， 今作西行，
> 蓮來告云：“欲往鷄林有經理。”書所感以[113]與之。

---

111 戊午年(明宗13, 1558년, 58세) 4월 禮安에서 쓴 시로 추정된다.
112 戊午年(明宗13, 1558년, 58세) 9월 20일경 禮安에서 쓴 시로 추정된다.

一畝儒宮一鉢僧，欲成吾志汝安憑？
事同出殺雖非易，誠似移山詎不能？
風月滿川須有主，雲霞入眼好爲朋。
明年返我迷行駕，衡泌端居樂莫勝。

SNP1026(詩-續卷2-107)

次韻[114]

來客偏衝雨，鳴鳩未喚晴。
林荒聞葉潤，巖古看雲生。
卽欲爲鄰計，何須問地名？
主人閒味熟，奇勝擅靑城。

SNP1027(詩-續卷2-108)

送南時甫[115]

《大學》工夫日用閒，直須功力可求端。

---

113 以：上本에는 "而"로 되어 있다.
114 年月未詳이고, 禮安에서 쓴 시이다. 〔編輯考〕 續草本에는 추기 "他本無《次韻》
一首, 有《寄贈南冥》。【己未】" "院藏六字削去改, 《次韻》當考。"가 있다.
115 己未年(明宗14, 1559년, 59세) 3월 4일경 忠州에서 쓴 시로 추정된다. 〔編輯
考〕이 시는 內集 卷2의 〈可興江上, 別南時甫〉 및 〈遊戲三昧〉(학고재, 도판 2)의
逸題詩와 합편해야 한다.

能知止善爲眞的，始識誠身是大關。

次第縱分當互進，規模雖大在融看。

融看互進嗟吾老，請子終身不作難。

題《古鏡重磨方》[116]

古鏡久埋沒，重磨未易光。

本明尙不昧，往哲有遺方。

人生無老少，此事貴自彊。

衛公九十五，懿戒存圭璋。

奉次大成調士敬覓紅桃栽絶句【庚申[117]】[118]

(詩-續卷2-110)

一向繁華生愛欲，便於苦節□[119]前操。

---

116 己未年(明宗14, 1559년, 59세) 9월 禮安에서 쓴 시로 추정된다.

117 乙丑：底本에는 '庚中'으로 되어 있다. 初本(19책, 書簡)에 根據하여 修正하였다.

118 乙丑年(明宗20, 1565년, 65세) 4월 4일 禮安에서 쓴 시로 추정된다. 初本(19책, 書簡)에는 〈【乙丑】四月四日，奉次大成調士敬覓紅桃栽絶句〉로 되어 있다.

119 □：初本(19책, 書簡)・樊本・上本에는 "爽"으로 되어 있다.

因君調趙發深省，我亦尋溪爲賞桃。

　溪舍東園，有紅白桃一樹，兒報盛開，爲入留數日而出。
卽見來詩，不覺有警心故云。所得賞桃詩一絶，不敢隱，
錄在左方，兼示士敬一笑。

(詩-續卷2-111)

春卷千花去已[120]空，園中一樹錦雲紅。
東君也解[121]修交際，留此韶華與祝融。

SNP1030(詩-續卷2-112)

次翠竹韻[122]

翠竹當軒暑自消，臨風擎雨勢飄蕭。
護寒此地休嫌窄，苦節方看貫歲朝。

SNP1031(詩-續卷2-113)

送四季一叢于金彦遇[123]

碧玉叢枝蕚豔丹，移根乘雨寄君看。

---

120 去已：上本에는 "已去"로 되어 있다.

121 解：初本(19책, 書簡)에는 "似"로 되어 있다.

122 庚申年(明宗15, 1560년, 60세) 禮安에서 쓴 시로 추정된다.

從今莫縱群髯簿, 橫作花冤一啖開。【《古今註》: "羊, 一名髯鬚主簿。" 今君家啖花者, 實羔也。非羊, 而使羊故事者, 諸書皆訓羔爲羊子, 則羔亦可呼爲髯主簿故耳。】

SNP1032(詩-續卷2-114)
籠鴈韻[124]

思在冥冥屢掣飛, 不鳴慚得稻粱肥。
何人快解籠中絏, 一擧凌風萬里歸?

SNP1033(詩-續卷2-115)
浴歸韻[125]

盥濯嬉遊任疾遲, 當年何異此淪漪?
可憐千載歸來詠, 誰識天風滿意吹?

---

123 庚申年(明宗15, 1560년, 60세) 禮安에서 쓴 시로 추정된다.
124 庚申年(明宗15, 1560년, 60세) 禮安에서 쓴 시로 추정된다.
125 庚申年(明宗15, 1560년, 60세) 禮安에서 쓴 시로 추정된다.

SNP1034(詩-續卷2-116~118)

**宷姪近讀《家禮》、《小學》、《大學或問》, 以詩三首來, 其言若有
所感者, 用其韻示意云【辛酉】[126]**

(詩-續卷2-116)

民彝家範揭昭明, 學到殘齡未愜情。

喜汝少年能感發, 成人應不墜[127]家聲。右《家禮》。

(詩-續卷2-117)

養蒙非正長奚通？逐物戕天鳥獸同。

末俗過防眞自棄, 從今銘刻在深衷。右《小學》。

(詩-續卷2-118)

格致功深萬理通, 誠身澤物本因同。

若非啓發[128]前賢力, 我輩何由識聖衷？右《大學或問》。

SNP1035(詩-續卷2-119)

次諸君淸遠臺高會韻[129]

絕巘遊蹤入夢來, 雲山烟水繞含[130]杯。

---

126 辛酉年(明宗16, 1561년, 61세) 5월 禮安에서 쓴 시로 추정된다. 〔資料考〕이
시는 李德弘의 《艮齋集》卷1에 〈敬次退溪先生韻【幷序】〉의 原韻으로 실려 있다.

127 墜：《艮齋集》에는 "損"로 되어 있다.

128 發：樊本의 두주에 "一本, '發'作'蒙'。"이라고 하였다.

只[131]今病脚疏登覽，空羨仙曹集玉臺。[132]

SNP1036(詩-續卷2-120~124)

琴夾之遊淸涼山回，攜詩來示，就和其若干首[133]

(詩-續卷2-120)

出世須同破[134]夢昏，遊山何止避人喧？

舊遊最憶蓮臺寺，風雪連旬靜閉門。右蓮臺寺。

(詩-續卷2-121)

唐季羅朝摠莫憑，歸來隨處躡雲層。

可憐萬丈丹崖上，當日襟懷貯雪冰。致遠臺

(詩-續卷2-122)

異人不時出，今我想餘風。

抱璞無求世，栖雲早託空。

---

129 辛酉年(明宗16, 1561년, 61세) 10월 24일 禮安에서 쓴 시이다. 初本(19책, 書簡)에는 〈次諸君淸遠臺高會韻【十月二十四日】〉으로 되어 있다.

130 含 : 初本(19책, 書簡)에는 "嗋"로 되어 있다.

131 只 : 樊本·上本에는 "至"로 되어 있다.

132 臺 : 上本에는 "堂"으로 되어 있다. 初本(19책, 書簡)에는 뒤에 "嘉靖辛酉陽月日, 陶山退老, 書于精舍夜燈下."가 있다.

133 辛酉年(明宗16, 1561년, 61세) 5월~6월 禮安에서 쓴 시로 추정된다.

134 破 : 樊本·上本에는 "罷"로 되어 있다.

鬼雄管城裏，龍躍墨池中。

名比縣[135]崖瀑，千秋詎有窮？ 金生庵

(詩-續卷2-123)

白髮星星一病身，山中曾是讀書人。

寒燈靜室夜還晝，細字明窗秋復春。

戀係幾番清夢遶[136]？ 力微猶冀晚功新。

何因得遂重遊計，與子重開萬卷親？【山中讀書，有感。】

(詩-續卷2-124)

一月攻書寂寞濱，歸來身業歎靡新。

勸君欲進須持久，計較工程却壞人。【歸家溫繹，自歎。】

SNP1037(詩-續卷2-125)

寄題權章仲觀物堂[137]

觀物須從觀我生，《易》中微旨邵能明。

若敎舍己惟觀物，俯仰鳶魚亦累情。

---

135 縣 : 上本에는 "懸"으로 되어 있다.

136 遶 : 樊本·上本에는 "繞"로 되어 있다.

137 庚午年(宣祖3, 1570년, 70세) 禮安에서 쓴 시로 추정된다.

SNP1038(詩-續卷2-126)

月夜, 登天淵臺。贈金士純【壬戌】[138]

半夜游仙夢自回, 起呼幽伴上江臺。

清風有意迎懷袖, 明月多情送酒杯。

SNP1039(詩-續卷2-127~128)

題畫梅[139]

(詩-續卷2-127)

一樹橫斜雪作團, 香肌瘦盡玉生寒。

不知疏影傳毫末, 疑向孤山月下看。

(詩-續卷2-128)

玉人頹頰出天姿, 肯恐冰容不入時?

可笑坡仙嘲石老, 却緣花惱自成痴。【紅梅】

---

138 壬戌年(明宗17, 1562년, 62세) 9월 17일 禮安에서 쓴 시이다. 《退溪先生全書目錄 外集【逸】》(卷第ㅅ)에는 〈月夜, 携鄭士誠, 遊汀臺〉로 되어 있다. 〔資料考〕이 시는 鄭士誠의 《芝軒集》卷4에 〈壬戌九月十七日, 夜登天淵臺, 使士誠誦《武夷九曲》, 仍口號一絶以贈之〉로 실려 있다.

139 壬戌年(明宗17, 1562년, 62세) 3월 4~15일 禮安에서 쓴 시로 추정된다. 〔資料考〕이 詩 中 제1수는 《梅花詩帖》에도 실려 있다.

贈趙忠男[140]

常思[141]儀鳳瑞王庭，玉樹今逢尙典刑。
盛美揄揚吾豈敢？雪霜千里愧君行。

無題【癸亥】[142]

一枕寒更穩睡眠，夢中神旺若登仙。
起來手拓南囪看，風定空山月滿川。

題權參贊【柱】墓道[143]

明夷蒙難豈非天？茂柏深松鎖翠烟。

---

140 甲子年(明宗19, 1564년, 64세) 10월 禮安에서 쓴 시로 추정된다. 〔資料考〕이 시는 趙光祖의 《靜菴集·附錄》에도 실려 있다.

141 思 : 底本에는 小字로 "缺"로 되어 있다. 續草本·樊本·上本에 "思"로 되어 있고, 續草本의 추기에 "'思', 《靜菴集》考."라고 하였고, 養校에 "缺字, 《靜菴集》'思'."라고 하였으므로, 이에 根據하여 補充하였다.

142 癸亥年(明宗18, 1563년, 63세) 1월~2월 禮安에서 쓴 시로 추정된다. 〔編輯考〕 續草本에는 추기 "上首屬甲子, 此首屬癸亥, 次序倒置, 可考."가 있다. 두 수는 연대 순 편성 원칙에 어긋나게 편성되어 있으나 원 편성을 존중하여 그대로 두었다.

節行他年應有史, 文章千古恨無傳。

過月川[144]

月潭西畔月川村, 鬱鬱蒼雲護蓽門。
中有畸人好書癖, 客來枯吻對床論。

題安堅所畫山水帖[145]

(詩-續卷2-133)

山前茅店樹冥冥, 臨水柴門午不扃。
小市販鮮翁未返, 家人排網滿沙汀。

143 癸亥年(明宗18, 1563년, 63세) 3월 3일 豐山에서 쓴 시로 추정된다. 《退溪先生全書目錄 外集【逸】》(卷第七)에는 〈奠參贊權先生墓〉로 되어 있다. 〔資料考〕이 시는 《永嘉誌》卷8〈塚墓·參贊權柱墓〉에 실려 있고, 權柱의 《花山逸稿》에는 《題墓道詩》로 실려 있다.

144 乙丑年(明宗20, 1565년, 65세) 9월 16일 禮安에서 쓴 시이다. 初本(19책, 書簡)에는 〈十六日, 過月川〉로 되어 있다. 〔資料考〕이 시는 《師門手簡》(第5冊, 張9)에 〈過月川〉으로 실려 있다.

145 癸亥年(明宗18, 1563년, 63세) 禮安에서 쓴 시이다.

(詩-續卷2-134)

山橫盾劒樹虬龍, 野水漫漫接遠空。
何許孤舟來晚泊? 無家無住一漁翁。

(詩-續卷2-135)

蓮嶽峩峩竹院空, 何人栖遯欲長終?
洞門不是羊、裘輩, 那肯來尋絕世蹤?

(詩-續卷2-136)

風雲陣陣雨翻盆[146], 亂眼山川失塢村。
一夕漁樵渾未得, 玄眞心事宛餘痕。

(詩-續卷2-137)

天外群山遠欲無, 眼窮千里盡江[147]湖。
太平煙火漁亭晚, 酒熟船歸滿意沽。

(詩-續卷2-138)

草亭佳處倚江濱, 縹緲相招趁景人。
崖路策驢尋樹塢, 野船撓棹指烟津。

(詩-續卷2-139)

怪樹依巖水抱山, 人閒何境許寬閒?

---

146 盆 : 上本에는 "空"으로 되어 있다.

147 江 : 上本에는 "南"으로 되어 있다.

野亭無主吾當主，月艇烟簑老一竿。

(詩-續卷2-140)

一眼山川玉界寒，人家遙認有無間。

不知驢背行吟客，料理淸愁許我看。

SNP1045(詩-續卷2-141~143)

寄亦樂齋諸君文會【甲子○諸人構茅舍於西麓，名曰亦樂。】[148]

(詩-續卷2-141)

依巖臨水創茅齋，負笈相從[149]幾往來？

病廢攻書吾所歎，百千功力付群才。

(詩-續卷2-142)

群居樂事問如何？ 亦在劬書共切磨。

獨臥溪莊思不歇，滿川[150]風月釣臺峩。

---

148 甲子年(明宗19, 1564년, 64세) 11월 禮安에서 쓴 시로 추정된다. 〔資料考〕이 시는 初本(13책, 《陶山雜詠》)에 〈寄亦樂齋諸君文會【諸人構茅舍於西麓，名曰亦樂。】〉으로 실려 있다.

149 相從 : 底本에는 小字로 "缺"로 되어 있고, 그 옆에 공란이 있다. 初本(13책, 《陶山雜詠》)·續草本·樊本·上本에 "相從"으로 되어 있고, 續草本의 추기에 "《陶山雜詠》, '笈'下缺字'相從'."라고 하였고, 養校에 "《陶山雜詠》, '笈'下缺字'相從'."라고 하였고, 李校에 "恐作'相從'."라고 하였다. 이에 根據하여 補充하였다.

150 川 : 上本에는 "天"으로 되어 있다.

近聞諸子各言歸，歸去求之信有師。

能到寸陰堪惜處，此閒眞樂漸因知。

SNP1046(詩-續卷2-144~147)

南冥 曹君 楗仲、清香 李君 君浩與余，皆生於辛酉。近李君寄示
南冥一絶幷其詩三絶，其言深有感於老懷，次韻，寄李君，兼示
南冥云[151]

(詩-續卷2-144)

三人初度有誰知？ 先甲三年酉是期。

邈阻頭流與培養，可無相憶遞傳詩？

(詩-續卷2-145)

頭白相知豈謂新？ 詩來驚破一軒春。

自慚昏病年來甚，却道功深艮背人。

(詩-續卷2-146)

同庚霜雪滿頭吹，共歲今方百九奇。

安得孟、韓俱變化，雲龍相逐不相離？

---

151 甲子年(明宗19, 1564년, 64세) 6월 1일 禮安에서 쓴 시이다. 〔資料考〕 이 시는
《淸香堂實紀》卷2에도 실려 있다.

(詩-續卷2-147)

莫恨光陰向老催，雲山同是隔塵埃。
陶欣松竹爲三益，杜狎鷗鷺詠百回。[152]

SNP1047(詩-續卷2-148)

贈金上舍士純【乙丑〇余時溪居，士純自陶山往來，不避暑潦。】[153]

少日天開一念明，中間多病久迷行。
迷時堪歎道途險[154]，悟後不知軒冕榮。
白髮滿頭身始放，青山當戶事無營。
感君來往談名理，清暑冰霜句句生。

SNP1048(詩-續卷2-149)

寄問孤山琴聞遠[155]

遙憐絕壁千尋下，茅屋臨流讀古書。

---

152 回：文草에는 뒤에 별행으로 "嘉靖甲子月遯朔，陶山病夫。"가 있다.

153 乙丑年(明宗20, 1565년, 65세) 5월 하순 禮安에서 쓴 시로 추정된다. 〔資料考〕初本(13책,《退溪雜詠》)에는 〈次韻贈金上舍士純【余時溪居，士純自陶山往來，不避暑潦。】〉라고 되어 있고, 추기 "乙丑"이 있다. 續草本의 추기에 "《退溪雜詠》, 題首有'次韻'二字。"라고 하였고, 養校에 "《退溪雜詠》, 題首有'次韻'字。"라고 하였다.

154 險：底本에는 "儉"으로 되어 있다. 初本(13책,《退溪雜詠》)·續草本·樊本·上本에 "途道險"로 되어 있고, 養校·柳校에 "'儉'恐'險'之誤。"라고 하였으므로, 이에 根據하여 修正하였다.

靜養工夫能會未？ 書中眞味近何如？

SNP1049(詩-續卷2-150)

題陽城李公【承召】、四佳徐公、佔畢金公送別琴東萊【徽】詩帖後[156]

琴侯才氣蔚風雲，武捷魁科亦甚文。

兩邑分符驥跣足，三公贈語錦擒紋。

傳貽作軸珍藏襲，轉上爲屛耀見聞。

顧我何人堪屬筆，千秋能與播奇芬。【之官而贈言，尙矣。然苟其人，
不爲一時名流之所與者，則所得皆庸瑣竈婢之語耳。奚足貴哉？今觀鳳城琴
君 應石氏所示，其先祖考縣令公之官時贈言。其赴盈德也，陽城 李先生唱
之，達城徐先生和之。其赴東萊也，佔畢 金先生又用其韻以贈之。三先生皆
文章之司命，人物之權衡，而爲其所稱賞如此，則侯之爲人，不問可知其不
凡流矣。其一簇六篇，令人聳然興嗟，君猶以寶蓄一簇爲未足，屬滉以謄寫
上屛，兼欲綴一語，以揄揚其事。辭之不獲，旣僭以一律續貂，幷略叙于後，
尙冀覽者知先輩遺風之可貴，而侯之所得，非空譽云。嘉靖四十四年歲在乙
丑四月旣望，眞城李滉謹書。】

---

155 乙丑年(明宗20, 1565년, 65세) 4월 1~15일 禮安에서 쓴 시로 추정된다.〔資料
考〕이 詩는 琴蘭秀의 《惺齋集》卷4에도 실려 있다.

156 乙丑年(明宗20, 1565년, 65세) 4월 16일 禮安에서 쓴 시로 추정된다.

SNP1050(詩-續卷2-151~158)

伏蒙天恩，許遂退閒，且感且慶，自述八絕[157]

(詩-續卷2-151)

假退曾非善退人，濫巾今始著眞巾。

雲山亦識君恩重，向我朝朝喜色新。

(詩-續卷2-152)

三朝無補一微臣，百病餘生兩鬢銀。

從此不妨知損益，壺中天地祝堯民。

(詩-續卷2-153)

自愧菲才厠盛才，名班身退又人猜。

只[158]今可信無猜愧，魚鳥群中與作魁。

(詩-續卷2-154)

數間矮屋白雲鄰，尙恨幽貞未甚眞。

一札溫言九天下，沈痾贏得付松筠。

(詩-續卷2-155)

無才無德坐成痴，應世何須[159]沒字碑？

---

157 乙丑年(明宗20, 1565년, 65세) 5월 4일 禮安에서 쓴 시로 추정된다.〔資料考〕
이 시는 初本(13책,《陶山雜詠》)에도 실려 있다.

158 只 : 樊本·上本에는 "至"로 되어 있다.

欲向塵編[160]求晚智[161]，眼中花霧苦相欺。

（詩-續卷2-156）

杏壇蕪沒幾千年？私淑諸賢亦已天。

東海東濱可憐子，不聰喑默似寒蟬。

（詩-續卷2-157）

邵說青天在眼前，零金朱笑覓壚[162]邊。

莫言白髮妨人學，衛武猶箴九十年。

（詩-續卷2-158）

美人何許隔天涯？夢裏[163]相逢玉帝家。

獨自覺來臨碧水，　一輪明月暎金波。【嘉靖四十四年歲乙丑五月日，
退溪陶山[164]老病閒人，書于山舍。】

---

159 須 ：初本(13책,《陶山雜詠》)에는 "殊"로 되어 있다.

160 編 ：上本에는 "篇"로 되어 있다.

161 智 ：樊本·上本에는 "志"로 되어 있다.

162 壚 ：初本(13책,《陶山雜詠》)·樊本에는 "爐"로 되어 있고, 上本에는 "鑪"로 되어
있다.

163 裏 ：上本에는 "中"로 되어 있다.

164 陶山 ：樊本·上本에는 없다.

魚樂臺[165]

臺下平波湛不流，洋洋群隊得[166]天游。
却思莊、惠同登日，魚樂還從自樂求。

次韻趙士敬[167]

學絶今人豈有師？ 虛心看理庶明疑。
因風寄謝趨林鳥，只自知時莫强知。

　　附趙士敬原韻[168]
　　水北山南謁大師，群朋一室析千疑。

---

165 乙丑年(明宗20, 1565년, 65세) 8월~9월 禮安에서 쓴 시로 추정된다.

166 得 : 底本에는 "雨"로 되어 있다. 續草本의 추기에 "'雨', 一作'得'.【漱】"라고 하
였다. 續草本의 추기와 文脈에 根據하여 修正하였다.

167 乙丑年(明宗20, 1565년, 65세) 5월 21일 禮安에서 쓴 시로 추정된다. 初本(19
책, 書簡)에는 〈月川 趙士敬寄示近詩, 累讀爛絢諷玩之餘, 板和數絶, 冀發一笑, 病倦
多闕, 想蒙原察也. 丙寅仲夏〉로 되어 있고, 樊本·上本에는 〈月川 趙士敬寄示近詩,
累讀爛絢諷玩之餘, 板和數絶, 冀發一笑, 病倦多闕, 想蒙原察也.【丙寅仲夏】〉로 되
어 있다. 〔編輯考〕 이 시는 內集 卷4의 〈次韻, 答趙士敬. 二絶〉 및 遺集內篇 卷1의
〈月川 趙士敬寄示近詩, 累讀爛絢諷玩之餘, 板和數絶, 冀發一笑, 病倦多闕, 想蒙原
察也〉와 합편해야 한다. 〔資料考〕 이 시는 趙穆의 《月川集》 卷1에도 실려 있다.

168 附趙士敬原韻 : 初本(19책, 書簡)에는 〈乙丑冬, 謁先生于退溪, 金彦純, 士
純, 禹景善輩皆在. 辨質《心經付註》, 《大學章句》, 或有所未契. 歸路因吟一絶云〉로
되어 있다.

歸來十里江村路，宿鳥趨[169]林只自知。【乙丑冬，謁先生于<u>退溪</u>．<u>金彥純</u>【<u>明一</u>】、<u>士純</u>【<u>誠一</u>】、<u>禹景善</u>【<u>性傳</u>】，在焉。辨質《心經》、《大學章句》，或[170]有未契。】[171]

SNP1053(詩-續卷2-161～162)

丙寅正月二十六日，力疾赴召，出宿<u>聖泉寺</u>，次二友韻【丙寅○<u>金士浩</u>、<u>朴德明</u>】[172]

(詩-續卷2-161)

尺一東來又喚回，遙瞻北極五雲開。

豈知臣病如歸鶴，未半朝天戢翅來？

(詩-續卷2-162)

四十年遒一瞬回，重尋佛刹舊懷開。

知君警策存詩句，說著梅筠待我來。

---

169 趨 ： 上本에는 "投"로 되어 있다.

170 或 ： 上本에는 뒤에 "間"이 있다.

171 乙丑冬……未契 ： 初本(19책, 書簡)에는 없다.

172 丙寅年(明宗21, 1566년, 66세) 1월 26일 禮安에서 쓴 시이다. 〔資料考〕 이 시는 初本(13책, 《丙寅道病錄》)에 〈丙寅正月二十六日, 力疾赴召, 出宿<u>聖泉寺</u>, 次二友韻【<u>金士浩</u>、<u>朴德明</u>】〉으로 실려 있고, 朴士熹의 《默齋逸稿》(《退溪學資料叢書》1) 卷2에 〈丙寅正月二十八日, 赴召, 出宿<u>聖泉寺</u>, 次<u>金士浩</u>、<u>朴德明</u>〉으로 실려 있다.

SNP1054(詩-續卷2-163~164)

榮川公館病留, 答李宏仲【二十九日】¹⁷³

(詩-續卷2-163)

離別情懷倍黯然, 那知今復擊塵緣?

詩來却愧諸君意, 梅社追尋雪後天。

(詩-續卷2-164)

離別情懷雪後天, 寄詩珍重荷君先。

何當得見天矜許, 歸臥蓬廬獨闇然?【宏仲與柳而得諸君, 送余於溪

上, 相與踰陶山, 尋遊節友社, 同宿精舍乃去。唐人詩: "明日馬蹄風雪裏,

知誰先有寄來詩?"¹⁷⁴】

SNP1055(詩-續卷2-165)

山寺月夜¹⁷⁵

聞道花開不見花, 一春風雨病中過。

今宵陡覺山家景, 滿地清光月似波。

173 丙寅年(明宗21, 1566년, 66세) 1월 29일 榮州에서 쓴 시이다. 〔資料考〕 이 시는
初本(13책,《丙寅道病錄》)에도 실려 있다.

174 明日……寄來詩 : 初本(13책,《丙寅道病錄》)에는 "誰先有寄來詩云。"으로 되어
있다.

175 丙寅年(明宗21, 1566년, 66세) 3월 8~14일 安東에서 쓴 시로 추정된다. 〔資料
考〕 이 시는 初本(13책,《丙寅道病錄》)에도 실려 있다. 初本(13책,《丙寅道病錄》)의

見河西詩文[176]

河西當日頗清虛，晚歲功深學邃初。
老病祗[177]今唯我在，那堪珍惜訪遺書？

山居偶書病懷，寄士敬、聞遠[178]

山堂近日無來人，蒼苔綠竹相映新。
山翁百病頭似雪，書卷叢中猶競辰。
心法由來謹毫釐，如水易波鏡易塵。
寄與[179]山南趙與琴，勉勉莫負良貴身。[180]

이 시 앞에는 현행《退溪集》에는 수록되어 있지 않은 다음과 같은 拾遺詩가 있다.
〈鳳停持音僧空允詩軸, 慕齋 金先生首題, 駱峯 申先生和之, 允往在甍寺時所贈也〉
"甍寺經行也繫舟, 登臨臺閣幾回秋? 寺僧今作他山主, 病我來看屬旅遊. 詩卷只憑思
化鶴, 烟波無復繼吟鷗. 多師袖裏雙珍在, 魚目何煩更要收?"

176 丙寅年(明宗21, 1566년, 66세) 禮安에서 쓴 시로 추정된다.

177 祗 : 上本에는 "至"로 되어 있다.

178 丙寅年(明宗21, 1566년, 66세) 5~6월 禮安에서 쓴 시로 추정된다. 初本(19책,
書簡)에는 〈七月八日, 山居偶書病懷, 寄士敬、聞遠【丙寅夏】〉로 되어 있고,《退溪先
生全書目錄 外集【逸】》(卷第八)에는 〈山堂偶書病懷, 寄琴聞遠兼示士敬〉로 되어 있
다. 〔資料考〕이 시는《師門手簡》(第6冊, 張5)에도 실려 있다.

179 與 : 初本(19책, 書簡)·上本·《師門手簡》에는 "語"로 되어 있다.

180 身 :《師門手簡》에는 뒤에 "嘉靖丙寅夏, 溪叟。"가 있다.

SNP1058(詩-續卷2-168)

**琴聞遠自孤山寄詩一絶, 言小舟已具, 窮搜景致可樂云。次韻却
寄**[181]

春非孤我我孤春, 縱得歸山亦絆身。
聞道仙源舟已辦, 欲將逃世問眞人。

SNP1059(詩-續卷2-169~170)

士敬攜酒來訪[182]

(詩-續卷2-169)

赤葉蒼筠滿目秋, 感君攜酒慰窮愁。
愁中有句不須說, 坐對靑山搔白頭。

(詩-續卷2-170)

故人飛札落雲間, 責我如蚊使負山。
永愧不堪珍重意, 江湖魏闕兩難安。[183]【時適得朴和叔書, 遂有後一
絶云。】

---

181 丙寅年(明宗21, 1566년, 66세) 4월 초순 禮安에서 쓴 시로 추정된다. 〔資料考〕
이 시는 琴蘭秀《惺齋集》卷4에도 실려 있다.

182 丙寅年(明宗21, 1566년, 66세) 9월 禮安에서 쓴 시이다. 初本(19책, 書簡)에는
〈士敬攜酒來訪【季秋】〉로 되어 있다. 〔資料考〕이 시는《師門手簡》(第6冊, 張9)에도
실려 있다.

183 安 :《師門手簡》에는 뒤에 "丙寅季秋, 病溪。"가 있다.

SNP1060(詩-續卷2-171)

喜士敬雪中來訪，因次其近寄五言¹⁸⁴律詩韻¹⁸⁵

大雪君乘興，行吟傍水濱。
敲門驚剝啄，對榻悅薰親。
鳥雀仍迷樹，龍蛇更蟄身。
憑君驗豐瑞，共作太平民。

SNP1061(詩-續卷2-172~173)

**彦純來，此日不甚開懷說學。今得其詩六首，知其志尙如此，病
中不能和其韻，只以二絶句道意云¹⁸⁶**

(詩-續卷2-172)
君住山南我山北，一冬空愧往來勤。¹⁸⁷
別來肝膽因詩見，雅志深嘉不在文。

---

184 五言 : 養校에 "五言二字，《目錄》見脫。"이라고 하였다.

185 丁卯年(明宗22, 1567년, 67세) 12월 20일 禮安에서 쓴 시로 추정된다. 初本(19
책, 書簡)에는 〈二十日，喜士敬來訪雪中，因次其近寄五言律詩韻。二首〉로 되어 있
다. 〔編輯考〕이 시는 遺集內篇 卷1의《二十日，喜士敬來訪雪中，因次其近寄五言律
詩韻。二首》와 합편해야 한다. 〔資料考〕이 시는 《師門手簡》(第6冊, 張13左)에 〈士
敬。奉復月川〉으로 실려 있다.

186 丙寅年(明宗21, 1566년, 66세) 1월 17일경 禮安에서 쓴 시로 추정된다. 〔資料
考〕이 시는 金明一의《雲巖逸稿》에도 실려 있다.

187 勤 : 上本에는 "頻"으로 되어 있다.

雅志誠能不在文, 道非身外豈難聞?

只[188]今敎養皆聲利, 莫向芹宮誤染薰。

SNP1062(詩-續卷2-174)

寄謝尹安東【復】[189]

朱門博約兩工程, 百聖淵源到此明。

珍重手書留至敎, 精微心法發群英。

嗟余竭力空頭白, 感子收功已汗靑。

更遣諸郞詢瞽見, 病中深覺負仁情。

SNP1063(詩-續卷2-175~177)

順興安上舍孝思老丈所居, 襄陽郡南蘆浦村, 臺亭勝絶。今年春, 滉[190]病臥郡館, 上舍爲枉問叙舊, 時年八十四矣。緣病甚不得往謝而來, 愧恨良深, 近又寄書來, 囑和其亭詠中崔艮齋樂府十首。滉素不解作詞曲, 況曾有亭詠近體三首浼呈, 今何更强作耶? 病中聊吟三絶見懷, 以少答上舍辱枉勤索之意云爾[191]

---

188 只 : 樊本·上本에는 "至"로 되어 있다.

189 丙寅年(明宗21, 1566년, 66세) 12월 25일 禮安에서 쓴 시로 추정된다.

190 滉 : 上本에는 "余"로 되어 있다.

191 丙寅年(明宗21, 1566년, 66세) 10월 禮安에서 쓴 시로 추정된다.

(詩-續卷2-175)

峴首亭臺最絶奇，主人黃耆更能詩。

百篇題詠皆珠玉，不用區區剩作詞。

(詩-續卷2-176)

病枕襄陽客舍寒，幸蒙鳩杖與開顏。

只[192]今歸臥猶多恨，不作高亭一縱觀。

(詩-續卷2-177)

高亭未躡我能言，玉軸瑤川映對罇。

八十仙翁吟賞處，不知軒冕更誰尊。

SNP1064(詩-續卷2-178)

登紫霞峯, 寄示李宏仲[193]

攀松上紫霞，靑草茂如麻。

石壁趨歸鳥，烟林隱暮鴉。

淸涼巉太碧，洛水繞陰崖。

牧笛數聲裏，夢回夕日斜。

---

192 只 : 樊本·上本에는 "至"로 되어 있다.

193 丙寅年(明宗21, 1566년, 66세) 6월 禮安에서 쓴 시로 추정된다. 〔資料考〕 이
시는 李德弘의 《艮齋集》卷1에도 原韻詩로 실려 있다.

退溪先生文集

遺集　內篇　卷一

陶山六曲之一[1]

其一

이런돌[2] 엇다ᄒ며 뎌런돌 엇다ᄒ료?

草野愚生이 이러타 엇다ᄒ료?

ᄒ믈며 泉石膏肓을 고텨 므슴ᄒ료?

其二

烟霞로 지블삼고 風月로 버들삼[3]마[4],

太平聖代예 病오로 늘거 가뇌。

이듕에 ᄇ라는 이른 허므리나 업고쟈。

其三

淳風이 죽다ᄒ니 眞實로 거즌[5]마리。

人性이 어디다ᄒ니 眞實로 올ᄒ마리。

天下애 許多英才를 소겨 말솜ᄒ가?

---

1 乙丑年(明宗20, 1565년, 65세) 3월 16일 禮安에서 쓴 시로 추정된다。

2 돌 : 上本에는 "달"로 되어 있다。

3 삼 : 初本(13책, 《陶山六曲之一》)에는 "사"로 되어 있다。

4 마 : 上本에는 "아"로 되어 있다。

5 즌 : 初本(13책, 《陶山六曲之一》)에는 "즈"로 되어 있다。

(時調-遺內卷1-4)

其四

幽蘭이 在谷ᄒ니 自然이 듣디됴해.

白雲이 在山ᄒ니 自然이 보디됴해.

이듕에 彼美一人를 더옥 잇[6]디 몯ᄒ얘.【一云: "이듕에 고온 ᄒ니
믈 더옥 닛디 몯ᄒ뇌."】

(時調-遺內卷1-5)

其五

山前에 有臺ᄒ고 臺下애[7] 有水ㅣ[8]로다.

ᄠᅦ만흔 ᄀᆞᆯ며기ᄂᆞᆫ 오명가명 ᄒ거든,

엇다다 皎皎白駒ᄂᆞᆫ 머리 ᄆᆞᄋᆞᆷ[9] ᄒᄂᆞᆫ고?

(時調-遺內卷1-6)

其六

春風에 花滿山ᄒ고 秋夜애 月滿臺라.

四時佳興ㅣ 사ᄅᆞᆷ와 ᄒᆞᆫ가지라.

ᄒ믈며 魚躍鳶飛 雲影天光이아[10] 어늬 그지 이슬고?

---

6 잇 : 初本(13책, 《陶山六曲之一》)에는 "닛"으로 되어 있다.

7 에 : 初本(13책, 《陶山六曲之一》)·上本에는 "애"로 되어 있다.

8 ㅣ : 上本에는 없다.

9 ᆞᆷ : 初本(13책, 《陶山六曲之一》)에는 "ᄉᆞᆷ"로 되어 있다.

10 아 : 初本(13책, 《陶山六曲之一》)에는 "사"로 되어 있다.

六¹¹曲之二

(時調-遺內卷1-7)

其一

天雲臺 도라드러 玩樂齋 蕭洒흔듸,

萬卷生涯로 樂事無窮 ᄒ얘라.

이듕에 往來風流를 닐어 므슴홀고?

(時調-遺內卷1-8)

其二

雷霆이 破山ᄒ야도 聾者ᄂ 몯듣¹²ᄂ니,

白日이¹³ 中天ᄒ야도 瞽者ᄂ 못¹⁴보ᄂ니.

우리ᄂ 耳目聰明男子로 聾瞽ᄀ디 마로리.

(時調-遺內卷1-9)

其三

古人도 날 몯¹⁵보고 나도 古人몯뵈.

古人를 몯봐도 녀던길 알피 잇니.

녀던길 알피 잇거든 아니녀고 엇뎔고?

---

11 六 : 初本(13책,《陶山六曲之二》)에는 앞에 "陶山"이 있다.

12 듣 : 初本(13책,《陶山六曲之二》)에는 "들"로 되어 있다.

13 이 : 初本(13책,《陶山六曲之二》)에는 없다.

14 못 : 初本(13책,《陶山六曲之二》)에는 "몯"으로 되어 있다.

15 몯 : 上本에는 "못"으로 되어 있다.

(時調-遺內卷1-10)

其四

當時예 녀던길흘 몃히를 브[16]려두고,

어듸가 둔니[17]다가 이제아[18] 도라온고?

이제나 도라오나니 년듸모옴[19] 마로리。

(時調-遺內卷1-11)

其五

靑山는[20] 엇뎨ᄒ야 萬古애 프르르며,

流水는 엇뎨ᄒ야 晝夜애[21] 긋디 아니는고?

우리도 그치디마라 萬古常靑 호리라。

(時調-遺內卷1-12)

其六

愚夫도 알며ᄒ거니 긔아니 쉬운가?

聖人도 몯다ᄒ시니 긔아니 어려운가?

쉽거나 어렵거낫듕에 느러[22]는 주를 몰래라。[23]

---

16 브 : 初本(13책, 《陶山六曲之二》)・上本에는 "ᄇ"로 되어 있다.

17 둔니 : 初本(13책, 《陶山六曲之二》)에는 "돈니"로 되어 있고. 上本에는 "돈이"로
되어 있다.

18 아 : 初本(13책, 《陶山六曲之二》)에는 "샤"로 되어 있다.

19 옴 : 初本(13책, 《陶山六曲之二》)에는 "숨"로 되어 있다.

20 는 : 上本에는 "은"으로 되어 있다.

21 애 : 上本에는 "에"로 되어 있다.

22 느러 : 初本(13책, 《陶山六曲之二》)에는 "늙"으로 되어 있다.

甲辰季夏，病解臺務，求補高城郡，不得。聞中作此，擬從安挺然，借看《武夷志》，是日圭庵宋眉叟，訪挺然，留飲，見拙詩，因與挺然同和見寄，追此奉呈[24]

(詩-遺內卷1-13)

故山書信負當歸，況與同心隔歲違？

咫尺又孤文字飲，遭牽知我俗情非。右謝圭庵。

(詩-遺內卷1-14)

入手山經慰未歸，雲林從此不全違。

夜來夢接眞君語，顚倒風塵汝亦悲。右謝挺然見寄《武夷志》。

---

23 라：初本(13책,《陶山六曲之二》)에는 뒤에 다음과 같은 跋文이 있다. "右《陶山十二曲》者，陶山老人之所作也。老人之作此，何爲也哉？ 吾東方歌曲，大抵多淫哇，不足言，如《翰林別曲》之類，出於文人之口，而矜豪放蕩，兼以藝慢戲狎，尤非君子所宜尙。惟近世有李鼈《六歌》者，世所盛傳，猶爲彼善於此，亦惜乎其有玩世不恭之意，而少溫柔敦厚之實也。老人素不解音律，而猶知厭聞世俗之樂，閑居養疾之餘，凡有感於情性者，每發於詩。然今之詩，異於古之詩，可詠而不可歌也。如欲歌之，必綴以俚俗之語，蓋國俗音節所不得不然也。故嘗略倣李歌，而作爲《陶山六曲》者二焉。其一言志，其二言學，欲使兒輩朝夕習而歌之，憑几而聽之，亦令兒輩自歌，而自舞蹈之，庶幾可以蕩滌鄙吝感發融通，而歌者與聽者，不能無交有益焉。顧自以蹤跡頗乖，若此等閑事，或因以惹起鬧端，未可知也。又未信其可以入腔調諧音節與未也。姑寫一件，藏之篋笥，時取玩以自省，又以待他日覽者之去取云爾。嘉靖四十四年歲乙丑暮春旣望，山老書。"

24 甲辰年(中宗39, 1544년, 44세) 6월 23일 서울에서 쓴 시로 추정된다.《退溪先生全書目錄 外集【逸】》(卷第三)에 〈是日圭菴、竹窓挺然，又各有詩辱示，謹追和拜呈【圭菴韻五首、竹窓韻三首】〉으로 되어 있다.〔編輯考〕이 시는 續集 卷1의 〈次圭庵韻〉 및 〈次竹㘃韻〉과 합편해야 한다.

BYP1067(詩-遺內卷1-15~17)

李君浩寄五絕，病未盡和，奉酬三絕云[25]

(詩-遺內卷1-15)

百枚乾柿見來希，金橘幷吹香霧霏。

欲把墨君酬遠惠，筆端還愧鈍鋒機。

(詩-遺內卷1-16)

千挺琅玕子所憐，軒窓日對坐無眠。

歲寒堪笑吾鄉事，窨裏思君却惘然。【君卽此君也。吾鄉地寒，栽[26]竹
難活，每歲作室謹藏[27]之。來詩言對竹相思意，故及之。】

(詩-遺內卷1-17)

虛名不辨作人豪，善利應難冒一毫。

六十六翁身百病，不堪多口臥農陶。[28]

---

25 丙寅年(明宗21, 1566년, 66세) 10월 초순 禮安에서 쓴 시이다. 〔資料考〕이 시는
李源의《清香堂實紀》(《韓國人物史料叢書》1, 民族文化社) 卷2에도《退溪詩》(12수)
중 第9首~第11首로 실려 있다.

26 栽 : 底本에는 "裁"으로 되어 있다. 文草·上本에는 "栽"라고 되어 있으므로, 이에
根據하여 修正하였다.

27 藏 : 文草에는 뒤에 "護"가 있다.

28 陶 : 文草에는 뒤에 "嘉靖丙寅陽月初旬, 病夫滉草草。"가 있다.

BYP1068(詩-遺內卷1-18)

無題²⁹

月明星槩滿霜空，遠水微聲泝瀏風。
獨坐虛齋惟警惕，心存心逸片時中。

BYP1069(詩-遺內卷1-19)

和洪相【暹】贈詩³⁰

尙戀終南山，回首淸渭濱。³¹
一天分月色，千里共心期。

BYP1070(詩-遺內卷1-20)

寄謝夾之³²

麴生疏我去無停，山甕塵生我獨醒。
忽有三員來入戶，荷君催送意丁寧。

---

29 年月未詳이고 禮安에서 쓴 시로 추정된다.
30 己巳年(宣祖2, 1569년, 69세) 3월 5일 서울에서 쓴 시로 추정된다.
31 濱 : 두주에 "'濱'恐'湄'。"라고 하였고, 上本에도 동일한 두주가 있다.
32 年月未詳이고, 禮安에서 쓴 시로 추정된다.

BYP1071(詩-遺內卷1-21)

次琴土任【輔】韻[33]

寒谷氷霜致客來, 一尊今日荷君開。
不妨眞率頻相款, 更約明年趁早梅。[34]

BYP1072(詩-遺內卷1-22)

規土敬[35]

偃室非公至莫頻, 至須戒酒謹喉唇。
君看田、竇風波起, 盡自當時罵坐人。[36]

---

33 丙辰年(明宗11, 1556년, 56세) 11월 26일 禮安에서 쓴 시이다. 初本(19책, 書簡)에는 〈十一月二十六日, 見於溪堂, 是日司馬會〉로 되어 있다.

34 梅 : 初本(19책, 書簡)에는 뒤에 "【次琴土任韻。】"이 있다.

35 甲子年(明宗19, 1564년, 64세) 1월 7일 禮安에서 쓴 시이다. 初本(19책, 書簡)에는 〈甲子人日-別紙〉로 되어 있다. 〔資料考〕 이 시는 《師門手簡》(第4冊, 張6)에도 실려 있다.

36 人 : 初本(19책, 書簡)에는 뒤에 "右規土敬【出手本。】"이 있다. 《師門手簡》에는 뒤에 "甲子人日, 溪叟。"가 있다.

BYP1073(詩-遺內卷1-23~25)

病留豐基時, 士敬寄詩, 頗譏余行, 而適聞其恭陵參奉之除, 故詩中云[37]

(詩-遺內卷1-23)

不作區區巧剪縫, 經綸誰繼[38]古人風?
願當泰運猶防患, 竟[39]使畸人自屛[40]傭。

(詩-遺內卷1-24)

自愧屛生不滿隅, 病中嚴召每難趨。
君方笑我爲狼狽, 未識君無狼狽無?

(詩-遺內卷1-25)

唐、虞事業等浮雲, 手著應殊耳所聞。
莫說源頭吾已辦, 恐君當局亦將紛。[41]

---

37 丙寅年(明宗21, 1566년, 66세) 2월 9~12일 豐基에서 쓴 시로 추정된다. 《退溪先生全書目錄 外集【逸】》(卷第八)에 〈館留豐基, 答趙士敬。三首〉로 되어 있다. 〔資料考〕이 시는 初本(13책, 《丙寅道病錄》)에 〈館留豐基, 答趙上舍士敬【時士敬寄詩來, 頗譏余行, 而適聞其有恭陵參奉之命, 故詩中云云.】〉으로 실려 있다.

38 繼 : 初本(13책, 《丙寅道病錄》)에는 "似"로 되어 있다.

39 竟 : 初本(13책, 《丙寅道病錄》)·初本(19책, 書簡)에는 "免"으로 되어 있다.

40 屛 : 初本(13책, 《丙寅道病錄》)에는 "作"으로 되어 있다.

41 紛 : 初本(19책, 書簡)의 추기에 "丙寅仲春【某】"라고 하였고, 뒤에 後序인 "君謂東京節義之士, 無源頭一着, 所以致末流紛紛, 此言甚當。然自古非有旋乾轉坤手段, 而區區欲效源頭一着, 亦未有不致紛紛者, 故有志源頭者, 尤未可輕進而有爲也。"가 있다.

BYP1074(詩-遺內卷1-26)

二十日，喜士敬來訪雪中，因次其近寄五言律詩韻，二首[42]

閉戶孤吟雪，携書到澗濱。

銀杯君馬逐，瑤迹我庭親。

得失隨緣句，行藏見在身。

三杯討名理，感慨憶先民。【來詩有云：“望斷青雲路，還投碧水濱。”又
云：“田家酒熟日，聊作葛天民。”】

BYP1075(詩-遺內卷1-27)

月川趙士敬寄示近詩，累讀爛絢。諷玩之餘，板和數絕，糞發一笑，病倦多闕，想蒙原察也【丙寅○一首見《續》。[43]】[44]

堪嘆當靈或不靈，責人皆重待身輕。

多君識破榮期樂，落在偏私慕漢平。

---

42 丁卯年(明宗22, 1567년, 67세) 12월 20일 禮安에서 쓴 시이다.〔編輯考〕初本
(19책, 書簡)에는 같은 제목으로 총 두 수가 실려 있는데, 이 작품은 제1수이다. 나머
지 한 수는 續集에 실려 있다. 이 시는 續集 卷2의〈喜士敬雪中來訪, 因次其近寄五言
律詩韻〉과 합편해야 한다.

43 丙寅……見續 : 初本(19책, 書簡)에는 "【丙寅仲夏。】"로 되어 있다.

44 丙寅年(明宗21, 1566년, 66세) 5월 21일 禮安에서 쓴 시로 추정된다.〔編輯考〕
이 시는 內集 卷4의〈次韻答趙士敬。二絕〉(KNP0385) 및 續集 卷2의〈次韻趙士敬〉
(SNP1052)과 합편해야 한다.

BYP1076(詩-遺內卷1-28)

二十五日, 次士敬⁴⁵

雪立群峯眩眼花, 訪人江路不知賒。
山堂坐望思君處, 只見芙蓉一朶麽?

BYP1077(詩-遺內卷1-29)

踏青日對雨, 次黃仲擧⁴⁶

關雨重三日, 終朝悶病翁。
空思藉茵草, 有恨妒花風。
悵望孤鴻外, 深情數字中。
回聲楚天遠, 何許始能通?⁴⁷

---

45 戊辰年(宣祖1, 1568년, 68세) 1월 18일 禮安에서 쓴 시로 추정된다. 〔資料考〕
이 시는《師門手簡》(第6冊, 張15)에도 실려 있다. 〔年代考〕 이 시가 실려 있는 月川
趙穆에게 보낸 편지(戊辰年(1568년) 1월 25일자)〈與趙士敬〉에 "十七日, 詩簡一紙,
傳自浮浦來。其翌日, 訪趙振出陶山, 馬上思詩, 至山而成, 欲寄而適値召命下臨, 比
前尤駭懼……"라 하였다. 다시 말해 편지는 25일에 갔지만 이 시는 1월 18일에 이미
지어 놓은 상태였다.

45 次士敬 : 初本(19책, 書簡)에는 없다.

46 辛亥年(明宗6, 1551년, 51세) 3월 3일 禮安에서 쓴 시이다.《退溪先生全書目錄
外集【逸】》(卷第五)에는〈次韻答黃仲擧奉使到長鬐見寄三首〉로 되어 있고, 文草에
는《次韻答黃錦溪奉使到長鬐見寄》로 되어 있다. 〔編輯考〕 이 시는 別集 卷2의〈三月
三日對雨, 次韻答黃仲擧。仲擧時奉使到長鬐〉및 續集 卷2의〈次韻, 答黃錦溪奉使到
長鬐見寄〉와 합편해야 한다.

47 通 : 文草에는 뒤에 별행으로 "嘉靖辛巳踏青日, 對雨病艸。"가 있다.

BYP1078(詩-遺內卷1-30~31)

寄李雲長【庚寅】⁴⁸

(詩-遺內卷1-30)

鷄黍從前約歲殘，我行還愧月虧團。

江天雪裏逢僧處，惆悵難尋鶴駕山。

(詩-遺內卷1-31)

立馬江邊風雪摧，偶逢僧著說山回。

早知說到乖逢事，何似和山莫□⁴⁹來？【龍宮來路，逢鶴駕僧，聞雲長

在其山，作詩送之⁵⁰。】

BYP1079(詩-遺內卷1-32)

己丑春，與李雲長，同在聖泉寺作⁵¹

食罷歸來丈室清，床頭書冊亂縱橫。

---

48 庚寅年(中宗25, 1530년, 30세) 10월~12월 龍宮에서 쓴 시로 추정된다.《退溪先
生全書目錄 外集【逸】》(卷第二)에는〈龍宮路中，附鶴駕山僧，寄山中李大成。二首〉
로 되어 있다. 〔編輯考〕이 시는 遺集外篇 卷1의〈龍宮路中，附鶴駕山僧，寄山中李大
成〉과 제목만 다르고 시 내용이 같다. 같은 작품을 중첩해 실은 것이다. 〔今按〕文草
에는〈答雲長書〉에 첨부되어 있다.

49 □ : 文草에는 "滉"으로 되어 있다.

50 龍宮……送之 : 文草에는 "歲在庚寅間，先生自龍宮來路，逢鶴駕僧，問我在其山，
作此詩，付僧送之云云。本藁遺失，而夜來偶然記憶書之。"로 되어 있다.

51 己丑年(中宗24, 1529년, 29세) 봄에 禮安에서 쓴 시이다.《退溪先生全書目錄

良辰易過若風雨, 好客同來如弟兄。
顧我獨悲多外⁵²事, 如君豈合久無名?
落花啼鳥愁如海, 那得春醪萬斛傾?⁵³

BYP1080(詩-遺內卷1-33)

謝李君浩見寄⁵⁴

記我曾遊地, 聞君獨到時。
訪人驚鬼錄, 得句寄漁磯。
共想年顏改, 何嗟鬢髮稀?
珍投愧南産, 報答只空詩。⁵⁵

外集【逸】《(卷第二)에는〈聖泉寺示李大成〉으로 되어 있고, 文草에는 시 제목이 없다. 〔編輯考〕이 시는 遺集 外篇 卷1의〈聖泉寺示李大成〉과 제목만 다르고 시 내용이 같다. 같은 작품을 중첩해 실은 것이다. 〔資料考〕이 시는 李元承의《靑巖遺稿》에도 실려 있다.

52 外 : 遺集外篇에는 "少"로 되어 있다.

53 傾 : 文草에는 뒤에 별행으로 "己丑春, 同在聖泉寺作。"가 있다.

54 乙丑年(明宗20, 1565년, 65세) 12월 29일 禮安에서 쓴 시이다. 文草에는〈謝答李君浩見寄〉로 되어 있다. 〔編輯考〕이 시는 바로 다음에 실린 작품인〈君浩來宜春, 訪舊, 有詩遠寄, 且餉柿橘云〉과 합편해야 한다. 〔資料考〕이 시는 李源의《淸香堂實紀》(《韓國人物史料叢書》1, 民族文化社) 卷2에도《退溪詩》(12수) 중 第8수로 실려 있다. 〔年代考〕이 시와 합편해야 하는 시(BYP1081)의 文草에 별행으로 '右君浩以孝行受賞事。乙丑除日。'라고 되어 있다.

55 詩 : 文草에는 뒤에 별행으로 "右君浩來宜春, 訪舊, 有詩遠寄, 且餉柿橘云。"이 있다.

BYP1081(詩-遺內卷1-34)

君浩來宜春，訪舊，有詩遠寄，且餉柹橘云[56]

孝友因心不有希，那知海蜃氣昇霏？
朝家賞典來窮巷，感發鄉閭幾善機？[57]

BYP1082(詩-遺內卷1-35)

挽或人[58]

文章於道未爲尊，道義於文亦解惇。
味道漸欣如嚾蔗，攻文兼喜已登門。
淳漓競聽哇聲沸，撲散誰知古貨存？
往復幾篇君遽已，恨深猶未得重論。

BYP1083(詩-遺內卷1-36)

無題[59]

政爾寒陰慘淡時，忽逢孤豔映踈籬。

---

56 乙丑年(明宗20, 1565년, 65세) 12월 29일 禮安에서 쓴 시이다. 〔編輯考〕 이 시는
바로 위에 실린 작품인 〈謝李君浩見寄〉와 합편해야 한다. 〔資料考〕 이 시는 李源의
《淸香堂實紀》(《韓國人物史料叢書》1, 民族文化社) 卷2에도 〈退溪詩〉(12수)중 第
19수로 실려 있다. 文草에 의하면 이 시의 제목은 앞 시의 後記에 해당한다.
57 機 : 文草에는 뒤에 별행으로 "右君浩以孝行受賞事。乙丑除日。"이 있다.
58 禮安에서 언제 지었는지 알 수 없다.

金蘭氣味無人識, 玉雪襟懷只自知。

BYP1084(詩-遺內卷1-37)

書簡尾示具景瑞⁶⁰

島夷辱國兵屢交, 七月不雨禾盡焦。
堂上書生空白髮, 憂國願豊心搖□⁶¹。

BYP1085(詩-遺內卷1-38~39)

寄具景瑞⁶²

(詩-遺內卷1-38)

人詫仙行曬史騑, 君恩焜耀照山扉。
寵榮二字先須愼, 一入靈臺萬事非。

(詩-遺內卷1-39)

君看駿馬在驂騑, 千里風蹄一策麾。

---

59 禮安에서 언제 지었는지 알 수 없다.

60 甲寅年(明宗9, 1554년, 54세) 禮安에서 지은 것으로 추정된다. 初本(20책, 書簡)의 추기에 "書於甲寅."라고 하였다.

61 □ : 初本(20책, 書簡)에 '搖'로 되어 있고, 上本에는 '搖'로 되어 있다.

62 辛酉年(明宗16, 1561년, 61세) 禮安에서 지은 것으로 추정된다. 初本(20책, 書簡)의 부전지에 "三首詩謄寫, 拾遺時補入."라고 하였다.

若信前途有荊棘, 穩騎款段未爲遲。

　右非勸君不仕, 爲士者當持此戒故爾[63]。

BYP1086(詩-遺內卷1-40)

答趙士敬、金愼仲[64]

三度書來一報書, 薑鹽消息問何如?
故山雲物如相待, 莫負歸期趁歲初。

63　爾 : 初本(20책, 書簡)에는 뒤에 '辛酉'가 있다.

64　禮安에서 언제 지은 것인지 알 수 없다. 初本(19책, 書簡)의 추기에 '答趙士
敬、金愼仲'이라고 하였다. 初本(19책, 書簡)에〈十二月二十日【士敬、愼仲】〉이라
고 하였다.

退溪先生文集

遺集　外篇　卷一

歌詞

BIP1087(時調-遺外卷1-1)

清凉山歌【見先生七代孫世源所撰《陶山志》外篇**】**[1]

清凉山 六六峯을 아ᄂ[2]니ᄂ[3] 나와 白鷗ㅣ로다.

白鷗ㅣ야 엇더ᄒ랴 못밋둘손 桃花ㅣ로댜.

桃花ㅣ야 믈싼[4]라 가지마라 舟子ㅣ알가 ᄒ노라.

---

1 禮安에서 언제 지은 것인지 알 수 없다.

2 ᄂ니 : 上本에는 '나이'로 되어 있다.

3 ᄂ : 上本에는 '난'으로 되어 있다.

4 싼 : 上本에는 '싸'로 되어 있다.

賦

BIP1088(賦-遺外卷1-2)

李郭仚舟賦【先生十二代嗣孫中懿家藏】[5]

惟東漢之高士，有李、郭之雙美。

邈風流之所宗，推名節之是倚。

彼河上之仚舟，眞一代之高致。

時東京之欲末，最天下之多士。

人爭慕於節義，俗皆尙乎淸議。

伊兩君之挺秀，擅四海之聲名。

進元禮於朝端，振紀綱而肅淸。

非龍門之登接，孰知林宗之爲人。

仙兩美之相合，動天下之瞻新。

當故里之言歸，設祖道於河上。

卿士繽其來集，車馬簇兮千兩。

列四筵之衆賓，盡一時之名流。

孰不願留而不得，懷別恨與離愁。

忽行舟之告逝，宛在水之中洲。

望淸塵兮何許，超絕跡而夷猶。

---

5 서울에서 언제 지은 것인지 알 수 없다.

悵高風之我遠，思從遊兮無由。

各咨嗟而歎慕，咸指擬於仚儔。

謇心醉而自失兮，莫不歆艷之無已也。

彼豈有意於神仚兮？由傍人高仰而取譬。

想當時之氣像，知好德之甚至。

豈徒爲一時之盛事？使百世聞風而興起。

獨惜乎節義所激，黨議斯作，

黨議之禍，國隨以滅。

雖好善之足尙，奈末流之禍？

□究厥致之所由，將激昂之所發。

是人事之或失抑，天意之難測。

覽仚舟之一事，尤有慨於當日。

使時君用諸賢而當國，施經濟之羣策。

則吾知河上之舟，可以爲濟川之楫。

救四海之橫流，拯蒼生於塾溺。

以之措天下於壽域之中，納民物於華胥之國。

又何必空起慕於河舟，指神仚而永惜也哉？[6]

---

6 哉：樊本의 추기에 "珮玉賦"라고 하였으며, 上本의 부전지에 "珮玉賦"라고 하였다.

詩

書唐、史《皇華集》後【飛篇○先生嗣孫中懿家藏】[7]

大明當天文運昌，光嶽之氣鍾厥祥。

惟時唐、史兩先生，英氣俊發爲文章。

聖皇荗荗[8]登寶位，頒詔應選來扶桑。

星軺萬里指日域，觀風每自懷靡遑。

敬將德意布遐荒，東人拭目瞻恩光。

時時遇興發咏歎，瓊琚玉佩辭汪洋。

吾邦自古小中華，亦有文士多才良。

唱姸酬麗共一帙，風雅可繼周先王。

豈惟文章絶一代？風聲德業由玆昌。

從前史華似公少，呂端氣槩差爲强。

一編《皇華》擬山斗，永使東人瞻仰長。

---

7 丁卯年(明宗22, 1567년, 67세) 8월 초순 서울에서 지은 것으로 추정된다.

8 荗荗 : 上本의 교정기에 '亦'라고 하였다.

甲申孟秋十五日, 龍山翫月聯句【七十三韻。以下見《溫溪先生文集》】[9]

龍壽山中寺, 招邀集友生。【季浩先生初字】

初涼時已至, 積雨更新晴。【景明】

洞府昏將入, 松巒月欲明。【長卿○閔公龜瑞字】

瑞光流玉宇, 素彩散雕欄。【景明】

碧樹陰斜砌, 遙岑影落庭。【長卿】

龍珠浮水國, 仚鏡出雲扃。【質夫○金公士文字】

素態清無滓, 冰容瀉劇精。【宗之○鄭公孝宗字】

星河漸明滅, 蟾桂正輕盈。【季浩】

玉兔趺居樣, 姮娥宛轉形。【景明】

廣寒栖冷落, 藥臼擣伶俜。【季浩】

白鷗難專色, 寒螢乍奪熒。【質夫】

幾修煩斧利? 誰洗費河清?

團扇千年影, 孤輪萬里程。【長卿】

盈虛分晦朔, 躔度粲璣衡。【季浩】

今古許多照, 東西知幾行?

本爲羲氏配, 長作玉皇晴。【質夫】

若木行休次, 扶桑卽啓征。【景明】

坎離從出入, 晝夜孰催令?【季浩】

薄蝕知爲沴, 揚明自應禎。【景明】

---

9 甲申年(中宗19, 1524년, 24세) 7월 15일 禮安에서 지었다. 이 시는 李瀣의《溫溪
逸稿》卷2에도 실려 있다.

九霄寒色逈，四海鍊光橫。【宗之】

托質遙空遠，飛精大地宏。【質夫】

定周時序定，成閏歲功成。【長卿】

宇宙通虛白，山川徹淑晶。【大年○李公壽荅字，先生從弟。】

影沈雲夢澤，光照岳陽城。【笙卿○閔公著元字】

山室愈清冷，華堂亦麗英。【長卿】

樹林同一照，烏鵲自多驚。【宗之】

砌下寒螿咽，松梢別鶴鳴。【大年】

鵑聲林外送，猿叫壑中聆。【敬夫○李公寅字，先生從子。】

寂寂良宵半，湛湛白露零。【季浩】

山空靈籟爽，風警挂琴鏗。【質夫】

堂逈清光透，囱虛灝氣迎。【敬夫】

分明尋蠹簡，暗淡錯連甍。【景明】

絕境寰中得，瑤臺夢裏經。【季浩】

胸懷傾沆瀣，襟抱襲清泠。【景明】

怳惚清虛府，依俙白玉京。【敬夫】

遙思飄碧落，逸氣遶滄溟。【質夫】

似有蘇門嘯，如聆子晉笙。【季浩】

將騎青鶴背，可馭紫雲軿。【景明】

訏陟崐崙頂，疑遊王母屏。【長卿】

仙娥邀玉府，羽客揖蓬、瀛。【景明】

脫蛻非難遂，荒唐奈爾營？【質夫】

要須修志業，何必羨喬、彭？【長卿】

赤壁悲蘇子，芙蓉笑石卿。

何如對明月，共自倚風楹？【景明】

至樂何求得? 高懷自在贏。【質夫】
固知夜氣靜, 無復利根萌。【長卿】
浩致生風標, 清談碎屑瓊。【景明】
天敎成會合, 心許必幽貞。【季浩】
輔善存三益, 堅心守一誠。
偲偲敦勉意, 切切眷懃情。【質夫】
松栢相期節, 芝蘭共託馨。【長卿】
時乘坡老興, 屢擧謫仙觥。【共】
筆陣驚千鬼, 詩鋒破萬兵。【敬夫】
百年青簡業, 萬事白鷗盟。【季浩】
物外多成趣, 塵間肯聘名?【質夫】
浮雲同富貴, 草芥等簪纓。【敬夫】
高枕懷堯澤, 虛心樂道亨。【叔蕃○孫公藎字】
只希伊、洛旨, 何論老、莊評?【長卿】
玉礀人誰過? 天津詠未賡。
懷人增慨歎, 憶古每怔忡。【季浩】
豈但徒欽羨? 要當會我靈。【敬夫】
鵝湖師格論, 蓮岳慕嘉聲。【質夫】
鹿洞思深省, 龍門味大羹。【長卿】
悠悠更戀戀, 耿耿復惺惺。
感激螢囱晚, 徘徊歲月傾。【景明】
勞勤須壯日, 悔恨奈衰齡?【質夫】
舊學相溫理, 新知互發硎。【景明】
聖言多懇至, 賢敎亦丁寧。【敬夫】
庶辨天人際, 將窮義理平。【宗之】

遺編如可續，妙響若爲聽？

珍重交須勉，藏修愼勿輕。

共聯茲警律，聊擬古盤銘。【景明】

月落相攜罷，淒凉到五更。【共】

BIP1091(詩-遺外卷1-5～7)

早朝到明禮坊家，家兄入仕，大年歸雙里門，獨坐賦此【癸巳】[10]

(詩-遺外卷1-5)

劒珮鏘鏘滿曉聽，薇垣臣入五雲扃。

小齋惟有圖書靜，還似當年舊院庭。

(詩-遺外卷1-6)

細雨今朝欲濕泥，南風時復舞槐枝。

我來獨自關門坐，爲賦思君一首詩。

(詩-遺外卷1-7)

風雲漠漠因淵沈，世事終難愜素心。

從此不如歸舊隱，白雲深處聽溪音。

---

10 癸巳年(中宗28，1533년，33세) 5～6월 서울에서 지었을 것으로 추정된다. 이 시는 李瀣의 《溫溪逸稿》卷1에도 실려 있다.

BIP1092(詩-遺外卷1-8~9)

又次兜觀奉懷家兄韻, 二首【丙午】[11]

(詩-遺外卷1-8)

分飛那得鎭相追? 頭上烏蟾不肯遲。

嶺外望京京望海, 對牀風雨定何時?

(詩-遺外卷1-9)

儉歲塵生北海罇, 鴒情猶待麴生論。

病深雪虐難行路, 空想芙蓉月一軒。【病未遂關西之行, 故末句及之。】

BIP1093(詩-遺外卷1-10~13)

戊申四月, 陪察訪兄, 重遊島潭四絶[12]

(詩-遺外卷1-10)

太守曾聞歸興催, 如何重向此間回?

溪山宿債應難負, 故作淸遊得得來。

(詩-遺外卷1-11)

縹緲仙洲好放船, 無端風起浪如山。

---

11 丙午年(明宗1, 1546년, 46세) 11~12월 禮安에서 지었을 것으로 추정된다. 이 시는 李瀣의 《溫溪逸稿》卷1에도 실려 있다.

12 戊申年(明宗3, 1548년, 48세) 4월 하순 丹陽에서 지었을 것으로 추정된다. 이 시는 李瀣의 《溫溪逸稿》卷1에도 실려 있다.

須臾覺得神靈許，滿目凝寒碧玉瀾。

(詩-遺外卷1-12)
三島回環興未闌，飄然一葉下蒼灣。
怳如出自桃源路，佳處無忘指點看。

(詩-遺外卷1-13)
錦繡山前弄碧波，紅妝一隊奈愁何？
岸邊不用如椽燭，待看東峯湧月華。

BIP1094(詩-遺外卷1-14)

次四兄在丹山舘韻[13]

竹嶺山高鴈影低，來傳書信意凄迷。
應緣去歲聯牀地，此夜孤眠聽曉雞。

BIP1095(詩-遺外卷1-15〜16)

溫溪敘族韻二首[14]

(詩-遺外卷1-15)
遊宦來歸見敝廬，眼中兒姪集魚魚。

---

13 己酉年(明宗4, 1549년, 49세) 3월 豐基에서 지었을 것으로 추정된다. 이 시는
李瀣의《溫溪逸稿》卷1에도 실려 있다.

悲風不盡三杯奠，〈常棣〉歌成淚洒裾。

(詩-遺外卷1-16)

兄專一道弟專城，人比還鄉晝錦榮。
富貴一毫何足詫？勉修先業永無傾。

BIP1096(詩-遺外卷1-17)

孝子庵餞席韻[15]

去年此地把離杯，一歲分飛又再來。
若使年年爲此別，臨歧不用重徘徊。

　　溫溪西踰一嶺，有孝子庵，庵前有林野閒曠。去年九月，
　　兄以右尹受恩暇來鄉，某時爲丹陽，亦追到。將還，宗族
　　敍別于此。適一期而今又同來，續作去年之別，旣幸其然，
　　又歎繼今之難必，故有是句云。

---

14 己酉年(明宗4, 1549년, 49세) 9월 하순 禮安에서 지었을 것으로 추정된다. 이
시는 李瀣의 《溫溪逸稿》 卷1에도 실려 있다.

15 己酉年(明宗4, 1549년, 49세) 9월 하순 禮安에서 지은 것으로 추정된다. 이 시는
李瀣의 《溫溪逸稿》 卷1에도 실려 있다.

BIP1097(詩-遺外卷1-18)

豊基郡衙, 夜飮絶句[16]

往來三宿戀基山, 紅燭淸琴夜向闌。
莫笑罇前舞風竹, 宦遊離別苦多端。

BIP1198(詩-遺外卷1-19〜20)

矗泠臺韻二首【幷序】[17]

家兄湖西節受由來鄉, 某時叨守豊郡, 送迎皆于竹嶺。始於腰
院之下, 得一勝地, 闢爲兩臺, 其東曰'棧雲', 取兪潘溪〈竹嶺
行〉'百盤棧雲邊'之句而名之也。其西曰'矗泠', 取佔畢齋〈遊頭
流山〉詩'雲根矗矗水泠泠'之句而名之也。峽曰'鴈影', 卽杜詩
所謂'鴻鴈影來連峽內'之意也, 橋曰'消魂', 卽江淹〈別賦〉'黯
然消魂者, 惟別而已'之語也。臨別, 兄謂某曰:"汝無去郡, 明
年吾當復來, 奉杯於臺上矣。"其翌日追寄兩絶云。

(詩-遺外卷1-19)

爲破天荒作一臺, 鴒原棠茇送迎來。
泠泠恰似懽情溢, 矗矗眞如別恨堆。

---

16 己酉年(明宗4, 1549년, 49세) 10월 초순 豊基에서 지은 것으로 추정된다. 이
시는 李瀷의 《溫溪逸稿》 卷1에도 실려 있다.

17 己酉年(明宗4, 1549년, 49세) 10월 초순 豊基에서 지은 것으로 추정된다. 이
시는 李瀷의 《溫溪逸稿》 卷1에도 실려 있다.

鴈影峽中分影日，消魂橋上斷魂時。

好登嶺路千盤險，莫負明年再到期。

BIP1099(詩-遺外卷1-21)

次四兄別後韻[18]

相逢倏已別期臨，杯酒離筵肯訴深？

人事百年難會合，臺名千古始溲尋。

菟裘計拙猶堪老，宦海身游[19]莫自沈。

棣萼分輝遮一嶺，來時三復更長吟。

BIP1100(詩-遺外卷1-22~23)

家兄以賑恤敬差往本道，聞寒食來家山澆奠，某拘官在京，無計助參，次韻奉呈家兄，二首【一首見別集】[20]

(詩-遺外卷1-22)

遙知寒食到家山，樹谷風多宰樹碧。

---

18 己酉年(明宗4, 1549년, 49세) 10월 초순 豐基에서 지은 것으로 추정된다. 이 시는 李瀣의 《溫溪逸稿》卷1에도 실려 있다.

19 游 : 上本에는 '遊'로 되어 있다.

20 壬寅年(中宗37, 1542년, 42세) 3월 10일 서울에서 지었다. 이 시는 別集 卷1의

長安此夕雨紛紛, 紙錢無奈妨霝滴?

(詩-遺外卷1-23)

鴈去連三月, 書來度萬山。
塵沙炊野際, 霧露宿邨間。
髮白緣思策, 梅黃正待還。
無因會今日, 同對舊屛顏。

BIP1101(詩-遺外卷1-24)

赤城中紫霞臺【以下先生十一代孫晼轍家藏】[21]

城不知何代所築。有峯高聳, 其上爲平, 臺舊名山臺巖。余以
其名不雅, 改爲紫霞臺, 仍名其城爲赤城。

崎嶇行數里, 攀磴更越嶺。
遇險不憚步, 肩輿相濟幸。
石城久已頹, 官居有廢井。
不知何代人, 竄此避頑梗?

〈家兄以賑恤敬差往本道, 聞寒食來家山澆奠, 滉拘官在京, 無計助參。因思去年秋,
滉以京畿災傷御史, 行到朔寧等處, 值九日, 作詩三首, 錄寄仁遠。仁遠和詩, 來京適
值寒食, 吟詩念事, 情感倍劇。旣以詩答仁遠, 復次元韻, 奉呈家兄〉과 합편해야 한다.
이 시는 李瀣의 《溫溪逸稿》 卷1에도 실려 있다.
21 己酉年(明宗4, 1549년, 49세) 4월 25일 豐基에서 지었다. 初本(3책, 別集)에도
〈赤城中紫霞臺〉로 되어 있다.

往事逐雲空，遺蹤但幽靖。

至今烟蘿深，惟有猿鳥領。

千巖隱復見，萬籟鳴更靜。

突兀聳高臺，建標霞蒸影。

怳若入天台，先尋赤城迥。

遂以名其城，臺呼紫霞竝。

超然坐其上，天風吹袖冷。

剝苔題石上，名與天地永。

BIP1102〔詩-遺外卷1-25〕

竹巖瀑布【在中伽㢀之下】[22]

萬木參雲一水雷，玉龍騰踔翠巖開。

至今無竹猶名竹，要識當年有竹來。

BIP1103〔詩-遺外卷1-26〕

觀音庵下泉石甚佳，坐頃 宗粹上人擧‘溪流應笑玉腰客，欲洗未洗紅塵蹤’之句，相視一粲，書此示之[23]

亂石中間漱玉流，寒聲淅瀝碎琳璆。

---

22 己酉年〔明宗4, 1549년, 49세〕 4월 25일 豐基에서 지었다.

23 己酉年〔明宗4, 1549년, 49세〕 4월 26일 豐基에서 지었다.

坐來更被高僧笑，欲洗塵蹤不自由。

BIP1104(詩-遺外卷1-27~28)

尋池方寺瀑布²⁴

(詩-遺外卷1-27)

峽坼雲霆隱臥龍，蒼崖千古掛垂虹。

山僧笑向游²⁵人道，始見奇蹤發此中。【凡觀瀑布當自下，而此境深
僻，游人不至，山僧但自上下視，未見其奇。余始披荒而入，坐潭側之石而仰
望，始全得其雄勝。寺僧從而見之，得未曾有，贊歎不已，故云²⁶。】

(詩-遺外卷1-28)

怒瀉千尋絕壁隈，轟轟白日殷晴雷。

人言此有蛟龍²⁷窟，玉爍²⁸金沙寶鑑開。

---

24 己酉年(明宗4, 1549년, 49세) 8~9월 豐基에서 지었을 것으로 추정된다. 初本(3
책, 別集)에 〈尋池方寺瀑布【二首見內集】〉로 되어 있다.

25 游 : 初本(3책, 別集)에는 '遊'로 되어 있다.

26 云 : 初本(3책, 別集) 뒤에 '自註'가 있다.

27 龍 : 上本에는 '蛇'로 되어 있다.

28 爍 : 初本(3책, 別集)에는 '礫'으로 되어 있다.

送張昌秀赴關北幕²⁹

鴈塔題名歲幾周？ 送君關塞動離愁。

奇功競獻天城策, 却顧寧忘雪嶺憂？

幕下籌謀頌棠芰, 樽前談笑落旄頭。

和戎只在吾民服, 請看邠人徙國秋。

與台叟聯轡入城, 湖上遇雨³⁰

千樹桃花百頃湖, 青烟漠漠雨踈踈。

未成歸去春先去, 蘋滿汀洲恨有餘。

送金榮期赴大同察訪³¹

問子何爲作馬官, 朝廷深計欲勝姦。

宏羅隱窟搜雖急, 隻手狂瀾障已難。

---

29 甲辰年(中宗39, 1544년, 44세) 7월 14일 서울에서 지었다.

30 甲辰年(中宗39, 1544년, 44세) 3월 25일 서울에서 지었을 것으로 추정된다.

31 甲辰年(中宗39, 1544년, 44세) 3월 19일 서울에서 지었을 것으로 추정된다.

白髮好吟箕國月，清時還采浿江蘭。

樓臺處處皆臨水，都在神仚座上看。

BIP1108(詩-遺外卷1-32)

宿忠州可興倉，奉次監司兄江陰助邑倉見寄韻[32]

避風投宿水邊倉，忽憶吾兄在首陽。

千里萍蓬同作客，一天鴻鴈久離行。

詩成海運論形勢，興適江漕發篋箱。

欲問愁城如許大？滿空霜月若爲疆[33]？

BIP1109(詩-遺外卷1-33~34)

逸題【以下完山 崔冕植家藏】[34]

(詩-遺外卷1-33)

□□□□□□□，□□□東山水鞭。

讀罷瓊詩多感慨，只應先得我心然。【與君同受御史之命，而君往湖南，桑梓所在，我往關東，則與嶺外家鄉，邈不相及，使還得君行錄而讀之，

---

32 丁未年(明宗2, 1547년, 47세) 9월 17일 忠州에서 지었을 것으로 추정된다. 이 시는 李滉의 《溫溪逸稿》 卷3에도 실려 있다.

33 疆 : 上本에는 '疆'으로 되어 있다.

34 壬寅年(中宗37, 1542년, 42세) 9~12월 서울에서 지었을 것으로 추정된다.

悵然有感, 書其後如右。君茂朱縣詩有'招我歸來想有篇'之句, 僕於關東紀
行, 亦多此意, 故末句云耳。】

(詩-遺外卷1-34)

客去湖邊獨自歸, 靑燈照壁鎖凸扉。

爲尋案上披佳什, 淸夜琅琅□屑飛。

BIP1110(詩-遺外卷1-35~37)

**二月二十七日, 某以弘文校理被旨赴京, 李知事示一絶寵行, 到
京謹次韻, 再拜送呈【甲辰】[35]**

(詩-遺外卷1-35)

病中奔命豈勝情? 心事從知未易成。

爲向汾川違宿願, 春風不侍筍輿行。

(詩-遺外卷1-36)

京師千里故鄕情, 風雨樽前恨更成。

應是山靈嫌俗駕, 馳烟催送出山行。

(詩-遺外卷1-37)

風塵日日悵餘情, 曾向芝山鶴夢成。

想得如今春更好, 水邊林下小車行。

---

35 甲辰年(中宗39, 1544년, 44세) 3월 6일 서울에서 지은 것으로 추정된다.

BIP1111(詩-遺外卷1-38)

七月初一日，約林士遂湖堂，士遂不至，以詩來謝。是夜獨臥不寐，次韻[36]

此身空羨縱湖鱗，獨臥夜聞呼孔賓。
一盞燈花明四壁，可堪有約不來人？

BIP1112(詩-遺外卷1-39)

次韻[37]

十日無休日，彎環畿[38]縣中。
民田村又野，驛路霧兼風。
已見嗟來食，應無絶粒翁。
龍公有仁德，胡奈斬吾東？

BIP1113(詩-遺外卷1-40)

漾碧亭，次趙季任韻【二首見續集。】[39]

鑿開庭下水盈塘，岸上仍栽柳數行。

---

36 壬寅年(中宗37, 1542년, 42세) 7월 1일 서울에서 지은 것으로 추정된다.

37 알 수 없는 시기에 서울에서 지은 것으로 추정된다.

38 畿 : 樊本의 추기에 "'畿'恐'幾'"라 하였으며, 上本의 부전지에 "'畿'恐'幾。'"라 하였다.

客裏又逢今夜月，澆愁誰勸一樽香。

十月日，奉贈李季雅令公出按嶺南[40]

嶺海雄都號劇繁，分憂深覺睿心存。
當年身作布衣謫，今日人迎□□□。

逸題[41]

老境從來合退閑，聊將軒冕博溪山。
邀君欲賞芳春節，只恐衰年遠訪難。

軼辭[42]

險釁門重難，生還九死餘。

---

39 壬寅年(中宗37, 1542년, 42세) 7월 龍仁에서 지은 것으로 추정된다. 이 시는
續集 卷1의 〈漾碧亭，次趙季任韻〉(SNP0896)과 합편해야 한다.
40 辛丑年(中宗36, 1541년, 41세) 10월 서울에서 지은 것으로 추정된다.
41 지은 시기와 장소를 알 수 없다.
42 지은 시기와 장소를 알 수 없다.

多男猶塞馬，窮業尙涔魚。

壽域方登永，佳城忽返初。

舊姻仍老病，慙負送靈轝。

BIP1117(詩-遺外卷1-44)

輓辭[43]

吾兄佳壻本儒家，年少相從幾切磨？

蓮榜不貪丹桂苑，草廬還愛碧山阿。

詩書敎子鄉稱善，魚鳥親人樂亦多。

豈謂神傷遽乘化？ 病中題輓淚滂沱。

BIP1118(詩-遺外卷1-45～46)

前日獲承寵臨，澗屋榮生，自謂平生難得之幸，敢陳□悰，不意復賜和荒律，少達□章，示以獎許之者至矣。拜嘉以還，不勝感佩。鳩巢屢改，迄未有定，尋常自笑，叨蒙善謔一絶，拙事反爲好事，不敢虛辱，謹因三遷字而道其實，仰酬盛意之萬一。盖自芝山而遷退溪而霞塢而竹洞，自竹洞而今又將遷，實爲四五遷矣。自知理屈於芝山之訟，而自退於退溪之僻。由是遷居不定如此，然終無怨言，於是益見盛德之無不可，率爾狂對，惶悚[44]

43 지은 시기와 장소를 알 수 없다.
44 庚戌年(明宗5, 1550년, 50세) 1월 禮安에서 지었을 것으로 추정된다.

(詩-遺外卷1-45)

陡斷芝山縹緲邊，卜居何地最爲賢？

猶嫌孟母三遷少，屈指如今四五遷。

(詩-遺外卷1-46)

盒府丹山碧水邊，人言茗雪未多賢。

聞君往作淸遊返，一夕相思坐屢遷。

BIP1119(詩-遺外卷1-47)

川沙李丈【賢佑】宅【以下先生十一代孫晚澄家藏。】[45]

遊陟歸來興未窮，一樽相對小軒中。

穿林又送長橋畔，隔水[46]依俙見[47]候僮。

BIP1120(詩-遺外卷1-48)

逸題[48]

秋來愁海極漫漫，野興當前亦未闌。

---

45 禮安에서 언제 지었는지 알 수 없다.

46 水 : 上本에는 '樹'로 되어 있다.

47 見 : 上本에는 '聞'으로 되어 있다.

48 언제 어디서 지었는지 알 수 없다.

天恤疲癃那肯殄？雨蘇焦爛不終殘。

窮魚沛若鼓鱗鬣，病客泠然清肺肝。

萬事自應安素履，何須新步學<u>邯鄲</u>？

BIP1121(詩-遺外卷1-49)

<u>濟川亭</u>，次<u>昌寧</u>韻，送<u>李參判</u>辭還【壬寅】[49]

<u>上東門</u>外候功成，祖帳如雲感後生。

白日登仙何足道？急流空羨此閒行。【以下見《聾巖稿》。】

BIP1122(詩-遺外卷1-50)

再次呈舟中[50]

<u>靈芝山</u>舍喜初成，竹杖芒鞋伴麴生。

我欲從公尋蕙路，紅塵無奈惹雲行。

---

49 壬寅年(中宗37, 1542년, 42세) 7월 17일 서울에서 지었다. 이 시는 續集 卷1의 〈次<u>明農堂</u>韻〉(SNP0899) 제2수와 합편해야 한다. 이 시는 <u>李賢輔</u>의 《聾巖集》卷5 〈附錄〉에도 실려 있으며, 제목은 〈次<u>昌寧</u>韻〉으로 되어 있다.

50 壬寅年(中宗37, 1542년, 42세) 7월 17일 서울에서 지었다. 이 시는 續集 卷1의 〈再次呈舟中〉(SNP0900)과 합편해야 한다. 이 시는 또한 遺集外篇 卷1의 〈再次呈舟中〉과 같은 내용이다. 이 시는 <u>李賢輔</u>의 《聾巖集》卷5 〈附錄〉에도 실려 있다.

BIP1123(詩-遺外卷1-51)

題贈琴士任溪齋【奉化 琴佑烈家藏】⁵¹

日星明訓載前書, 對此嚴師自有餘。
逐臭海濱良異事, 嘆君辛苦築隣廬。

BIP1124(詩-遺外卷1-52)

題雄師詩卷【豊川 任秉準家藏】⁵²

虛將名字編知聞, 我實曾無一句文。
可笑武陵眞善謔, 故煩挑我亦云云。【時師住淸凉山滿月庵。】

往在甲辰, 武陵 周景遊遊淸凉山, 贈雄師詩兩絶, 題云"用景
浩韻"其實僕未嘗有贈師詩也。故景遊謂師曰"吾所以如此者,
欲令師必得景浩詩, 爲首題故耳"盖戲之也。辛亥仲春, 余病
臥溪莊, 雄師忽袖詩來謁, 求實景遊之言甚切, 余不得固拒,
題其卷端如右而還之。因念自甲至辛已八周星霜, 其間人事無
所不有, 而與景遊纔得一二相見, 近聞景遊在京師, 抱病杜門,
兩老兩病, 千里相望, 又不知此後相見當在何年, 爲之悵然也。
是月旣望, 溪堂病叟識。

---

51 丙辰年(明宗11, 1556년, 56세) 4~5월 禮安에서 지은 것으로 추정된다. 이 시는
琴輔의 《梅軒集》《附錄》에 〈題琴士任溪齋〉라는 제목으로 실려 있다.
52 辛亥年(明宗6, 1551년, 51세) 2월 16일 禮安에서 지었다. 이 시는 外集 卷1의
〈題雄師詩卷〉(KWP0842)과 합편해야 한다.

BIP1125(詩-遺外卷1-53~54)

〈圭庵山居詩卷〉【以下先生十二代孫中運輯錄。】[53]

故相成公【希顏】第在墨寺洞，有泉石之勝，圭庵 宋眉叟愛而借居之。一夕鄭林塘吉元乘月訪之，圭庵有詩，林塘與湖陰鄭先生以下一時士大夫屬而和者，無慮數十人。裒爲一帙，題曰《圭庵山居詩卷》，余旣謄寫，又命《羣玉聯輝》云。

(詩-遺外卷1-53)

當年擇勝構雲居，城市山林兩不踈。
爲愛高栖公伴鶴，欲論眞樂我知魚。
春風又孰盈缸酒？古道常存溢架書。
坐對魯山眉宇處，向來名利揔成虛。

(詩-遺外卷1-54)

欲置山中數畝居，年年心計轉迂踈。
每懷雲樹同覊鳥，長掩塵編愧蠹魚。
事到好時人或訝，興來濃處句頻書。
相從最愛幽閒味[54]，淨几明窓[55]一室虛。

---

53 辛丑年(中宗36, 1541년, 41세) 11~12월 서울에서 지었을 것으로 추정된다. 이 시 제2수는 宋麟壽의 《圭菴集》卷3 《附錄》과 《東閣雜記》卷10에도 실려 있다. 《圭菴集》에는 〈次圭菴 宋兄 終南寓舍韻〉의 제목으로 되어 있다.

54 味 : 《圭菴集》에는 '趣'로 되어 있다.

55 窓 : 上本에는 '牎'으로 되어 있다.

題野翁堂【龜川】⁵⁶

青山繞屋水環除，此地從今始卜居。
隔霧林蹊應自闢，如雲田稼欲親鋤。
細君敬客開香甕，童子知時掇玉蔬。
我識野翁眞樂事，登臨何日甑溪魚？【嘉靖癸卯夏退翁】

送甯侄東歸⁵⁷

汝叔行藏愧國恩，汝身雖困志猶存。
雪霜千里歸無緩，烏兎雙陰競益敦。【戊辰至月病叔】

侄子甯曾於其外家遠巖村有小築，今將携妻子往依，而精、聞遠及安道孫皆有詩送之，余亦次韻示警⁵⁸

(詩-遺外卷1-57)

百畝農憂士豈同？ 詩書憂在落昏蒙。

---

56 癸卯年(中宗38, 1543년, 43세) 여름에 서울에서 지은 것으로 추정된다.
57 戊辰年(宣祖1, 1568년, 68세) 11월 서울에서 지은 것으로 추정된다.
58 甲子年(明宗19, 1564년, 64세) 12월 15일 禮安에서 지었다.

離親逐食雖牽勢，莫負元來帝降衷。

向也求名幾累心，端如莊說注當金。

如今又被謀生去，何日身遊此學林？【嘉靖甲子臘望，季父病翁書于

溪齋。】

BIP1129(詩-遺外卷1-59)

戒讀《易》[59]

讀《易》雖窺萬泒分，寧知向上有深源？

此來闡得圖書秘，披霧晴空見日暾。

BIP1130(詩-遺外卷1-60)

寄題辛甥著存亭[60]

霜落悽丘壟，音容覘杳茫。

不緣深愛敬，那見享芬芳？【舅陶山老人。】

---

59 禮安에서 어느 시기에 지은 것을 알 수 없다.

60 禮安에서 어느 시기에 지은 것을 알 수 없다.

426　校勘標點 退溪全書 2

BIP1131(詩-遺外卷1-61)

次題安分堂【權氏庄。】^{61 62}

儒冠已誤百年身，一笑相逢⁶³兩鬢銀。

密契已成傾盖故⁶⁴，深情何⁶⁵患白頭新？

茹蔬⁶⁶飮⁶⁷水吾安⁶⁸分，樂道安貧子任眞。

從此⁶⁹江郊十里路，幅巾藜杖往來頻。

BIP1132(詩-遺外卷1-62~65)

寄題四樂亭【爲外舅權公作四絶。】⁷⁰

(詩-遺外卷1-62)

謫裏曾經數十春，年來天放是閒身。

南遊喜得溪山勝，魚鳥相忘作主人。

---

61 언제 어디서 지었는지 알 수 없다.

62 上本의 부전지에 '次題安分堂【權子由達庄。】'라고 하였다.

63 逢 : 上本의 부전지에 '看'라고 하였다.

64 故 : 上本의 부전지에 '久'라고 하였다.

65 何 : 上本의 부전지에 '寧'이라고 하였다.

66 茹蔬 : 上本의 부전지에 '採山'이라고 하였다.

67 飮 : 上本의 부전지에 '釣'라고 하였다.

68 安 : 上本의 부전지에 '甘'이라고 하였다.

69 從此 : 上本의 부전지에 '遙想'이라고 하였다.

70 癸卯年(中宗38, 1543년, 43세) 서울에서 지었을 것으로 추정된다.

(詩-遺外卷1-63)

歷盡崎嶇氣未低, 從前結習在山溪。

人間萬事都休問, 四樂亭中醉似泥。

(詩-遺外卷1-64)

千尺紅塵沒馬頭, 時光苒苒不曾留。

高尋鶴洞虛前計, 小築芝山愧拙謀。

(詩-遺外卷1-65)

亭前野酌跨溪流, 溪上桑麻蕩綠疇。

幾歲種成千樹橘? 玉堂歸夢繞中洲。

BIP1133(詩-遺外卷1-66~67)

**冒雨踰嶺, 抵丹山, 見金季應於校樓, 敍意說病, 以虛憊怵風, 不
能久坐, 別來郡館, 枕上聞雨悵然, 三絶句**【一首見元集。】[71]

(詩-遺外卷1-66)

遷客佇聞恩赦日, 病臣强赴誤徵時。

相逢卽席還相別, 感淚無端各欲垂。

---

71 丁卯年(明宗22, 1567년, 67세) 6월 17일 丹陽에서 지었을 것으로 추정된다. 이
시는 內集 卷4의 〈丹山, 贈金季應〉(KNP0404)과 합편해야 한다.

(詩-遺外卷1-67)

一別俄驚二十年，白頭同病自相憐。
因思昔日相從友，幾在人間幾下泉。

(詩-遺外卷1-68)

窨、窨輩聞余停遊山，絕句來呈，有未達余意者，示之以此【先生
十三代孫述鎬家藏。】[72]

當行翻作不當行，精禱由來戒逸情。
若被喧煩閼嘉澤，一方民物轉猜驚。

(詩-遺外卷1-69)

古里帖下得泉石佳處，名曰青溪，戲題【以下先生十代孫彙寅家藏。】[73]

紫陌故難分靜躁，青山寧得管安危？
我今不見離山隱，三復清詩語更危。【一首入《續集》】

---

72 甲子年(明宗19, 1564년, 64세) 3월 禮安에서 지었을 것으로 추정된다.

73 丁巳年(明宗12, 1557년, 57세) 4월 9일 禮安에서 지었을 것으로 추정된다. 이
시는 續集 卷2의〈古里店下得泉石佳處，名曰青溪，戲題〉(SNP1010)와 합편해야
한다.

BIP1136(詩-遺外卷1-70)

寄松岡乞菊種⁷⁴

五色霜華一兩盆，斑爛秀發映窓軒。
箇中第一銀黃品，安得移根向故園？

BIP1137(詩-遺外卷1-71)

盆魚⁷⁵

入肆臨刀幸汝生，畜池無奈又遭烹？
莫嫌斗水難爲命，江海相忘待我行。

BIP1138(詩-遺外卷1-72)

正月十九日，太樹見訪，咏盆魚，用拙詩生字韻⁷⁶

廿二同來僅八生，陳公堪嘆或卿烹。
主人可愧兼恩怨，況奈江湖久滯行？【魚本二十二尾，去冬寒甚，令
置盆土窖中，僅奴失於看護，死者十四尾，今有八尾。余前詩末句"江海相忘
待我行"，盖欲俟舟行，親放於江而尚未也，故云。】

---

74 甲寅年(明宗9，1554년，54세) 7~8월 서울에서 지었을 것으로 추정된다.
75 甲寅年(明宗9，1554년，54세) 서울에서 지었을 것으로 추정된다.
76 乙卯年(明宗10，1555년，55세) 1월 19일 서울에서 지었을 것으로 추정된다.

BIP1139(詩-遺外卷1-73~78)

復用前韻⁷⁷

(詩-遺外卷1-73)

半歲無端失養生，勞勞城市似煎烹。

同君玩物誰堪羨？戀岫孤雲天際行。

(詩-遺外卷1-74)

寒盡今朝草上階，始知春到蝶床栖。

逢場莫諱詩論抱？得失終同楚與齊。【人或以詩爲諱，鄙心未諭其意。】

(詩-遺外卷1-75)

春日新遲影下階，北林寒鳥稍歸栖。

醉時跌宕醒時笑，率意題詩半不齊。

(詩-遺外卷1-76)

不知騎馬傍人階，春到遙憐澗壑栖。

此日逢君拚一醉，山林朝市兩堪齊。

(詩-遺外卷1-77)

詩法非同天莫階，翯飛慚我鷇離栖。

宏言大句無窮出，突過黃初敢望齊？

---

77 乙卯年(明宗10, 1555년, 55세) 1월 19일 서울에서 지었을 것으로 추정된다.

(詩-遺外卷1-78)

關東如返自仙階，好踏新春訪我栖。

聽說海山方外事，欲生雲翼與鵬齊。【時大樹罷關東節，是日劇談關
東之勝。】

BIP1140(詩-遺外卷1-79)

次韻大成、大用〈苦雨〉[78]

濕穗闕薪爇，漏床無地安。

已聞潨衆壑，又恐突重巒。

浙浙嗟還作，茫茫籲更難。

滄浪阻游屐，坐想恸濤瀾。

BIP1141(詩-遺外卷1-80~81)

龍壽寺主僧道信詩卷求題[79]

(詩-遺外卷1-80)

濯熱清泉白葛寒，竹齋孤坐聽潺潺。

師來欲問幽居意，笑指歸雲住遠山。

---

78 禮安에서 어느 시기에 지은 것인지 알 수 없다.

79 禮安에서 어느 시기에 지은 것인지 알 수 없다.

佛殿陰陰撲翠寒，書聲長憶和溪潺。

師來惹得烟霞色，盡日床前面舊山。

BIP1142(詩-遺外卷1-82)

湖堂戲寄林錦湖[80]

誤向前時作生客，空聞今日召佳賓。

有無採得鮮鮮菊，能否携來灼灼人。

黃卷曉霜寒透骨，青樓夕月暖吹塵。

病懋□□□□，□□□□□□。

BIP1143(詩-遺外卷1-83)

十六日早朝，李希聖、李伯喜、尹士推乘舟來訪，拉余登舟，將遊奉先寺，既而返棹中流，晚泊東湖，以仙桃盃酌巡無筭。希聖諸君出示昨夜舟中所詠詩，屬余和之[81]

蝶夢緣君失湖舡，得我開雲遊回□。

□……□

---

80 서울에서 어느 시기에 지은 것인지 알 수 없다.

81 甲辰年(中宗39, 1544년, 44세) 7월 16일 서울에서 지었다.

BIP1144(詩-遺外卷1-84~85)

逸題[82]

(詩-遺外卷1-84)

十日不相見，邈若關河別。

西軒我獨坐，庭下寒螿咽。

昔年今夜月，袖詩蒙枉擲。

齋心屛玉觴，清談對銀闕。

不知更漏深，金盆掛西榍。

只今三[83]見秋，身病如槁葉。

良宵輒乖逢，幽抱向誰說？

但誦佳句新，鏘鏘響蒸栗。

遙知瓊館裏，月色如潑雪。

樽前應念我，句格更淸絶。

(詩-遺外卷1-85)

中秋節候晩，天宇未全淸。

黃昏月初上，翳翳微雲行。

小軒人事靜，悄悄門獨扃。

夜深氣高賽，風露浩無聲。

天如玉鑑寒，桂魄十分明。

賞心每難諧，憂來或相幷。

---

82 언제 어디서 지었는지 알 수 없다.

83 三 : 上本에는 '相'으로 되어 있다.

譬如飢渴人，既飫得薑萍。

又如行遇雨，還家天已晴。

BIP1145(詩-遺外卷1-86)

次韻〈喜雨〉【先生十一代孫晚護家藏。】⁸⁴

家家悶旱籲情深，一雨欣同四海心。

慰我年豐憂國願，不須龍禱更投金。

BIP1146(詩-遺外卷1-87)

題祖殿壁上【浮石寺題板。】⁸⁵

擢玉森森倚寺門，僧言卓錫化靈根。

杖頭自有曹溪水，不借乾坤雨露恩。

BIP1147(詩-遺外卷1-88)

次金公直【義貞】**〈愁〉詩韻**【見潛庵曾孫應祖所撰《追遠錄》。】⁸⁶

世事多撓⁸⁷撼，人心苦未強。

---

84 언제 어디서 지었는지 알 수 없다.

85 己酉年(明宗4, 1549년, 49세) 7월 27일 榮州에서 지은 것으로 추정된다. 이 시는
洪萬宗의 《小華詩評》卷上과 洪萬宗의 《小華詩評》卷2에도 실려 있다.

來時定何物？ 得處必銷腸。

境逆偏知亂，情乖便自長。

尋思羈枕夢，怊悵別筵觴。

澤畔踈憂惑，閨中錯恨狂。

□□□□□，□□□□□。

□□□□□，□□□□□⁸⁸。

貧窮尤恣橫⁸⁹，富貴亦跳梁。

與樂成堅敵，兼悲鬱太陽。

寧從方外士，脫略白雲鄉？

BIP1148(詩-遺外卷1-89)

二十九日襄陽道中【以下先生九代孫野淳輯錄。】⁹⁰

我行襄陽道，早春下旬時。

東風動官柳，鵝鴨散川池。

郡城高蒼蒼，樓觀鬱參差。

家家好修整，簾幕半空垂。

此地信繁華，凶歲猶若玆。

---

86 서울에서 어느 시기에 지어진 지 알 수 없다. 이 시는 金義貞의 《潛庵逸稿》卷3에
도 실려 있다.

87 撓：《潛庵逸稿》에는 '搖'로 되어 있다.

88 □□□□□：《潛庵逸稿》 '二句缺'로 되어 있다.

89 恣橫：《潛庵逸稿》에는 '橫恣'로 되어 있다.

90 癸巳年(中宗28, 1533년, 33세) 1월 29일 醴泉에서 지었다.

習藝誰家郎？ 飜身撗且馳。

冶遊少兒女，歡笑何委蛇？

汝輩愼驕淫，天灾寧不知？

富者苟朝夕，貧者已流離。

路中僵仆人，不救妻與兒。

長官豈不憂，廩竭知何爲？

每見情懷惡，佇立久嗟咨。

我行已草草，馬尫僮僕飢。

晚憩聊自慰，來尋驛亭詩。

沙川遠以微，落日風更吹。

作客知處困，渡橋思防危。

入谷投人家，猶能供暮炊。

BIP1149(詩-遺外卷1-90)

晦日登觀水樓[91]

萬頃鷗波白點靑，春風如對彩雲屛。

倚欄回首斜陽裏，默數長亭與短亭。

---

91 癸巳年(中宗28, 1533년, 33세) 1월 30일 尙州에서 지었을 것으로 추정된다.

BIP1150(詩-遺外卷1-91)

三日渡伽川[92]

四野蒼茫欲雨天，南行今始渡伽川。
地靈猶是神尒境，歲熟寧知旱魃年？
遠勢依依汀樹際，平分漠漠野中烟。
馬啼穿得香林過，翠羽飛鳴却自然。【伽川西岸有林，名香林。】

BIP1151(詩-遺外卷1-92~93)

陜川 南亭韻[93]

(詩-遺外卷1-92)

春風吹不盡，落日在橋邊。
攪得愁情處，芳洲一帶烟。

(詩-遺外卷1-93)

舟臥長橋側，亭高絶壑邊。
渚沙白於雪，春水綠如烟。

---

92 癸巳年(中宗28, 1533년, 33세) 2월 3일 星州에서 지었을 것으로 추정된다.
93 癸巳年(中宗28, 1533년, 33세) 2월 4일 陜川에서 지었을 것으로 추정된다.

南亭次許公簡韻[94]

北來山陡起, 東去水漫流。
鴈落蘋洲外, 烟生竹屋頭。
閒尋知意遠, 高倚覺身浮。
幸未名韁絆, 猶能任去留。

梅花詩[95]

宜城別占好乾坤, 白巖村裏多林園。
一春花事未暇論, 品題先識梅花尊。
高情豈獨臘天開? 孤韻不待陽和催。
一枝斜倚翠竹場, 千樹照映黃金罍。
臨池脉脉貯[96]芳意, 近簷盈盈增絶致。
節士不作風塵容, 靜女那須脂粉媚?
風吹齊發玉齒粲, 雨洗渾添銀海渙。
烟濃有時耿簾幕, 月落偏宜伴斜漢。
翠羽刺嘈感師雄, 綠衣倒掛來仚翁。

---

94 癸巳年(中宗28, 1533년, 33세) 2월 4일 陜川에서 지었을 것으로 추정된다.
95 癸巳年(中宗28, 1533년, 33세) 2월 5~10일 宜寧에서 지었을 것으로 추정된다.
96 貯 : 樊本·上本의 두주에 "'貯'一作'竚'."라고 하였다.

點成粧額壽陽嬌，折寄相思驛吏逢。
氷魂雪骨擅造化，暗香踈影絶蕭灑。
笛中吹落意不盡，畫裏傳神眞苟且。
荒橋水淺不自病，古院笒深還得性。
鶯[97]兒自分斷消息，蟻使不敢窺哀盛。
已付廣平說素心，更與西湖作知音。
風流千古尙如昨，客裏相逢意不任。
一般眞趣杳無辨，旅思依依鄕思淺。
歌珠不用鬧檀板，且置淸樽供婉孌。
永托深盟同皎潔，嘯咏徘徊共淸絶。
調羹金鼎是餘事，莫使一片吹香雪。

BIP1154(詩-遺外卷1-96)

十一日渡丹巖津【時將訪仁遠。】[98]

野分千螺岫，江中一葉舟。
醉深春到午，愁滿草生洲。
候吏輕人過，游魚怕鷺謀。
南來又東去，爲訪故人遊。

---

97 鶯 ： 上本에는 '鸎'으로 되어 있다.

98 癸巳年(中宗28, 1533년, 33세) 2월 11일 宜寧에서 지었을 것으로 추정된다.

茅谷 吳宜寧公竹齋【宜寧命賦。】⁹⁹

晚節頤神樂有餘, 梅窓竹几共琴書。
但知白髮顔如少, 不信人間歲月除。

宿仁遠書齋¹⁰⁰

(詩-遺外卷1-98)

酒醒孤枕夜三更, 雨打西窓竹多聲。
不信鄕心能滴碎, 只緣深得故人情。【古人詩, "無端一夜空階雨, 滴碎思鄕萬里心。"】

(詩-遺外卷1-99)

短屛高架淨無塵, 卯酒三杯發興新。
索筆題詩非好事, 羈懷要說與情親。

---

99 癸巳年(中宗28, 1533년, 33세) 2월 11~14일 咸安에서 지었을 것으로 추정된다.
이 시는 別集 卷1의 〈前宜寧 吳公竹齋【咸安後谷。】〉(KBP0545)와 합편해야 한다.
100 癸巳年(中宗28, 1533년, 33세) 2월 11~14일 咸安에서 지었을 것으로 추정된다.

檜山 曹敬仲壽母生辰，次敬仲韻[101]

萱堂彩服靑春麗，烏鳥深情白日長。
喜氣似雪生舞袖，歡情如海溢霞觴。
思親易下遊人淚，入夜難收畫燭光。
憶得十年前日事，依然惟有竹千行。【癸未秋，敬仲先君以翰林下鄉，
余往訪之，至今十一年矣，而曹公已下世，追思昔日歡遊之事，杳然如夢。北
園脩竹千竿，宛如前日，感念存歿，爲之泣下。】

仲春望日，與吳仁遠、曹敬仲陪宜寧，遊月影臺[102]

合浦遺基古鎭城，海山深處一臺平。
近來聞有蓮池出，疑是新移玉井淸。【俗傳近年因積雨，暴水忽出一
池，乃故池基也。又有蓮花自生池中云。】

---

101 癸巳年(中宗28, 1533년, 33세) 2월 11~14일 昌原에서 지었을 것으로 추정된다.
102 癸巳年(中宗28, 1533년, 33세) 2월 15일 昌原에서 지었다.

BIP1159(詩-遺外卷1-102)

日暮, 自臺前泛舟, 抵檜原[103]

雲日蒼茫海氣昏, 臺前舟放過山原。
遠帆孤島無邊眼, 短笛長歌不盡樽。

BIP1160(詩-遺外卷1-103)

次吳宜寧記遊韻[104]

　　宜寧八十之年, 筋力不衰, 陪遊勝地, 怳如靈眞相接, 故
　　詩中全及.

醉倚高臺一笛風, 奇凡終古有時通。
蓬瀛氣接繂纍逈, 塵累緣隨笑語空。
昨日已邀王子晉, 今朝眞見葛仚翁。
相從叩枻瀟溟上, 眞恐仚山又過東。

BIP1161(詩-遺外卷1-104)

十六日, 吳宜寧竹齋, 對月小酌[105]

鋪席庭前待月來, 高談倂與酒罇開。

---

103 癸巳年(中宗28, 1533년, 33세) 2월 15일 昌原에서 지었다.
104 癸巳年(中宗28, 1533년, 33세) 2월 15일 昌原에서 쓴 시로 추정된다.

勝遊昨日猶嫌雨，清賞今宵更絕埃。
翠影交寒千畝竹，瓊英渾色一枝梅。
夜深應有飛笻過，笙鶴來從月影臺。
【十五日，自檜原臺，乘昏上馬，中道遇雨。】

BIP1162(詩-遺外卷1-105)

白巖東軒濯纓金公韻[106]

詩酒我參社，風塵誰歛裳？
客中多意緒，春半暢陰陽。
欲去惟雙屐，重來已十霜。
何當三逕裏，日夕玩琴觴。

BIP1163(詩-遺外卷1-106)

吳仁遠將之安陰，過宿于白巖[107]

晚向春溪踏草回，臥聞剝剝故人來。
開樽細說平生事，不覺紅燈入夜催。

105 癸巳年(中宗28, 1533년, 33세) 2월 16일 昌原에서 쓴 시로 추정된다.
106 癸巳年(中宗28, 1533년, 33세) 2월 17~20일경 宜寧에서 쓴 시로 추정된다.
〔編輯考〕이 시는 續集 卷1의 〈白巖東軒濯纓金公韻〉(SNP0858)과 합편해야 한다.
107 癸巳年(中宗28, 1533년, 33세) 2월 21~30일경 宜寧에서 쓴 시로 추정된다.

444 校勘標點 退溪全書 2

BIP1164(詩-遺外卷1-107)

仁遠還自安陰[108]

東風欺我負花開，故遺飛香一片回。
正要呼樽賞春處，門前忽有故人來。

BIP1165(詩-遺外卷1-108)

三月三日出遊[109]

梅花欲發江之南，北客來遊初稅驂。
旅窓空□轉光陰，不知花柳爭春酣。
低頭弄筆太寂寞，出門騎馬尋溪潭。
溪從闇崛落白巖，中有一洞多烟嵐。
山中處處桃杏亂，正是青春三月三。
行尋細路踏芳草，一壺綠酒令人擔。
家家多竹門可款，追逐風光亦不堪。
折花挿帽蝶隨人，採蕨盈懷春滿籃。
高吟側頭野鶴疑，大笑拍手村童諳。
青山一色喚我去，□□百舌留人談。
興濃隨意適其適，風裏散髮吹鬖鬖。

---

108 癸巳年(中宗28, 1533년, 33세) 2월 24일~3월 2일경 宜寧에서 쓴 시로 추정
된다.
109 癸巳年(中宗28, 1533년, 33세) 3월 3일 宜寧에서 쓴 시로 추정된다.

詩情入眼盡收拾，造物亦不嫌其貪。

村中務急走田翁，樹梢晴熏生野蠶。

壟畝高低雜砂礫，平蕪掩翳藏鶉鵪。

嬌英百態媚施嬙，古木千章老彭聃。

雲根渙散矗磊磊，彩羽決起飛毿毿。

紛紛應接苦未了，勝賞豈必歸禪龕。

【是日將往菩提寺，薄晚不果往。】

斷崖遙望若畫圖，其下積水青於藍。

休笻拂苔坐石上，倒蘸花影相涵涵。

流觴曲水亦多事，自斟螺殼任啜含。

晚來追到兩三人，更與青州從事參。

【岸下一泓澄碧，最有佳致，便坐小酌，近村姜君二人，携酒來飲。】

忘形一見卽爾汝，我是人間一奇男。

嬉遊直爲景物役，跌蕩寧辭麴糵耽。

丈夫生世各有趣，莫將窮達心如惔。

龜藏虎挾鄙夫態，牛後墻間且不慙。

豈知布衣懷至寶，荊棘旺張羞梗楠。

蜚英金馬是何人？困阨泥塗吾所甘.

但願身健趁良辰，東海傾罇供樂湛。

家山萬里在夢想，萍水他鄉好盍簪。

蘭亭高會跡已陳，曲江繁華驕且婪。

我幸於此獨得意，青雲白石窮幽探。

同羣麋鹿我素志，欲去有言那能喑。

會借于公有百錢，買斷烟霞結茅庵。

春風醉臥一千日，倘有仚方傳玉函。

BIP1166(詩-遺外卷1-109)

白巖新東軒臨池小酌¹¹⁰

新起高軒勢欲飛，鑿開墻下貯漣漪。
一園蝴蝶雙雙舞，三月桃花萬萬枝。
斜日八簾春寂歷，晚風吹岸草離披。
白雲千里心如海，更酌難辭一兩巵。

BIP1167(詩-遺外卷1-110)

贈余國珍【并序】¹¹¹

宜城 余琛，字國珍，以儒爲業，且患廢痰而家甚貧眼，與
余相識，至今十餘年，而其窮益甚．一日與余同宿，語及
平素，終夕爲之感歎。余嘗見東坡〈贈蜀士楊耆〉詩，其言
感憤傷激，諷詠之際，使人胸次痛快，而其事與此相類，
因用其韻，作此詩以贈之。

千金爲熱一瓢凉，此事令人感慨長。
不食難同槁壤蚓，酸聲惟學苦吟螿。
那聞裹飯人開戶？只有催租吏突墻。
浪道塞翁知倚伏，如今倚伏更茫茫。

---

110 癸巳年(中宗28, 1533년, 33세) 3월 4~11일경 宜寧에서 쓴 시로 추정된다.
111 癸巳年(中宗28, 1533년, 33세) 3월 4~11일경 宜寧에서 쓴 시로 추정된다.

送山人惠忠【并序】[112]

嘉靖癸巳之春，余客遊宜城，有僧叩門以求見，延之入，寂然其貌，與之語，鏗然其聲，余甚異之。其言聾聾談山說水之外，所深致意者，皆與士大夫遊從之事．袖詩軸數件，其首題，則黃參判孝獻也。黃公之於人，小許可，乃至累篇以贈之，而所言皆理之玄玄者也。余又以是信師之爲人非庸衆人可語以心者也。　余嘗怪古之名公鉅儒率喜與老佛者遊．且彼佛者，夷狄之一法，其肌髮絕倫類，其衣服·語言·飲食·居處，皆與我相反，而得罪於名教。若在擯而不齒者，乃反爲之愛慕歆尙，而稱道之不暇，是誠何心哉？今而思之，其亦有說焉。凡人之處世者，汩沒於塵埃，怵迫於聲勢，見外而不見裏，以窮達爲高下，以爵位分貴賤，其胸中方且熱鬧而昏塞。若是者就有高才明智，可語之以心哉？雖與之語，必不達而已矣。爲老佛者，異於是，必其無求於世，無私於已，不爲事物利害相誘奪，是則其心思必靜而專，其知識必高而明，其於吾心，蓋有不語而先得者矣。何況言之而有不得其意者乎？古之人所以拳拳而不置者，爲是故也。余於忠師非有平生之素，率然而求吾詩，吾受而不拒者，師亦知之乎？余行世見人多矣，磊落奇偉之人，亦不爲不多矣。然而余之言，不發於彼，而

---

112 癸巳年(中宗28, 1533년, 33세) 3월 12일 宜寧에서 쓴 시로 추정된다.

獨發於此者，師不可以不知也。吾師之心稱其貌，出世離俗，飄然有物外之志，伴伽倻之猿鶴，吟闍崛之烟霞，今之來見我也。其心寧有所挾耶．將非吾所謂其心思靜而專，其知識高而明者耶？夫如是，余安得不語之以心哉？而況師所與遊從者，皆一時賢士大夫，以余之踈賤，亦與於其間，玆非其幸耶？故爲詩十章以與之，師之意若不足，其將歸鷲栖山也，又來而求之不已，於是粗述其所以發言之意而遣之，按釖之誚其庶。

癸巳季春十二日，靈芝山人序．

(詩-遺外卷1-111)

靈鷲高棲雲萬重，天南携出玉芙蓉。
釋迦此地安頭骨，聽破荒唐一笑空。

【時師將歸鷲棲山，山有釋迦藏頭骨處云。】

(詩-遺外卷1-112)

寒食清明花柳節，倦遊顚倒路歧塵。
詩僧過我携詩卷，滿袖烟霞別樣春。

(詩-遺外卷1-113)

詩文我似千金帚，情性師如一片雲。
闍崛山前春欲暮，相逢不耐卽相分。

(詩-遺外卷1-114)

獨將義分報知音，生死眞能不負心。

喚起蘇公作詩序, 定分如此更沈吟。

【師喜遊士大夫間, 遇所知者死, 必爲之設祭吊哭。】

BIP1169(詩-遺外卷1-115)

次韻友人見贈[113]

春風池館夜如年, 一夢瑤臺伴酒卮。
況是落花芳草裏, 尋君來路興悠然。

BIP1170(詩-遺外卷1-116)

樓上醉吟[114]

梨花如雪柳成陰, 蝶舞鸎啼勸客吟。
記取他年遊賞樂, 小樓深處最關心。

BIP1171(詩-遺外卷1-117)

東軒池上雨[115]

池塘春草雨霏微, 花落空庭燕子飛。

---

113 癸巳年(中宗28, 1533년, 33세) 3월 12~17일경 宜寧에서 쓴 시로 추정된다.
114 癸巳年(中宗28, 1533년, 33세) 3월 12~17일경 宜寧에서 쓴 시로 추정된다.
115 癸巳年(中宗28, 1533년, 33세) 3월 12~17일경 宜寧에서 쓴 시로 추정된다.

獨倚小闌初睡覺，旅魂鄉思兩依依。

BIP1172(詩-遺外卷1-118)

十八日茅谷，次吳宜寧韻[116]

東風吹雨散餘霏，籬落春深杏子肥。
忽有鄉音來報喜，歸心已逐白雲飛。
【是日得鄉書。】

BIP1173(詩-遺外卷1-119)

二十日曹敬仲齋舍，與仁遠諸人，待金綏之書懷[117]

一壺春酒對靑山，箇裏情悰覺自寬。
爲有故人來海浦，相邀準擬盡情歡。

---

116 癸巳年(中宗28，1533년，33세) 3월 18일 咸安에서 쓴 시로 추정된다.

117 癸巳年(中宗28，1533년，33세) 3월 20일 昌原에서 쓴 시로 추정된다. 中本(卷1，《外集目錄》)에 〈二十日曹敬仲齋舍，與仁遠諸人，待金綏之書懷，四首〉로 되어 있다. 樊本·上本(卷1，《逸目錄》)에 〈二十日曹敬仲齋舍，與仁遠諸人，待金綏之書懷，四首【一首見遺集外篇。】〉으로 되어 있다.

是日綏之來薺浦，期明日會于此，綏之竟不至[118]

(詩-遺外卷1-120)

綠葉紅葩最可憐，當年誰植在窓前。
待君明日同吟賞，只恐春風曉更顚。

【窓前有花，綠葉紅英，玲瓏可愛．寺僧皆不知名。】

(詩-遺外卷1-121)

一雙蝴蝶猶多情，飛舞風花片片輕。
此物亦能惜春晚，思君那禁恨怦怦？

(詩-遺外卷1-122)

山房高臥黑甛時，夢裏悠揚化蝶飛。
起喚南窓[119]風一陣，洒然如得故人歸。

是日與仁遠、敬仲、誠仲，散步至鼻巖[120]

共君隨意踏春山，不厭行穿翠巒間。
會向山中得奇絶，清泉白石好開顏。

---

118 癸巳年(中宗28，1533년，33세) 3월 20일 昌原에서 쓴 시로 추정된다.

119 窓 ： 上本에는 "惚"으로 되어 있다.

120 癸巳年(中宗28，1533년，33세) 3월 20일 昌原에서 쓴 시로 추정된다.

鼻巖示同遊[121]

盤石平如掌，清泉走似蛇。
吟詩尋澗草，携酒問山花。
春晚羈吟苦，雲移暮景多。
耳邊山鳥語，啁哳奈愁何？

二十一日，次仁遠[122]

昨日同遊碧澗中，歸來衫袖漾春風。
不知扶路人爭笑，醉眼朦朧落照紅。

三月二十六日，訪姜晦叔、姜奎之，同寓法輪寺，路上作[123]

有竹人家靜，無花春事空。
鄭公居宅古，姜氏表門崇。

---

121 癸巳年(中宗28, 1533년, 33세) 3월 20일 昌原에서 쓴 시로 추정된다.
122 癸巳年(中宗28, 1533년, 33세) 3월 21일 昌原에서 쓴 시로 추정된다.
123 癸巳年(中宗28, 1533년, 33세) 3월 26일 晉州에서 쓴 시로 추정된다.

路入青雲裏，人居碧峀中。

廉纖晚來雨，催我倦飢僮。

【鄭彦輔】

BIP1179(詩-遺外卷1-127)

到法輪寺，晦叔、奎之皆不在．是夜獨宿，西窓雨竹蕭蕭，絶有淸致，悵然賦此[124]

一紙相傳知幾時？ 月牙僧舍有前期。

莫嫌羈夢三春隔，但願淸歡一夜遲。

迷路倦行惟款段，出門迎笑只沙彌。

挑燈獨臥西窓雨，還似琅琅聽子詩。

【先是，晦叔與我書，責以來宜春近地，三春已過，不相聞問云云。故有'莫嫌羈夢三春隔'之句，自宜春往法輪，取途金山，實爲迷路。】

BIP1180(詩-遺外卷1-128)

明日晦叔、奎之、鄭紀南皆來會同宿，又明日與晦叔，偕向昆陽，別奎之、紀南兩同年[125]

酌酒山堂朝日鮮，香蔬軟蕨煮山泉。

---

124 癸巳年(中宗28, 1533년, 33세) 3월 26일 晉州에서 쓴 시로 추정된다.

125 癸巳年(中宗28, 1533년, 33세) 3월 26일 晉州에서 쓴 시로 추정된다.

尋君昨夜空牀雨，送我今朝匹馬鞭。

聽罷哀鵑揮袖去，踏殘芳草過橋憐。

諸君縱欲隨時態，其奈無詩負別筵？

【僕嘗病世人諱言詩以隨俗，二君豈有其病耶？以此爲戲。】

BIP1181(詩-遺外卷1-129)

鵲島，次安注書韻【注書以養病不赴是會，以詩來寄】[126]

海門深處趁時和，入手淸詩愈舊痾。

把酒臨高頻眺望，風生斜日暮生波。

BIP1182(詩-遺外卷1-130)

次鄭舍人遊山後贈同遊韻【是時舍人，遊智異初還】[127]

方丈山中曾有約，如今却被衆企嗔。

莫嫌洞壑笙歌聒，我未尋山已落塵。

---

126 癸巳年(中宗28, 1533년, 33세) 3월 28일~4월 조순경 昆陽에서 쓴 시토 추정
된다.

127 癸巳年(中宗28, 1533년, 33세) 3월 28일~4월 초순경 昆陽에서 쓴 시로 추정
된다.

浣紗溪餞席¹²⁸

浣紗溪水鏡光清，落日誰家一笛聲。

太守送人人亦去，滿汀芳草不勝情。

寄魚灌圃¹²⁹

憶我去年冬，再拜得公書。

開緘長跪讀公書，招我遠遊勿懷居。

新春作意向南行，千里宜春來駐驢。

昆山相望不可見，幾回欲去仍躊躇。

慕公日日誦公詩，孤雲西飛我不如。

東風吹老芳草歇，海天萬里愁難□。

方丈山中宿願在，雙溪寺裏厸蹤餘。

公能指我作勝遊，我夢已落烟霞於。

鄉書昨到毌賜環，忽然此計墮空虛。

守常區區不早往，此日不敢趨階除。

鈴齋幸接揮麈尾，客舍初聽出瓊琚。

鵠島陳魚縱觀海，浣紗出餞停皁旟。

---

128 癸巳年(中宗28, 1533년, 33세) 4월 초순 昆陽에서 쓴 시로 추정된다.

129 癸巳年(中宗28, 1533년, 33세) 4월 초순 昆陽에서 쓴 시로 추정된다.

丈人本自忘機事，英心豪氣尙未攄。

詼談未害至道餘，爵祿不入靈臺初。

我行於世苦無成，詩酒平生任狂疎。

但知愚人寶燕石，不怨大匠遺櫟樗。

嗟公嗜好與世殊，意我濯我出泥淤。

安得從公久不去，待公他日焚金魚。

同尋靑鶴置茅棟，藥圃日日躬理鋤。

BIP1185(詩-遺外卷1-133)

次吳宜寧見寄[130]

一年三到拜簷楯，夜酌更深盡側暉。

如許淸詩在行槖，南來眞箇不空歸。

BIP1186(詩-遺外卷1-134~135)

宿安彦驛，曉起，次板上韻[131]

(詩-遺外卷1-134)

月落西墻空館曉，滿襟淸思溢馨蘭。

方知馬齕飜風雨，只怕詩成吐腎肝。

---

130 癸巳年(中宗28, 1533년, 33세) 4월 초순 宜寧에서 쓴 시로 추정된다.
131 癸巳年(中宗28, 1533년, 33세) 4월 초순 星州에서 쓴 시로 추정된다.

驛吏幸容單騎客，雲山猶識十年顏。

當時至日孤眠處，裂指南窓[132]半夜寒。

【癸未冬至日，宿于此。】

(詩-遺外卷1-135)

一春行止任飄零，南北東西幾問程。

去路渴尋氷鏡破，歸鞍吟度麥波靑。

風雲嶺海詩千首，魂夢關河客一形。

欲喚江南褚季野，便從牛屋倒雙瓶。

【是日官人入驛，少避隙宇。】

BIP1187(詩-遺外卷1-136)

石柱灘上，寄金獻可[133]

一帶長江萬古流，來來去去幾時休。

無因對此招雙嶺，寫出新詩說舊愁。

---

132 窓 : 上本에는 "牕"으로 되어 있다.

133 癸巳年(中宗28, 1533년, 33세) 4월 25일경 丹陽에서 쓴 시로 추정된다.

BIP1188(詩-遺外卷1-137)

四月從正言兄西行, 二十三日龜城, 次金質夫見戲[134]

西飛白日水東流, 人事紛紛苦不休。
綠酒紅粧要適意, 不妨時復月中遊。

BIP1189(詩-遺外卷1-138)

西亭餞席, 次金得之[135]

長年爲客慣離亭, 到處沙頭雙玉瓶。
千里歸來又成別, 不堪愁恨滿西坰?

BIP1190(詩-遺外卷1-139)

虛興倉阻風【是行兄由驛路, 某從水路, 別於忠州。】[136]

藥城歌管動離筵, 別後相思已渺然。
駈騎流塵歸北闕, 江風鼓浪阻西船。
臨危自覺時難處, 涉險還知事得便。
何日同藏萬人海, 對床聊復說詩篇?

<hr/>

134 癸巳年(中宗28, 1533년, 33세) 4월 23일경 榮州에서 쓴 시로 추정된다.

135 癸巳年(中宗28, 1533년, 33세) 4월 26일경 忠州에서 쓴 시로 추정된다.

136 癸巳年(中宗28, 1533년, 33세) 4월 26~27일경 忠州에서 쓴 시로 추정된다.

舟中[137]

四面山光綠染新，數朝風日欲迷人。
高帆截岸平逾險，獨鶴摩空逈絶塵。
萬里江湖愁思遠，三年京洛旅遊頻。
西行自辦排詩句，不覺吟成已逼眞。

過楊花驛前[138]

淺斟蓬底帶微紅，千里江山一望窮。
莫笑歸舟無一物，嚴程不似去時恩。

有僧自醴泉 龍門山如京，與之同舟，饋牋求詩[139]

(詩-遺外卷1-142)

爲把襄陽雪色牋，慇懃供我有詩篇。

---

137 癸巳年(中宗28, 1533년, 33세) 4월 28일경 忠州에서 쓴 시로 추정된다.
138 癸巳年(中宗28, 1533년, 33세) 4월 29일경 驪州에서 쓴 시로 추정된다. 〔編輯
考〕이 시는 別集 卷1의 〈過楊化驛前〉(KBP0551)과 합편해야 한다.
139 癸巳年(中宗28, 1533년, 33세) 4월 28일경 忠州에서 쓴 시로 추정된다.

須知昨日蛟龍怒，被有詩情動九淵。

(詩-遺外卷1-143)
風入前江浪打舟，望山時復側吟頭。
我曾知有巖居樂，師亦還爲塵土遊。

BIP1194(詩-遺外卷1-144)
曉下豆彌峽，買鮮酌酒[140]

清曉無風古峽寒，櫓聲伊軋下前灣。
買鮮篷底陶然醉，疑是身遊茗雪間。

BIP1195(詩-遺外卷1-145)
次韻琴大任[141]

碧空新月一眉纖，照見高樓白玉簾。
並宿鴛鴦池水便，孤唱鸚鵡鏁籠兼。
當年樂意琴中寫，此際愁容鏡裏添。
十二闌干望牛女，夜深情境倍新尖。

---

140 癸巳年(中宗28, 1533년, 33세) 4월 30일경 楊根에서 쓴 시로 추정된다.
141 癸巳年(中宗28, 1533년, 33세) 5~6월경 서울에서 쓴 시로 추정된다. 〔編輯考〕
이 시는 續集 卷1의 〈次韻琴大任【在沔】〉(SNP0862)과 합편해야 한다.

用禹彥確韻留別李公幹[142]

(詩-遺外卷1-146)

人世多修餙, 雲山未拂衣。

方從絃誦樂, 時憶釣耕微。

似我疎慵甚, 如君磊砢稀。

要同良驥足, 萬里逐風飛。

(詩-遺外卷1-147)

渭水終南絆子歸, 令人端合賦緇衣。

蒼鷹會見凌霄漢, 玄豹時聞下翠微。

君住泮宮炎月苦, 我行關嶺故人稀。

那無一語相爲贈? 把筆高吟逸興飛。

次郭咏而贈金厚之、李介然所和長短句一篇, 却贈三君[143]

嗟我好古而生晚兮追羲·軒不可及, 我乃學詩文。

文章孰云是末技, 猶未得其門。

常顧走四方求其人, 願爲同參戶外屨。

---

142 癸巳年(中宗28, 1533년, 33세) 6월 하순 서울에서 쓴 시로 추정된다.

143 癸巳年(中宗28, 1533년, 33세) 6월 하순 서울에서 쓴 시로 추정된다.

悵悵空自勞，京國往來屢。

時[144]來何幸泮宮裏數子，才華無與匹。

身登風騷壇，手握扛鼎筆。

高詞斡天馳疾雷，險語披陰捉奇鬼。

<u>鄧林</u>之材，大廈所須。

<u>崑山</u>之玉，聖人所貴。

時之不來兮豹隱霧，時之來兮龍躍水。

我輩但能慕其風，世人那得知其意？

某也濩落無所用，亦恐滔滔流俗與相似。

體不用錦繡衣，口不願膏粱味。

但願招呼知我如君許多輩，騎麒麟翳鳳凰。

歷閶闔朝天階，玉皇命我遊無方。

匀匀夽樂在耳邊，汗漫出九垓都忘塵世之迫隘。

笑傲天夽之至樂．億萬年中長若茲。

罇有酒聽我歌，念此未了忘孜孜。

君詩誠可玩，我心終不移。

BIP1198(詩-遺外卷1-149)

月下自酌[145]

書生風味淡如僧，酒店歌樓慣未曾。

---

144 時：上本에는 "昨"으로 되어 있다.

145 癸巳年(中宗28，1533년，33세) 6월 하순 서울에서 쓴 시로 추정된다.

惟有一天明月色，清罇相對興難勝。[146]

BIP1199(詩-遺外卷1-150)

樓上小集[147]

急雨淸風暮滿亭，哀絃冽唱動高情。
可憐月上黃昏後，腸斷門前別馬聲。

BIP1200(詩-遺外卷1-151)

將東歸，對月吟懷[148]

世路悠悠昨又今，風雲奇氣鬱沈沈。
蘿塩各抱圖南志，草野誰無拱北心？
嶺外白雲歸意促，月中丹桂到頭臨。
年來豈有如霜鍔，尙擬爭功秀士林？
【將赴嶺[149]南鄉試。】

---

146 書生……難勝：上本에는 이 뒤에 "〈贈李生壽千〉，靜養功應熟，胸中有一春。寄
言吾子老，毋負各親親。"라는 시가 있다.

147 癸巳年(中宗28，1533년，33세) 6월 하순 서울에서 쓴 시로 추정된다.

148 癸巳年(中宗28，1533년，33세) 6월 하순 서울에서 쓴 시로 추정된다.

149 嶺：上本에는 없다.

BIP1201(詩-遺外卷1-152)

道中遇雨【時從<u>權密陽令公</u>東還, 抵<u>利川</u>】¹⁵⁰

便入人家索酒罇, 忘形痛飲到忘言。
豈知酩酊歸來路, 催走群龍雨瀉盆?

BIP1202(詩-遺外卷1-153)

丹月驛古人韻¹⁵¹

起看郵亭星漢低, 人家隔岸唱晨鷄。
誰知別意如流水, 日夜滔滔流向西?

BIP1203(詩-遺外卷1-154)

土贊遷¹⁵²

脚下雷霆隱翠微, 刳山開道不容驂。
行人莫說此重險, 險□人心更不堪。

---

150 癸巳年(中宗28, 1533년, 33세) 6월 30일 利川에서 쓴 시로 추정된다.
151 癸巳年(中宗28, 1533년, 33세) 7월 3일 忠州에서 쓴 시로 추정된다.
152 癸巳年(中宗28, 1533년, 33세) 7월 3일 聞慶에서 쓴 시로 추정된다.

BIP1204(詩-遺外卷1-155~156)

七月十日朝[153]

(詩-遺外卷1-155)

世事驅人有往還，青雲長在碧巖間。
塵埃千尺好分付，依舊松窓[154]對北山。

(詩-遺外卷1-156)

晨霞欺早旭，宿霧鎭深林。
幽鳥下庭立，寒蟬棲露吟。
酒中眞得趣，琴上可遺音。
萬古乾坤裏，相知只此心。

BIP1205(詩-遺外卷1-157)

秋夜詞[155]

蛩音切切砌底鳴，梧葉摵摵窓[156]外驚。
紈扇多情玉宇涼，愁人不寐蓮漏淸。
金刀雪帛裁未了，一縷香烟隨手裊。
孤月西飛鴈聲遠，窮寒金井銀河曉。

---

153 癸巳年(中宗28, 1533년, 33세) 7월 10일 禮安에서 쓴 시로 추정된다.
154 窓 : 上本에는 "牕"으로 되어 있다.
155 癸巳年(中宗28, 1533년, 33세) 7월 10~11일경 禮安에서 쓴 시로 추정된다.
156 窓 : 上本에는 "牕"으로 되어 있다.

夢中得一聯，覺而足之【幷序】¹⁵⁷

　　癸巳秋七月，余東來，杜門閑居，十二日夜，夢余與<u>景明</u>兄，從王京東出行，一日抵一處，山水淸麗，臺館儼然，若離宮廢苑·王侯第宅之狀而無主，不加禁鐍，而其御侍器玩供億之具，頗有存者。始自西廂而入，童子一人在側，又有美丈夫數人·侍女數人，迎慰笑語，俄而翩然不見其處。於是迴廊別院無不周覽，最後到一處，花木芬芳，簾櫳囧晃，便於軒上甎坐啜茶，愈覺神魂灑脫，余吟一聯云云。方欲綴其下，吟諷之頃，回視北岡，則兄已在其上矣。余從而登焉，東南騁目，則天高地濶，雲日微茫，飛鳥滅沒，遙岑低襯，莽蒼寥沈，不可具狀，而俯視深谷，窈窕樹石玲瓏。其間有樓臺，飛甍翼然，采色炫爛，門窓戶闥，歷歷可見。兄扶而顧余曰"此<u>許</u>某之所遊也。"余不知<u>許</u>某之爲何人也。未及問而忽欠伸而寤，旣覺了了可記。余頗怪之，因敘其事而足成其聯，爲絶句一首，以爲他日之覽云。

一帶茶烟隔翠屏，淸臺花發夢魂熒。

何人院落深如許？一笑渾如到玉局。

【夢中作'帶露'，語似不響，故追改。】

157 癸巳年(中宗28, 1533년, 33세) 7월 12일 禮安에서 쓴 시로 추정된다.

右《南行錄》一百九首·《西行錄》三十九首，并一百四十八首。余平生不工詩，顧嘗嗜之。凡寓目興懷，輒癢此技，吟諷不絶於口。既成，人之見者，或欲唾棄，余猶不知愧，以是得嗤笑於人非一，而膏肓之癖，迨不能藥，直可笑也。是歲癸巳春，余南遊宜春，其夏西入沜宮，往返所得，裒在一秩，藏之篋中，以資臥遊之興。聞者當絶纓，見者當掩口。嘉靖十二年孟秋望前二日，靈芝山人書于善補堂。

BIP1207(詩-遺外卷1-159)

題平昌郡壁[158]

月黑津頭也不迷，喚船橫渡入山谿。

心懸步步馳危棧，目想灘灘泝晴溪。

鼓角凌雲處遁跡，松明穿月鳥驚栖。

他年萬象皆新境，始覺高深豁眼齊。

【嘉靖壬寅仲秋過此。】

BIP1208(詩-遺外卷1-160)

輓李國卿【賢佑○庚申】[159]

昔我歸耕日，從公始卜隣。

---

158 壬寅年(中宗37, 1542년, 42세) 8월 24일 平昌에서 쓴 시로 추정된다.

159 庚申年(明宗15, 1560년, 60세) 5월경 禮安에서 쓴 시로 추정된다.

梅同朱老喫，罇對蔣卿陳。

壽賀如山永，心親反古淳。

幽明忽相隔，吟薤淚霑巾。

BIP1209(詩-遺外卷1-161~165)

朴顯哉將行求言，聊道所感，幸勿爲外人云也[160]

(詩-遺外卷1-161)

病骨巉巉雪滿頭，呻吟塵蠹欲何求。

願將拙用兼聞晚，把玩餘光至死休。

(詩-遺外卷1-162)

爲已須從克已修，存心惟在放心求。

吾儕孰不知斯意，胡奈眞知太不侔？

(詩-遺外卷1-163)

一世天生幾俊英？利名如海誤堪驚。

倘知立脚求吾事，雲谷門庭要積誠。

(詩-遺外卷1-164)

茫茫胡走半吾生，一管窺天得考亭。

---

160 丙寅年(明宗21, 1566년, 66세) 12월 25일 禮安에서 쓴 시로 추정된다. 〔資料考〕이 시는 朴光前의 《竹川集》 卷6 《年譜》에도 실려 있다.

老病極憨多失墜，待君提挈更恢明。

(詩-遺外卷1-165)

一月寒溪意更堅，歸歟此志莫流遷。

但能不遺甛桃颺，無價明珠只在淵。

【嘉靖丙寅臘末，溪上病叟草。】

和明鏡堂主人【以下十二代孫中運輯錄。】[161]

(詩-遺外卷1-166)

不見龍巖每恝如，春風書到慰情餘。

願言各勉桑楡境，看取吾心一太虛[162]。

【己未三月】

(詩-遺外卷1-167)

同人書札如金擲，暮境光陰似水流。

要得對床連日夜，舊聞新學說從頭？

---

161 제1수는 己未年(明宗14, 1559년, 59세) 3월 11~30일경 禮安에서 쓴 것이고, 제2~3수는 庚申年(明宗15, 1560년, 60세) 1월경 禮安에서 쓴 것으로 추정된다. 〔編輯考〕이 시들은 篇末 細註에 의하면 창작 연월일이 다르다. 서로 다른 시기에 지어진 작품들을 편의상 하나의 제목으로 묶어 놓은 것이기에, 제1수와 제2~3수를 분편해야 한다. 〔資料考〕이 시는 朴雲의 《龍巖集》(《退溪學資料叢書》1) 卷1에도 실려 있다.

162 虛 : 上本에는 "空"으로 되어 있다.

(詩-遺外卷1-168)

世事平生不到頭, 高棲何地着閑愁?
我來要覓無愁處, 愁逐身來老不休。

【庚申孟春】

老拙尙未斷愁, 正坐妄涉世故, 公未嘗染指世味, 何故云
云. 無乃不病而呻吟者耶? 眞墨一錠[163]。

BIP1211(詩-遺外卷1-169)

題龜潭石壁[164]

碧水丹山界, 淸風二樂樓。
仚人不可待, 怊悵獨歸舟。

BIP1212(詩-遺外卷1-170)

蛾眉院示質夫[165]

寂寞荒山半道邊, 蛾眉名院爲何緣?
只應此境如巫峽, 雲雨猶能向客姸。

---

163 錠 : 上本의 뒤에 추기 "缺"이 있다.
164 戊申年(明宗3, 1548년, 48세) 2~10월경 丹陽에서 쓴 시로 추정된다.
165 壬寅年(中宗37, 1542년, 42세) 8월 22일 原州에서 쓴 시로 추정된다.

BIP1213(詩-遺外卷1-171)

戲贈<u>質夫</u>赴<u>原州</u>[166]

指點羣芳無一名，知君歸去得卿卿。

雖然未足爲全節，昔日<u>公山</u>已敗盟。

BIP1214(詩-遺外卷1-172)

期會<u>丹山</u>，已而因事不果，往呈監司兄侍史【見《溫溪集》。】[167]

世事浮江梗，縱橫豈自知？

方期仙境會，忽報繡衣馳。

去歲聯牀地，今朝按節時。

重逢更何日？ 悵望嶺雲垂。

BIP1215(詩-遺外卷1-173)

述懷一絶寄呈[168]

素餐堪愧一周星，別恨難忘是<u>矗泠</u>。

166 年月未詳，서울에서 쓴 시로 추정된다.

167 己酉年(明宗4, 1549년, 49세) 3월 豐基에서 쓴 시로 추정된다.〔資料考〕이 시는 李瀣의 《溫溪逸稿》 卷3에도 실려 있다.

168 己酉年(明宗4, 1549년, 49세) 10월 초순 豐基에서 쓴 시로 추정된다.〔資料考〕이 시는 李瀣의 《溫溪逸稿》 卷3에도 실려 있다.

縱使明年來此地，阿同應已返林坰。

BIP1216(詩-遺外卷1-174)

重答朴重甫【丙午○見《嘯皐集》。】[169]

大拙由來自擇明，無何功業豈須旌。
良醫決腫太無患，羸馬尋山新值晴。
龍社棲遲耽獨樂，龜臺吟弄飽雙清。
明年會續溪堂約，要使仙郞更乞盟。

BIP1217(詩-遺外卷1-175)

僕往星州，當留十日，其還意可見君之還，今得星吏報，已罷都會，明將遂還，夜坐書所感留奉云【己酉○在豐基時，爲星州都會考官，行到尙州，主牧金公季珍歸鄕未返，留詩三首而還．二首見續集○手帖藏十三代孫綱鎬家，十二代孫中業追輯。】[170]

---

169 丙午年(明宗1, 1546년, 46세) 4월 25일~5월경 禮安에서 쓴 시로 추정된다. 中本(卷3,《外集目錄》)에〈次韻重答朴重甫〉로 되어 있다. 樊本·上本(권3,《逸目錄》)에〈次韻重答朴重甫〉로 되어 있다. 〔資料考〕이 시는 朴承任의《嘯皐集》《附錄》下에도〈次韻重答【丙午】〉이란 제목으로 실려 있다.

170 己酉年(明宗4, 1549년, 49세) 1월 尙州에서 쓴 시로 추정된다. 〔編輯考〕이 시는 續集 권2의〈沿牒到尙州, 主牧金季珍歸鄕未返【己酉】〉(SNP0962) 및 續集 권2 의〈次風詠樓韻〉(SNP0963)과 합편해야 한다.

報罷星山十日行，從知佳覯竟無成。

去來聚散本何定，反覆縱橫仍屢更。

此夜獨吟商月白，何時共盟竹溪清？

暨歸未識田園興，君我同甘走俗情。

【去秋僕在丹山，亦往還于鄉。】

BIP1218(詩-遺外卷1-176～177)

龍宮路中，附鶴駕山僧，寄山中李大成[171]

(詩-遺外卷1-176)

鷄黍從前約歲殘，我行還愧月虧□[172]。

江天雪裡逢僧處，惆悵難尋鶴駕山。

(詩-遺外卷1-177)

立馬江邊風雪催，偶逢僧著說山回。

早知說到乖逢事，何似和山莫□來？

---

171 庚寅年(中宗25, 1530년, 30세) 10～12월경 龍宮에서 쓴 시로 추정된다. 中本 (卷1,《外集目錄》)에 〈龍宮路中, 附鶴駕山僧, 寄山中李大成, 二首〉로 되어 있다. 樊本・上本(卷1,《逸目錄》)에 〈龍宮路中, 附鶴駕山僧, 寄山中李大成, 二首〉로 되어 있다. 이 시는 遺集 內篇 卷1의 〈寄李雲長【庚寅】〉(BYP1079)과 제목만 다르고 시 내용이 같다. 같은 작품을 중첩해 실은 것이다. 다만 內篇 제목에 등장하는 李雲長이 당시에 13살이었다는 점과 시 내용으로 살펴볼 때 이 시는 李雲長의 부친인 李大成에 게 보낸 것으로 보인다. 따라서 外篇의 제목이 실제 제목일 가능성이 높다.

172 □ : 上本에는 "圓"으로 되어 있다. 遺集 內篇에는 "團"으로 되어 있다.

BIP1219(詩-遺外卷1-178)

聖泉寺示李大成【己丑】[173]

食罷歸來丈室淸, 床頭書冊亂縱橫。
良辰易過若風雨, 好客同來如弟兄。
顧我獨悲多少[174]事, 如君豈合久無名。
落花啼鳥愁如海, 那得春醪萬斛傾?

BIP1220(詩-遺外卷1-179)

陪遊靈芝精舍, 次主人相公韻[175]

嫌於仍執爲遷居, 豈敢還爭再度乎?

---

173 己丑年(中宗24, 1529년, 29세) 1~3월경 禮安에서 쓴 시로 추정된다. 이 시는
遺集 內篇 卷1의 〈己丑春, 與李雲長, 同在聖泉寺作〉(BYP1080)과 내용이 같다. 중
첩해서 실린 작품이다. 다만 이 시의 제목은 外篇의 제목을 취하는 것이 적절하다.
당시 李雲長은 12살이었다는 점과 시 내용을 살펴 볼 때 이 시는 李雲長의 부친인
李大成에게 보낸 것으로 보는 것이 합당하기 때문이다. 中本(卷1, 《外集目錄》)에
〈聖泉寺示李大成〉으로 되어 있다. 樊本·上本(卷1, 《逸目錄》)에 〈聖泉寺示李大成〉
으로 되어 있다. 추기에 "示青巖李元承詩, 示李大成云者, 誤。"라고 하였다. 上本의
부전지에 "示青巖李元承詩, 示李大成云者, 誤。"라고 하였다. 〔資料考〕 이 시는 李元
承의 《青巖遺稿》에도 실려 있다.

174 少 : 遺集 內篇에는 "外"로 되어 있다.

175 癸卯年(中宗38, 1543년, 43세) 11월 19일 禮安에서 쓴 시로 추정된다. 中本(卷
2, 《外集目錄》)에 〈陪遊靈芝精舍, 次主人相公韻。二首〉로 되어 있다. 樊本·上本(卷
2, 《逸目錄》)에 〈陪遊靈芝精舍, 次主人相公韻。二首〉로 되어 있다. 〔資料考〕 이 시
는 李賢輔의 《聾巖集》 卷1의 〈聾巖年譜〉에도 실려 있다.

已戒兒孫知我意，烟霞從此斷猜無。

BIP1221(詩-遺外卷1-180)

知事相公追贈立碣于曾祖<u>義興公</u>之墓，<u>滉</u>以<u>義興公</u>之外玄孫，得預執事之末，祭後飲福席上，呈一絕【己酉】[176]

不才我亦郡符叨，知荷陰功積善勞。
故及相公追孝日，榮參名刻在珉高。

BIP1222(詩-遺外卷1-181)

伏承令詩，有'丘山恩未報如何'之句，不敢不仰陳下情，謹復奉和上呈[177]

歸思增添感物華，人言可否任多多。
仙桃準擬攀遊日，不趁清明更竢何？

---

176 己酉年(明宗4, 1549년, 49세) 2월 28일 禮安에서 쓴 시로 추정된다. 〔資料考〕
이 시는 李賢輔의 《聾巖集》卷1의 〈聾巖年譜〉에도 실려 있다.
177 乙卯年(明宗10, 1555년, 55세) 1월 1일 서울에서 쓴 시로 추정된다.

476 校勘標點 退溪全書 2

BIP1223(詩-遺外卷1-182)

拜權奉事公墓[178]

當年人不識天眞, 地下無由見此人。
奠罷荒山歸故里, 小梅開處想精神。

BIP1224(詩-遺外卷1-183)

次明農堂韻[179]

朝市山林豈一隅? 行藏[180]隨處兩難無。
孤雲出岫有時返, 恰似明農堂裏圖。

BIP1225(詩-遺外卷1-184)

再次呈舟中[181]

靈芝山舍喜初成, 竹杖芒鞋伴麴生。
我欲從公尋蕙路, 紅塵無奈惹雲行。

---

178 丙午年(明宗1, 1546년, 46세) 3월 16일 豐山에서 쓴 시로 추정된다.

179 壬寅年(中宗37, 1542년, 42세) 8~12월경 서울에서 쓴 시로 추정된다.〔資料考〕이 시는 李賢輔의《聾巖集》卷5에도〈明農堂詩【原韻幷序見本集。】〉라는 제목으로 실려 있다.

180 藏 :《聾巖集》에 "裝"으로 되어 있다.

181 壬寅年(中宗37, 1542년, 42세) 7월 17일 서울에서 쓴 시로 추정된다. 上本에

寄汾川[182]

(詩-遺外卷1-185)

大成

天倫四皓詫誰非？ 五季如今亦願依。

一樂我亦誇有六，老來餘二但悲思。

(詩-遺外卷1-186)

公幹

相逢莫恨兩皤皤，夢裡曾同折桂華。

卅二年中榮與辱，迷時堪笑悟堪誇。

(詩-遺外卷1-187)

大用

君家占勝兩皆同，南亦清寒北更窮。

故我極知君有恨，離居長憶四昆翁。

추기 "重出"이라 하였다. 〔編輯考〕이 시는 遺集 外篇 卷1에 같은 제목으로 첩재되어
있다.(BIP1123) 이 시는 續集 卷1의 〈再次呈舟中〉(SNP0900)과 합편해야 한다.
〔資料考〕이 시는 《聾巖集》卷5 〈再次呈舟中〉〈附錄〉에도 실려 있다.

182 乙丑年(明宗20, 1565년, 65세) 禮安에서 쓴 시로 추정된다.

BIP1227(詩-遺外卷1-188)

謹伏奉和聾嵒相公至日之作【壬子】[183]

至澤追思弓劒日, 頑陰驚動地雷春。
誰知白髮三朝老, 不寐中宵頌祝陳?

BIP1228(詩-遺外卷1-189~190)

元夕獻賀李相公[184]

(詩-遺外卷1-189)

獨谷欣逢八十天, 聾嵒元夕有賡篇。
八旬又八何須謝, 行謝嵒春五百年。

(詩-遺外卷1-190)

三子恩除近壽鄉, 專城歡奉各無方。
寵書又自天門下, 深覺君民兩不忘。

---

183 辛亥年(明宗6, 1551년, 51세) 11월 16일경 禮安에서 쓴 시로 추정된다. 이 詩는 그 原韻인 이현보〈至日偶吟錄奉溪堂〉시의 後識와〈농암연보〉에 의하면, 辛亥年 11월 16일경에 지은 것이다. 따라서 이 시의 題下에 '壬子'라고 창작 시기를 표시한 것은 오류이다. 〔資料考〕이 시는 이현보의《농암집》권1〈농암연보〉에도 실려 있다.
184 甲寅年(明宗9, 1554년, 54세) 1월 하순 서울에서 쓴 시로 추정된다. 〔資料考〕이 시는 이현보의《농암집》卷5에도 실려 있다.

BIP1229(詩-遺外卷1-191)

贈別李大成赴平陵[185]

官銜元自不關人，幾作人心鏡裡塵。
聞道碧梧驚昨日，主人衛馬官轉新。

BIP1230(詩-遺外卷1-192~199)

黃仲舉回自平海、溫井，青松李公幹以十絕邀之. 近公幹來覲，余往見之，仍同侍月川之會，暮歸過汾川，公幹出詩辱示，追次韻奉寄，兼呈大成、大用【壬子】[186]

(詩-遺外卷1-192)

永川文簿鬧投干，民社兼親筆硯難。
今得青鳧眞道院，從今詩學可能安。

(詩-遺外卷1-193)

蘇愔剗弊一番新，作吏要當不媿身。
掣肘多端誠苦苦，莫令憂惱損天眞。

---

185 庚申年(明宗15，1560년，60세) 禮安에서 쓴 시로 추정된다. 中本(卷6，《外集目錄》)에 "贈別李大成赴平陵，五首"로 되어 있다. 樊本・上本(卷6，《逸目錄》)에 〈贈別李大成赴平陵。五首〉로 되어 있다. 《碧梧集》에 〈賀碧梧赴平陵〉으로 되어 있다. 〔資料考〕 이 시는 李文樑의 《碧梧集》(《退溪學資料叢書》1) 卷2에도 실려 있다.

186 壬子年(明宗7，1552년，52세) 1월 21~22일경 禮安에서 쓴 시로 추정된다. 〔編輯考〕 이 시는 內集 卷2의 〈次韻，答李青松公幹，二首〉(KNP0138) 및 別集 卷1의 〈次韻，答李公幹〉(KBP0695)과 합편해야 한다.

(詩-遺外卷1-194)

使君拄笏西山望，才子騎雲暘谷來。

共討一尊鈴閣靜，唱酬莫逆好襟開。

(詩-遺外卷1-195)

竹西仙境墮茫漫，恰似瑤臺一夢還。

豈意換緣猶得樂，碧溪靑嶂照人寒？

(詩-遺外卷1-196)

官家山鹿晝遊垣，石澗縈樓靜裡喧。

廿二年前曾目擊，至今猶想武陵村。

(詩-遺外卷1-197)

月川漁會雜鮮湘，我亦同霑九醞觴。

共侍歸來欲分手，況蒙蘭贈滿懷香。

(詩-遺外卷1-198)

種種風流隱才氣，屏庵那久作遺民。

玄琴持去應深得，莫惜霆驚老聵人。

(詩-遺外卷1-199)

氷淸玉潤俱鏗寶，不寄寒庵洗醉眠。

若許瓊琚報桃李，奇遊何必共吟鞭？

【七八兩絶，見別集。】

BIP1231(詩-遺外卷1-200)

次賀淵[187]

賀淵亭上偶逢來，今日淸凉再訪迴。
彼有片雲頭上黑，笑吟新句當衙盃。

BIP1232(詩-遺外卷1-201~202)

次公幹元日韻【甲子】[188]

(詩-遺外卷1-201)

辛酉生逢甲子年，年周八八百年連。
昨來齒落心猶愯，何況年蛇赴壑然？

(詩-遺外卷1-202)

聞君病瘥身調健，愧我年衰氣損眞。
尙賴山中無惹絆，靑雲白石好尋春。

BIP1233(詩-遺外卷1-203)

挽李仁仲【命弘】[189]

隔水居相近，鑽書幾往來？

---

187 年月未詳이다.
188 甲子年(明宗19, 1564년, 64세) 1월 1일 禮安에서 쓴 시로 추정된다.

學雖科目掣，心非俗塵堆。
一疾青年夭，雙親白髮哀。
凄凉舊遊處，回首葛仙臺。

BIP1234(詩-遺外卷1-204~205)
中宗大王遷陵時挽¹⁹⁰

(詩-遺外卷1-204)

甲辰當昔記微言，壬戌于今籲舊原。
世事傷心强半改，廷臣屈指幾人存？
松楸已拱三朝後，涕淚重添卄載痕。
最恨分明瞻輦路，南郊咫尺碍都門。

(詩-遺外卷1-205)

經幄當年一小臣，半生偏許付陶鈞。
每逢宋社先垂淚，未效秦良得殉身。
却覩靖陵搖落日，正如昌慶沍寒辰。
几前趨伏皆垂畢，末命如何斬再申¹⁹¹？

---

189 庚申年(明宗15, 1560년, 60세) 4월 禮安에서 쓴 시로 추정된다.

190 壬戌年(明宗17, 1562년, 62세) 8월 禮安에서 쓴 시로 추정된다.

191 經幄……再申：上本의 뒤에 〈贈李壽千勉學〉이라는 시가 있는데, 그 내용은 "努力遊心處，聖賢盡我師。功德元無定，歲月不曾來。"이다.

校勘標點 **退溪全書** 2

2024년 7월 31일 초판 1쇄 펴냄

지은이 이황
펴낸이 김흥국
펴낸곳 보고사

등록 1990년 12월 13일 제6-0429호
주소 경기도 파주시 회동길 337-15
전화 031-955-9797
팩스 02-922-6990
메일 bogosabooks@naver.com
http://www.bogosabooks.co.kr

ISBN 979-11-6587-753-8 94150
       979-11-6587-751-4 (세트)

정가 35,000원